# METRÓPOLE SENSÍVEL

## Ambiências, atmosferas e tonalidades

---

**Apoio:**

FAPERJ Fundação Carlos Chagas Filho de Amparo à Pesquisa do Estado do Rio de Janeiro

CNPq

# METRÓPOLE SENSÍVEL

## Ambiências, atmosferas e tonalidades

Cíntia Sanmartin Fernandes
Fabio La Rocca
Micael Herschmann (orgs.)

Editora Sulina

Capa: Humberto Nunes (elaborada a partir da obra do artista plástico Rubens Gerchman, intitulada "Projeto mural SESC SP")
Projeto gráfico e editoração: Cristiano Marques
Revisão: Janaina Mello e Bruno Schroeder
Editor: Luis Antônio Paim Gomes

Dados Internacionais de Catalogação na Publicação (CIP)
Bibliotecária Responsável: Denise Mari de Andrade Souza – CRB 10/960

M594

Metrópole sensível: ambiências, atmosferas e tonalidades / organizado por Cíntia Sanmartin Fernandes, Fabio La Rocca e Micael Herschmann. -- Porto Alegre: Sulina, 2025.
256 p.; 16x23cm.

ISBN: 978-65-5759-214-4
DOI: 10.29327/5568666

1.Sociologia. 2. Antropologia. 3. Sociedade. 4. Jornalismo. 5. Comunicação. 6. Cultura. 7. Mídia. I. Fernandes, Cíntia Sanmartin. II. La Rocca, Fábio. III. Herschmann, Micael. IV. Título.

CDU: 316
CDD: 301



Rua Leopoldo Bier, 644, 4º andar – Santana
CEP: 90620-100 – Porto Alegre/RS
Fone: (0xx51) 3110.9801
www.editorasulina.com.br
e-mail: sulina@editorasulina.com.br

Junho/2025
Impresso no Brasil/Printed in Brazil

*Por meu campo perceptivo, com seus*
*horizontes espaciais, estou presente em*
*meu meio, coexistindo com todas as*
*outras paisagens que se estendem*
*além, e todas essas perspectivas*
*formam juntas uma única onda*
*temporal, um instante no mundo.*
(MERLEAU-PONTY, Maurice.
Fenomenologia da percepção.
Rio de Janeiro: Freitas Bastos, 1971, p. 336)

*Tudo se transforma,*
*tudo varia –*
*o amor, o ódio, o egoísmo. [...]*
*Só persiste e fica,*
*legado das gerações cada vez maior,*
*o amor da rua.*

(Rio, João do. A alma encantadora das Ruas.
Rio de Janeiro: Secretaria Municipal de Cultura, 1995, p. 3)

## Sumário

Experiências sensíveis e imaginários das ambiências, atmosferas e tonalidades urbanas ........ 9
*Cíntia Sanmartin Fernandes; Fabio La Rocca; Micael Herschmann*

### Parte 1
### Afetos, corpos e imaginários urbanos

A cidade "blob-atmosférica": as formas sensíveis de um imaginário (a) estético ........ 21
*Fabio La Rocca*

Ambiências e a experiência coletiva: as narrativas sensíveis em busca da empatia espacial ........ 41
*Bárbara Thomaz L. do Nascimento*

Ambiências ruinosas: sondagens urbanas na cidade de Aarhus, Dinamarca ........ 55
*Rafael Ferreira de Souza*

"Quando eu morrer quero ficar sepultado em minha cidade": os cemitérios como espaços urbanos e suas atmosferas ........ 69
*Erick Felinto*

Experiência cinética urbana e psicogeografia: dinâmicas e conhecimentos complexos na exploração de cidades ........ 89
*Vinícius Andrade Pereira; Renato Guimarães Furtado*

No meio do caminho: "espaciações" de artistas de rua no Rio de Janeiro ........ 101
*Danielle Marcia H. de Lacerda da Gama*

Ambiências carnartivistas na cidade ........ 115
*Cíntia Sanmartin Fernandes; Micael Herschmann*

O Saci e a cidade: uma leitura simbólica das marcações do Saci Urbano ........ 139
*Andriolli de B. da Costa*

## Parte 2
## Imagens, memórias e experiências

"Filmes de ficção são os melhores documentários": imagens do Recife no filme Retratos fantasmas ........ 155
*Julieta Leite; Marília Farias*

O tecido urbano: fotografia, experiência e cidade na contemporaneidade ........ 175
*Victa de Carvalho*

Autorrepresentação como estratégia de imaginação política nas produções de fotógrafos populares do Rio de Janeiro ........ 193
*Fernando Gonçalves; Yasmin Belo; Maria Eduarda Rocha; Fernanda Duarte*

Transporte, aceleração e hiperstição: novos paradigmas espaço-temporais ........ 209
*Claudia Attimonelli*

A arte da subvivência: habitar embaixo como poesia do cotidiano ........ 223
*Vincenzo Susca*

"Corpos telânicos e afetos midiatizados": reflexões sobre elos em ambiências do século XXI ........ 235
*Renata Rezende Ribeiro*

Sobre os autores ........ 251

# Experiências sensíveis e imaginários das ambiências, atmosferas e tonalidades urbanas

Cíntia Sanmartin Fernandes;
Fabio La Rocca;
Micael Herschmann

A Escola de Chicago inicialmente sugeria que a cidade fosse vista como uma espécie de "laboratório social". Assim, na década de 1920, autores como Park, Burgess e McKenzie lançaram as primeiras linhas de impacto teórico e metodológico para repensar essa entidade que é a urbe. Desde então, esse "laboratório" não parou de ser ampliado com sugestões de modificações e mudanças, as quais vêm sendo vividas e ressignificadas no cotidiano das experiências urbanas. Como sugere Park, o interesse pelos aspectos socioestéticos implicaria analisar "a cidade como um organismo" (Park, 1925), o que certamente nos ofereceria indicações de um modo de pensar implementado na dinâmica do *sensível*.

Nesse sentido, ao nos inspirarmos na teoria de Sansot (1971, 1986), consideramos o sensível uma forma de acesso e predisposição de sentir (por meio do corpo) e (re)sentir as emoções urbanas produzidas nas localidades. Ao mesmo tempo, constituir-se-ia em um conjunto de métodos que permitiriam construir interpretações e perspectivas do imaginário que é perceptível por meio de ambientes, atmosferas e tons. Se os lugares são um "mundo polifônico", como indica esse autor (Sansot, 1986), em nossa predisposição para sentir (como atitude e postura sociológica): exigir-se-ia do pesquisador posicionar-se para estar à escuta dos espaços, sentir o cheiro dos caminhos e cruzamentos, tocar as energias efervescentes, lançar olhares para as fenomenalidades das experiências. A questão do sensível nos oferece a oportunidade não só de nos aprofundarmos nos arcanos do imaginário urbano, mas também de adentrarmos em um universo de sentidos e significados e de produção precária de conhecimentos.

Lançamo-nos assim em uma jornada teórica e prática avançando entre as páginas deste livro (nem sempre inteiramente acessível e/ou visível) que é a metrópole nas experiências das deambulações: sentindo-a, experimentando-a e tocando-a em seus componentes flutuantes de significado. Em certo sentido, embarcamos em uma complexa jornada de imagens urbanas sensíveis que nos levam a deparar com várias produções atmosféricas que têm um efeito sobre nossa a corporalidade e sensorialidade. Assim, salienta-se que atentar para a articulação e as interfaces entre imaginário, sensibilidade e cidade é fundamental para a compreensão dos desdobramentos das atmosferas e das ambiências como elementos de contaminação, como vetores relevantes que contribuem para a construção e percepção de uma "realidade vivida".

Portanto, partiu-se do pressuposto de que os estudos das ambiências e dos imaginários das cidades possibilitariam a renovação de conhecimentos, alicerçando-se principalmente nas análises das representações coletivas, das variações simbólicas e espaciais, da miríade de imagens e das múltiplas percepções sensíveis dos atores. A aposta aqui é a de que as atmosferas, tons e ambiências deveriam ser levadas especialmente em conta nas pesquisas urbanas, pois possibilitariam colocar em xeque certos esquematismos interpretativos, sugerindo outros sentidos e significados relevantes que contaminariam diferentes maneiras e intensidades a vida cotidiana.

Pode-se assim dizer que imagens, símbolos, estilos de vida e expressões culturais seriam o reflexo de um magma do imaginário sensível que adquire relevância nas experiências sociais urbanas e nas vivências fenomenológicas. Essas vivências passam pela estética das atmosferas (Böhme, 2020; Griffero, 2017) e nos indicam que as valências das experiências são flutuantes, ou seja, deslizam por níveis de sentido, oscilam por modalidades sensoriais. Assim, formam-se nas tramas urbanas tonalidades espaciais, nas quais os atores, como seres sensíveis, se projetam. Ser projetado é uma condição de existência, um gesto imersivo que nos coloca em ressonância com os meios. Nessa ressonância, sentimos as reverberações de lugares e atmosferas e somos impactados pelos afetos que nos mobilizam de alguma maneira. Vale dizer que em geral as experiências se traduzem em tonalizações, as quais nos envolvem e se incrementam as vivências nos espaços percorridos e ocupados nas temporalidades urbanas.

Portanto, refletir sobre o imaginário urbano sensível nos conduz a examinar o significado simbólico de nossas presenças espaciais. De certa forma, implica levar em conta os sentidos e significados construídos pelos atores, possibilitando não só evidenciar a diversidade cultural das nossas práticas cotidianas, mas também levar mais a sério nas análises o valor das emoções coletivas. Assim, partimos aqui do pressuposto de que os estudos das ambiências e atmosferas contribuem para a construção de uma interpretação mais densa da vida social urbana.[1]

## Edição do seminário realizado no Brasil e organização desta publicação

Tendo em vista o que foi assinalado anteriormente, nesta coletânea visamos problematizar a complexidade da(s) realidade(s) urbana(s), especialmente através do emprego de uma "epistemologia sensível" (Simmel, 2013) que se debruçou especialmente sobre variadas ambiências, atmosferas e tonalidades. De modo geral, tomando como referência uma perspectiva teórica interdisciplinar, as questões foram tratadas aqui a partir de uma abordagem fenomenológica difusa – que acionou como ferramentas observações de campo, semioses, corpografias e derivas urbanas – através da qual se buscou repensar variados conjuntos de experiências sensíveis em diferentes localidades, que colocaram de certa forma à mostra e em análise a "carne do mundo sensível" (Thibaud, 2020, p. 173).

Evidentemente, o mundo urbano contemporâneo crescentemente vem desafiando a nossa capacidade de compreensão e os modelos de inteligibilidade. Cresce a percepção entre os pesquisadores da cultura urbana de que para compreender melhor as transformações do mundo em que vivemos de-

[1] Vale salientar que os imaginários das atmosferas e ambiências, por meio de suas formas variáveis, poderiam ser considerados (re)interpretações das experiências que ofereceriam ao mesmo tempo acesso ao que sentimos e experimentamos nos espaços (por meio das disposições sensíveis e estéticas dos atores). Entretanto, o imaginário é mais do que um campo de estudo e uma via de acesso precária e provisória à complexidade, fugacidade e pluralidade de dimensões da realidade social: sua polissemia de fabulações andaria de mãos dadas com a polissemia de ambiências e atmosferas urbanas, as quais ofereceriam miríades de sentidos e significados às práticas sociais realizadas nos espaços. Portanto, poderíamos afirmar que o imaginário das atmosferas e ambiências é também vetor constitutivo da vida social urbana (La Rocca, 2018).

vemos atentar com cuidado para as experiências sensoriais, inclusive aquelas aparentemente mais banais e cotidianas. Nesse contexto, estudar as ambiências, atmosferas e tonalidades ganha cada vez mais relevância nas pesquisas sobre as tramas complexas das metrópoles, que concentram crescentemente a maior parte da população mundial. Nesse sentido, Thibaud postula que:

> [...] é importante entender que a ambiência não é um domínio sensível entre outros, mas sim aquilo pelo qual o mundo se torna sensível. Desse ponto de vista, a ambiência não seria outra senão a carne do mundo sensível. Portanto, ela não é um objeto de percepção – como um espetáculo ou até mesmo uma paisagem poderia ser, por exemplo –, mas a própria condição da percepção (Thibaud, 2020, p. 173).

Por conseguinte, diferentemente do que sugere um senso comum que valoriza prioritariamente os objetos e as substâncias no cotidiano das urbes, Thibaud defende que as ambiências e atmosferas (e, evidentemente, os imaginários associados) ocupariam de certa maneira uma centralidade na produção de sentidos e significados: tendo em vista que para esse autor não perceberíamos as ambiências propriamente ditas. Para ele, nós perceberíamos o mundo social justamente através das ambiências. Essa observação seria fundamental, pois coloca as ambiências (e atmosferas) no lugar por excelência de formação de hábitos perceptivos por parte dos atores, "[...] de ativação de esquemas sensório-motores e de envolvimento de relação social e estética com o mundo" (Thibaud, 2020, p. 174).

Vale salientar, a esta altura, que as ambiências e atmosferas têm particularmente nos interessado, pois partimos do pressuposto de que essas filtram de certo modo o que é perceptível e imperceptível na vida urbana, contribuindo de forma relevante nos processos de ressignificação e compartilhamento do sensível nas localidades. Evidentemente, as ambiências são associadas também aos estudos que tratam dos níveis de qualidade de vida urbana, isto é, recorrentemente é inscrita no debate sobre espetacularização e relacionada aos processos de reificação das dinâmicas das cidades neoliberais globalizadas. Entretanto, como no caso de boa parte dos pesquisadores que participam deste livro coletivo: as pesquisas de ambiências podem ser acionadas dentro de uma perspectiva mais crítica da lógica funcionalista reinante nas grandes metrópoles. Frequentemente, esses estudos do imaginário urbano se dedicam particularmente a repensar criticamente os processos de aceleração, consumo, individualismo ou mesmo problematizar as dinâmicas de construção de *branding* e/ou *marketing* urbano contemporâneo: de maneira recorrente, é possível constatar que essas investigações fazem emergir ambiências, atmosferas e imaginários menos visíveis e perceptíveis, que evidenciam tonalidades, narrativas e memórias dissensuais e de minorias que têm grande relevância social, especialmente em territórios menos democráticos e/ou marcados violências estruturais e por grandes desigualdades sociais.

Portanto, essa iniciativa, que culminou na organização da edição brasileira do seminário Metrópole Sensível[2] em 2024 e nesta coletânea de mesmo título, foi motivada por afinidades e inúmeras inquietações coletivas dos pesquisadores organizadores, os quais têm buscado nos estudos das ambiências e atmosferas a construção de uma epistemologia sensível (Simmel, 2013) que possibilitaria uma compreensão menos desencarnada e esquemática da vida urbana na atualidade (Zumthor, 2006; Thibaud, 2020; Augoyard, 2020).

Nesse sentido, pode-se dizer que essa iniciativa é resultado de alguns intercâmbios: primeiramente aquele proporcionado pelas parcerias construídas nos últimos anos pelos Programas de Pós-Graduação em Comunicação da UFRJ e da UERJ com o Departamento de Sociologia da Universidade Paul-Valéry[3]; – mais especificamente com os pesquisadores do Laboratório de Pesquisa sobre Imaginário (LEIRIS) – e, ao mesmo tempo, outra gerada pela participação destacada dos organizadores dessa inciativa no projeto de pesquisa interinstitucional intitulado "Identificando potencialidades nas cenas locais e subsidiando políticas culturais renovadas para as principais Cidades Musicais do país" (apoio CNPq), entre 2023 e 2024.

Assim, a partir desses profícuos intercâmbios, que se intensificaram nos últimos anos, amadureceu a proposição de se trazer pela primeira vez ao

---

[2] Salienta-se que o seminário Metrópole Sensível foi idealizado e vem sendo organizado, com grande êxito, há vários anos por Fabio La Rocca: no LEIRIS na Universidade Paul-Valéry (em Montpellier, na França).

[3] Assim, destaca-se também que as iniciativas de mobilidade acadêmica (envolvendo docentes e estudantes de pós-graduação) e o convênio entre essas instituições de ensino superior vêm ampliando as parcerias entre essas universidades.

Brasil a organização desse seminário (e desta publicação), o qual foi realizado entre os dias 28 de outubro e 1º de novembro de 2024 nos auditórios do Centro Cultural Hélio Oiticica e do Programa de Pós-Graduação em Comunicação da UFRJ. Como pode-se constatar nesta coletânea, participaram desse encontro acadêmico internacional – além dos organizadores e quadros dos grupos de pesquisa envolvidos – um conjunto de importantes pesquisadores e especialistas que vêm se dedicando direta e indiretamente a repensar a relevância hoje da temática do imaginário, das ambiências, atmosferas e tonalidades nas cidades, tais como: Andriolli de B. Costa (UERJ), Claudia Attimonelli (Universidade de Bari), Cristiane Rosa Duarte (UFRJ), Erick Felinto (UERJ), Fernando Gonçalves (UERJ), Renata de Rezende Ribeiro (UFF), Vincenzo Susca (UPVM) e Victa de Carvalho (UFRJ).

Assim, ao longo desta publicação coletiva intitulada *Metrópole Sensível – ambiências, atmosferas e tonalidades*, é possível encontrar quatorze artigos e ensaios divididos em duas seções. Abrindo a primeira parte, intitulada "Afetos, corpos e imaginários urbanos", La Rocca propõe considerar a cidade afetiva e emocional atual a partir da metáfora da "blob-city", em geral representada por formas orgânicas sinuosas e curvas, em torno das quais se produziriam atmosferas e vínculos afetivos relevantes. Em seguida, Nascimento toma o debate sobre "empatia espacial" como uma metodologia de estudo e um aspecto relevante para compreender o destaque alcançado pelas ambiências no dia a dia. Logo depois, em seu artigo, Souza propõe uma abordagem fenomenológica multissensorial baseada em sondagens, através da exploração urbana de arquiteturas em ruínas na cidade de Aarhus, localizada na Dinamarca. Na sequência e explorando a plasticidade das experiências e dos imaginários corporais: a partir da análise do estudo de caso de tumbas localizadas em Punta Arenas e Recoleta, Felinto constrói uma análise fenomenológica do "cemitério como espaço comunicacional limítrofe", de encontro entre o tangível e o intangível. E, fechando esse primeiro minibloco, Pereira e Furtado problematizam as experiências cinéticas urbanas, as quais se referem à vivência sensorial e perceptiva do movimento em ambientes urbanos e de interação com elementos da cidade, tais como pessoas, edifícios e sons.

Dando sequência a essa primeira parte e explorando outros tipos de ambiências – especialmente aquelas relacionadas à mobilização de formas de artivismo (Fernandes *et al.*, 2022) – temos três artigos que analisam intervenções nos espaços urbanos que afetam em alguma intensidade o imaginário da cidade do Rio de Janeiro. Primeiramente, Gama analisa algumas práticas artísticas sonoro-musicais que ocupam as ruas construindo formas potentes de comunicação e de ambiências urbanas. Na sequência, Fernandes e Herschmann repensam a relevância das ambiências dissensuais geradas pelas "manifestações-cortejos do CarnaLula" no bairro de Copacabana, por ocasião das eleições presidenciais de 2022 no Brasil, as quais permitiram construir táticas e astúcias (De Certeau, 1995) para que os atores enfrentassem a atmosfera de medo que se vivia intensamente naquele momento. Fechando a primeira parte desse volume, e a partir de uma pesquisa com os grafites elaborados pelo artista visual Thiago Vaz na cidade do Rio de Janeiro, Costa analisa o processo de atualização do mito rural do Saci no imaginário da metrópole contemporânea.

Abrindo a segunda parte da coletânea, intitulada "Imagens, memórias e experiências", Leite e Farias repensam as atmosferas e os imaginários urbanos nostálgicos construídos pelo filme *Retratos fantasmas* (de Kleber Mendonça) sobre o Centro de Recife.

Em seguida, o leitor encontrará outro minibloco, centrado em experiências fotográficas: no primeiro artigo, Carvalho analisa o trabalho de uma nova geração de artistas interessados no cotidiano das ruas das grandes metrópoles, produzindo obras fotográficas que retomam o debate sobre os condicionamentos diários e as suas possibilidades de construção de linhas de fuga das ambiências pré-programadas das metrópoles. E, depois, Gonçalves, Belo, Rocha e Duarte no seu ensaio coletivo problematizam questões de raça, gênero, sexualidade e ancestralidade na produção fotográfica de artistas populares da cidade do Rio de Janeiro.

E, finalizando este volume, temos três artigos provocativos que repensam as dificuldades e possibilidades de construção de outras experiências urbanas, mais potentes e transformadoras, ainda que o contexto contemporâneo seja bastante adverso e marcado especialmente pela intensa vigilância e precarização da vida social. Nesse sentido, Attimonelli – apoiada nas reflexões desenvolvidas por Fischer (2021) – sugere que a aceleração e hiperstição caracterizariam o cotidiano e o imaginário atual. Em seguida, apesar de levar em conta também esses enormes desafios, Susca em seu ensaio especula sobre a possibilidade de emergência de uma "ética do subsolo" capaz de exaltar o *húmus* e a Terra, a qual permitiria que se produzissem atmosferas que tensionam de certa maneira com a ordem vigente. Encerrando esta publicação, Ribeiro problematiza a força mobilizadora dos afetos e dos vínculos corporais construída nas ambiências digitais.

## Agradecimentos

Não poderíamos concluir esta introdução e apresentação sem agradecer àqueles que contribuíram direta e indiretamente na organização e concretização desse conjunto de atividades que foram realizadas entre 2023 e 2024, as quais fazem parte dos resultados que apresentados no âmbito do projeto de pesquisa intitulado "Identificando potencialidades nas cenas locais e subsidiando políticas culturais renovadas para as principais Cidades Musicais do país" (apoio Edital Pró-Humanidades do CNPq). Portanto, deixamos registrado o nosso muito obrigado aos seguintes colaboradores: Alison Brandão, Andrew Snyder, Carla Helal, Carlos H. Cavalcanti, Cristiane Rosa Duarte, Cristiane Corrêa, Daniel Araújo, Eduardo Bianchi, Gabriel Gutierrez Mendes, Indira Oliveira, Jeder Janotti Junior, Jhessica Reia, João Grand Jr., Jorge Cardoso Filho, Larissa Pacheco, Laurine Sézérat, Leonardo de Marchi, Lia Calabre, Luana Rodrigues, Luis P. Gomes, Marialva Barbosa, Mariana Cardin, Mauricio Rizzo de Lima, Michelle Ezaquiel, Nadja Vladi Gumes, Paola B. Jacques, Philippe Joron, Priscila Bittencourt, Rafael de Jesus da Silva, Renata Dias Oliveira, Richard G. da Silva, Silvia Borelli, Simone Luci Pereira, Simone Pereira de Sá e Thales L. Aquino.

Aproveitamos também essa oportunidade para agradecermos imensamente à três das principais agências de fomento à pesquisa do país – não apenas ao CNPq (principal apoiador desta iniciativa), mas também a FAPERJ e CAPES – pelos recursos diretos e indiretos que possibilitaram a realização do Seminário Internacional *Metrópole Sensível* e a publicação de parte dos textos dos palestrantes convidados.

Concluindo este texto inicial, gostaríamos de advertir aos leitores que essa publicação é dirigida a um público mais amplo, interessado em repensar a relevância de estudar de maneira sensível o ecossistema urbano, que evidencia: não só a força dos biopoderes (Foucault, 2010) nos espaços urbanos e na conformação das experiências nas cidades, mas também a presença de afetos e formas de vida urbana dissensuais (e não necessariamente sempre mercantilizados), mais opacos e menos perceptíveis, os quais vêm possibilitando também a ressignificação dos atores e (re)construção dos imaginários no cotidiano das metrópoles.

## Referências


AUGOYARD, Jean-François. Uma travessia das ambiências. *In*: DUARTE, Cristiane R.; PINHEIRO, Ethel (org.). *Arquitetura, Subjetividade e Cultura*. Rio de Janeiro: Riobooks, 2020.

BÖHME, Gernot. *Aistétique. Pour une esthétique de l'expérience sensible*. Dijon: Les Presses du Réel, 2020.

DE CERTEAU, Michel. *A invenção do cotidiano*. Petrópolis: Vozes, 1995.

FERNANDES, Cíntia S. (org.). *Artivismos Urbanos*. Porto Alegre: Sulina, 2022.

FISCHER, Marc. *Postcapitalist Desire*. Nova York: Repeater, 2021.

FOUCAULT, Michel. *Nascimento da Biopolítica*. Lisboa: Edições 70, 2010.

GRIFFERO, Tonino. *Atmosferologia. Estetica degli spazi emozionali*. Milano: Mimesis, 2017.

LA ROCCA, Fabio. *A cidade em todas suas formas*. Porto Alegre: Sulina, 2018.

PARK, Robert E.; BURGESS, Ernest W.; MCKENZIE, Roderick. *The city*. Chicago: University of Chicago Press, 1925.

SANSOT, Pierre. *Poétique de la ville*. Paris: Klincksieck, 1971.

SANSOT, Pierre. *Les formes sensibles de la vie sociale*. Paris: Presses Universitaires de France, 1986.

SIMMEL, Georg. Sociologie des Sens. *In*: Les grandes villes et la vie de l'esprit. Paris: Payot, 2013.

THIBAUD, Jean-Paul. Rumo a uma ecologia ambiente do urbano. *In*: DUARTE, Cristiane R.; PINHEIRO, Ethel (org.). *Arquitetura, subjetividade e cultura*. Rio de Janeiro: Riobooks, 2020.

ZUMTHOR, Peter. *Atmósferas*. Barcelona: Gustavo Gili, 2006.

# Parte 1

## Afetos, corpos e imaginários urbanos

# A cidade "blob-atmosférica": as formas sensíveis de um imaginário (a)estético

DOI: 10.29327/5568666.1-1

Fabio La Rocca

> Eu andei pelos limites da cidade,
> Alguém me convenceu a fazer isso,
> Atraído por alguma força dentro dela
> (Joy Division, *Interzone*, 1979).

## A cidade como "blob"[4]

Qual é a situação atual da cidade? Partimos dessa pergunta para construir um discurso integrado a partir da perspectiva do presente e do cotidiano urbano por compreender a produção do imaginário que está ligado à questão das atmosferas urbanas e da metrópole sensível.

Trata-se, portanto, de uma concepção de reflexão sobre a realidade sociourbana sob o ponto de vista das atmosferas com uma leitura fenomenológica dos espaços vitais ligados à sensibilidade. O imaginário nos leva a nos projetar na experiência a fim de compreender suas articulações simbólicas e sua relevância fenomenológica e, em nossa perspectiva de compreender as atmosferas e as ambiências urbanas, estamos na presença de um pensamento sinfônico. Portanto, pensar a configuração urbana e como ela pode representar o corolário de uma multiplicação sensível, do emocional, por meio de formas de afetividade.

A cidade tem seu próprio corpo, suas próprias formas e sinfonias, e nós a imaginamos e representamos por meio de formas simbólicas, imagens mentais, projeções e metáforas. Nesse sentido, propomos pensar na cidade afetiva e emocional como uma espécie de "blob". Para nós, a "cidade-blob"

[4] Essa ideia da "cidade-blob" nasceu em outubro de 2024 a partir de sugestões de discussões com Victa de Carvalho no Rio de Janeiro sobre fotografia urbana.

(ou "blob-cidade") é uma representação de sinuosidades orgânicas produzidas por biosferas ativas de sentimentos, emoções e tons que se experimenta ao se estar em espaços, vivenciando-os e sentindo-os. A metáfora da *blob-city* é sinônimo de organicidade (daí organi-cidade). A palavra blob ficou famosa no filme *The Blob* (*A bolha assassina*), de 1958, e foi aplicada à arquitetura na década de 1995 pelo arquiteto Glenn Lynn (*blob architecture*), mas já é possível encontrar traços nas experiências do Archigram na década de 1960 com os projetos *Waliking City* e *Instant City*. A arquitetura "bloboidal", que também cria um movimento artístico, o blobbismo, o blobarchitetura, o qual produziu formas orgânicas sinuosas e curvas (pense no Guggheneim em Bilbao como exemplo, mas também em Herzog & De Meuron), portanto, algo fluido. Na verdade, o blob, a partir das imagens do filme (embora tenha sido pensada como um fluido mortal), é esse fluido que flui e cria formas em movimento, como se as arquiteturas percebessem que estavam se movendo. Mas o blob, *physarum polycephalum*, também é um organismo unicelular que assume diferentes formas.

A partir dessas concepções, portanto, nós o ilustramos como uma metáfora para a cidade, ou melhor, uma sinfonia que muda de forma, que está em movimento por meio da dinâmica do sentimento que ecoa nas concepções atmosferológicas. A metáfora é aqui um elemento que produz um senso da cidade sentido e vivenciado por meio da atmosfera e do ambiente. Pensar na cidade como um "blob" significa equipar-se com formas de representação, projeções imaginárias que produzem imagens de referência para pensar e refletir sobre a dinâmica urbana. Poderíamos também falar, como indica Alain Mons (1992), de "imagens da cidade" e, na nossa opinião, a metáfora deve ser aceita como uma dotação de sentido, ou melhor, uma orientação de sentido. É por isso que a "cidade-blob" é um dos sentidos que podemos aplicar ao pensamento simbólico e sensível com relação à espacialidade das ambiências urbanas. As atmosferas e ambiências urbanas se espalham pelos interstícios urbanos, inundando os espaços, animando os lugares por meio do sentimento e da experiência. Para nós, isso é um "blob atmosférico": um sentimento em movimento que nos agarra e nos envolve, por meio do qual sentimos vínculos afetivos, sensoriais e emocionais com as várias formas sociourbanas que encontramos em nossa aventura espaço-temporal.

Como as atmosferas caracterizam a cidade e como as pessoas criam atmosferas é um modo reflexivo que se aprofunda no aspecto sensível: sentir e experimentar, vivenciar a realidade. A atmosfera é uma modalidade perceptiva que pode ser compreendida por meio de qualidades afetivas e emocionais e de diferentes tons.

## Uma sugestão teórica sensível: olhar climatológico e pensamentos sócio-(a)estético

A noção de atmosfera irradia o pensamento sociológico e filosófico em sua dinâmica fenomenológica, apresentando-se como uma chave para uma interpretação qualitativa da realidade e como uma construção de uma visão do mundo ao nosso redor. Obviamente, traçar os cruzamentos paradigmáticos dessa noção é uma tarefa árdua e demorada para ser exposta aqui. É preciso ilustrar o fato de que a atmosfera constitui uma ontologia do espaço urbano a ser compreendida, no espírito da época, como algo que determina um fluxo emocional e espacial. Nesse caso, a atmosfera é compreensível por meio da qualidade afetiva e dos diferentes tons emocionais a serem entendidos como *Stimmungen*.

Esse discurso se enquadra, evidentemente, na proposição de uma *Neue Phänomenolgoie*, a "nova fenomenologia" lançada pelas propostas teóricas do filósofo alemão Hermann Schmitz entre 1964 e 1980 por meio do *Sistema de Filosofia*. Em sua proposta de seis lições, Schmitz (2009) estabelece os fundamentos dessa nova fenomenologia ao propor um "pensar em situações" que se opõe ao domínio da visão científica racional que reduz a realidade ao mero princípio de substâncias e acidentes. Em essência, essa é uma nova maneira precisa de pensar que rompe com o modelo dualista de um mundo objetivado e reabilita as experiências "não intencionais" da vida social. Vida que é condicionada e estruturada por modalidades que o reducionismo dominante havia ignorado, ou seja, as sugestões emocionais, os sentimentos concebidos como atmosferas, as "quase-coisas" (Griffero, 2017).

Uma mudança de paradigma que transforma o imaginário coletivo. Lembremos que a proposta de Thomas Khun da revolução científica do paradigma, que deve ser enfatizada, refere-se a uma nova historiografia iniciada por Alexander Koyré, a mudança de um modo de pensar também é vista como uma transição para outro imaginário, pois um sistema de ideias entra em crise e uma nova visão do mundo é produzida. Portanto, uma nova visão que mergulha no imaginário atmosférico, ou em uma "atmosferologia", como sugerido pelo filósofo da estética Tonino Griffero (2010), que reavalia e enfatiza a função estética dos sentimentos, das emoções e, assim, das ambiências e das atmosferas.

Uma virada atmosférica contribuiu, portanto, para a esteira de várias concepções teóricas, especialmente de Schmitz, Böhme, Tellenbach, Griffero, para abrir a concepção teórica de uma *Weltanschauung* centrada na dimensão estética. A dimensão estética de uma visão do mundo representa, em nossa época, uma valorização do aspeto sensível como modo de sentir e dar vida a uma climatologia urbana (La Rocca, 2013, 2018) que expressa a captação do imaginário urbano. Por meio de um olhar "climatológico", capaz de captar os traços expressivos de nosso tempo, o objetivo é revelar as diversas ambiências estéticas características da metrópole contemporânea na relação orgânica entre a forma urbana e as expressões cotidianas do espaço vivido. Dessa forma, é instalada uma espécie de "visão" dos vários fragmentos da cena urbana. Esta é uma introdução a uma jornada na constelação do imaginário contemporâneo, na qual a legibilidade e a visualização da metrópole, levando em conta sua variedade estética como uma forma de sentir, nos permite dar significado a ela, desenvolver imperativos estilísticos para uma análise de sua atualização contínua.

Esse tipo de olhar nos leva a mergulhar na realidade de nosso tempo, a sentir e vivenciar as atmosferas urbanas para produzir uma leitura delas. De fato, nosso olhar deve se posicionar em sintonia com a perspectiva de mudança, ou seja, observar e acompanhar nossos pensamentos sobre a realidade urbana que nos cerca. Nesse sentido, um acompanhamento do que é experimentado e percebido de um ponto de vista sensível.

O pensamento deve sempre se concretizar em um modo de abertura, seguindo os ensinamentos de Edgar Morin, o que significa que a observação do mundo é permanente e se atualiza em relação ao espírito do tempo em que estamos situados. Nesse sentido, precisamos regenerar as ideias para nos ajustarmos à realidade vivida e, por meio da percepção, aplicá-las à situação "sócio-(a)estética". Por sócio-(a)estética entendemos a apreciação do significado que damos às coisas e, ao mesmo tempo, um pensamento sensível, um conhecimento sensível do que sentimos e experimentamos. O olhar sociológico deve estar constantemente atento a variações, deslocamentos e mudanças que geram novas formas de sentir, enfatizando o "sentir". Em um caminho fenomenológico, mas ao mesmo tempo metodológico, essa experiência é um sintoma da experiência do mundo do qual surge o conhecimento, pois o sentimento se refere à elaboração do conhecimento pelo espírito. A experiência e o conhecimento estão intimamente ligados, e isso nos leva a uma visão sensível da realidade como um modo de existência e um recipiente de dimensões do possível. Entre outras coisas, ao colocar a ênfase na realidade, podemos voltar à concepção clássica de Max Weber (1922), que em sua proposta de definição de ciência social indicava a prática de uma ciência da realidade para entender a originalidade da vida ao nosso redor. Então, em essência, estamos em um campo de compreensão da complexidade do mundo social em que a interpretação abrangente, permanecendo na visão weberiana, é uma compreensão das condutas da vida. Condutas que estão evoluindo de acordo com lógicas culturais históricas às quais o pensamento deve se adaptar para acompanhar o *zeitgeist* característico. Nós nos posicionamos em uma perspectiva de um curioso olhar sociológico em profundidade, a fim de mostrar uma direção de mudança de perspectiva para um pensamento relacionado ao tópico de atmosferas em uma chave (a) estética sociourbana.

## Alterações empáticas e experiência harmônica: uma organicidade

Essa estética é realizada por meio das múltiplas formas de sentimento pelas quais damos sentido à nossa experiência urbana. O que significa "sentir", "experimentar"? Como nosso corpo acessa o urbano? Como estetizamos a vida cotidiana urbana?

Muitas perguntas nos levam a refletir sobre o poder do imaginário atmosférico e das ambiências urbanas como uma estruturação de significado. A atmosfera, então, surge como uma modalidade perceptiva, compreensível por meio de qualidades (a)estéticas, do sensível que nos afeta como seres humanos com a lembrança de sensações e emoções que percorrem nossos corpos e, consequentemente, o corpo urbano.

Pensar "atmosfericamente" sobre a cidade e seus espaços também significa enfatizar o *pathos* e o afetivo. O ser humano, por meio de seu corpo, sente e experimenta as emoções urbanas que se infiltram nas ambiências em que ele está situado e, por essa razão, podemos defini-lo como um "ser que sente" do ponto de vista do *pathos*. Esse último pode ser entendido como formalidade expressiva ou, na acepção de Aristóteles, como evocação de emoções, algo que nos toca e solicita empatia. Essa carga emocional, *pathos*, portanto, nos empurra para a imersão sensível da urbanidade, criando uma participação empática de nosso corpo nas sinuosidades espaciais. Na tradição grega, o *pathos* é considerado um efeito irracional.

Consequentemente, em nosso discurso, estamos na presença de uma "irracionalidade" do espaço urbano que significa um modo de sentir empaticamente com o corpo, as emoções e as sensações, e não do ponto de vista do *logos*, da razão racional. Os corpos humano e urbano estão em uma simbiose de troca, de alterações sensíveis caracterizadas por movimentos como corpos atmosfericamente sentidos. De certa forma, poderíamos criar uma analogia com o pensamento simmeliano da estética da metrópole que enfatiza os sentidos.

Mesmo que em uma conotação específica de época, a do nascimento da metrópole moderna, a intenção simmeliana de sensibilidade, das capacidades sensoriais do indivíduo no ambiente urbano serve de prelúdio para a sensorialidade atmosférica que podemos, na atualidade de nossa experiência, enfatizar como uma configuração ambiental.

Se a famosa Escola de Chicago com R. E. Park nos ensinou que a "cidade é um laboratório social", atualmente poderíamos dizer que a cidade é um laboratório "atmosférico. Um laboratório para circunscrever o significado micrológico onde, seguindo o formismo simmeliano, estamos em busca do significado e dos sentidos. O que significa, então, como Schmitz (2009) antes perguntava, estar imerso em uma atmosfera, seja ela individual ou coletiva? A leitura de Schmitz nos propõe a bela expressão "atmosferização de um afeto", que pode ser entendida como uma estetização do espaço urbano que emana tons afetivos (*stimmung*) que o corpo absorve como uma "estação de recepção de atmosferas".

De nossa parte, inspirado da concepção schmitziana, conseguimos a ideia do "estado de alma", ou melhor, de uma "cidade como um estado de alma". Então, "a cidade como um estado de espírito" (Simmel, 2013) e de "alma" é refletida e espelhada nas diversas corporalidades que estão enraizadas na experiência atmosférica, consequentemente liberando energias tonais, tonalizantes. Isso também significa que, de acordo com o pensamento de Schmitz, as atmosferas são externalizadas e, portanto, o indivíduo urbano as recebe em seu espaço existencial, experimentando-as por meio do corpo e das sensações. Uma atmosfera "senciente" influencia, ao mesmo tempo, a produção da espacialidade e a maneira de estar no espaço, onde, por meio do corpo, a emocionalidade da situação em que nos encontramos é externalizada. Assim, somos "tocados" pela atmosfera que nos torna conscientes do ser da situação e do nosso modo de estar no lugar onde a sensorialidade é a condição do sentimento.

De certa forma, podemos afirmar que somos tocados e que tocamos o que nos envolve, ou seja, a atmosfera, os tons emocionais que inundam o espaço perceptual e que nós mesmos contribuímos para desenvolver por meio de nossa presença corporal. Essa também é uma forma de expressar a concepção de um modo de estar no mundo atmosférico. Ou seja, damos significado à experiência espacial por meio dos sentidos e, assim, definimos a habitabilidade do mundo. Podemos nos aventurar a conceber um tipo de *dasein* atmosférico como uma estrutura de linhas de sentido que estão espalhadas pelo território urbano e que, portanto, nos permitem "estar" nos lugares como seres sensíveis.

Somos imersos em uma dimensão orgânica de reciprocidade entre o modo como estamos no espaço e a situação criada nos contornos dos lugares. Nesse caso, poderíamos falar de uma "organicidade", de uma cidade vivenciada por meio de órgãos sensoriais, representações e impressões atmosféricas que definem o imaginário coletivo.

O modo orgânico também significa uma experiência harmônica. Na história da arquitetura, lembremos a proposta visionária de Franck Llyod Wright, que propôs o tema da arquitetura orgânica como uma forma de harmonia entre o homem e a natureza, de equilíbrio com o ambiente natural. Uma harmonia que hoje, por exemplo, é cada vez mais procurada e presente nos vários temas do que poderíamos chamar de metrópole ecosófica e cidade biofílica (La Rocca, 2020). Estas representam bem a tendência atual de uma "atmosfera ecosófica" que transforma os ambientes vividos, embora, muitas vezes, para fins mais comerciais e de marketing como uma expressão de um *green business* que está na moda em nossos tempos. Mas vamos deixar essa questão de lado para continuar nosso discurso sobre um tipo de fenomenologia atmosférica.

Poderíamos argumentar que a diversidade de atmosferas emocionais difundidas em espaços urbanos experimentados deve ser considerada como "manifestações fenomenais", ou seja, um contexto percebido por meio de nossos sentidos, como uma experiência sensorial. Dessa forma, do ponto de vista fenomenológico, as atmosferas e as ambiências devem ser analisadas como entidades ontológicas que dizem respeito tanto ao lado cognitivo do indivíduo quanto ao lado espacial dos lugares em que estamos imersos. Por isso, nós nos definimos como indivíduos em uma forma espacialmente amplificada por atmosferas que produzem modalidades emocionais que assimilamos e, consequentemente, condicionam nossas ações/reações.

O ser do espaço atmosférico e o ser nas múltiplas situações atmosféricas vivenciadas correspondem ao propósito de sentir, àquele ser predisposto à qualidade sensível que nos inunda. O famoso filósofo eclético tchecoslovaco Jan Patočka (1988), em sua proposta de fenomenologia, inspirado por Husserl e Heidegger, coloca o sentido em perspectiva ao enunciar "algo que sentimos como um todo, aberto de acordo com nossa disposição de espírito". E é assim, seguindo essa orientação teórica fenomenológica, que entramos na tonalidade, nesse sentimento pático que é a atmosferologia (Griffero, 2013). A análise de Patočka nos mostra também a importância das tonalidades afetivas, em que a afetividade é de fato um componente essencial para a compreensão da condição humana e opera para determinar o movimento de autodescoberta. Ainda, Patočka insiste mais na componente afetiva como uma dinâmica de resistência, e igualmente podemos destacar sua visão do corpo como um elemento da experiência afetiva, porque é o meio pelo qual o indivíduo sente e interage com o mundo. Assim, essa modalidade interativa é um meio de influenciar nossa percepção das ambiências e, ao mesmo tempo, condicionar a ação.

## Corporalidades e realismo (a)estético

O corpo torna-se, então, uma expressão incisiva no discurso de atmosferas e ambiências e, de modo geral, na dimensão sensível da vivência. O corpo é um meio de experiência que determina a absorção do que é criado atmosfericamente em situações urbanas. Pensemos, por exemplo, no caso da sociabilidade festiva e naquela corpografia musical (Herschmann; Fernandes, 2023) que gera uma expressividade tonal nos lugares e particulariza o momento espaço-temporal; ou ainda nas modalidades do caminhar, explicitadas em uma vasta literatura, como David Le Breton, Marco Careri, ou o *flâneur* de Charles Baudelaire e Walter Benjamin, o homem da multidão de Edgar Allan Poe, para citar apenas alguns exemplos, que são a expressão direta de como o corpo sente e ressoa com o sensível e experimenta o atmosférico que também é produzido pela gestualidade do corpo que caminha. A relação entre o corpo, o caminhar e as ambiências urbanas é concebida em várias análises (particularmente no centro de pesquisa Cresson, a Grenoble na França) e representa uma maneira de pensar a relação sensível, sobre como as práticas de mobilidade (deve-se pensar também na mobilidade motorizada, ou seja, via transporte) são estruturadas por meio das ambiências nas quais nos imergimos na vida cotidiana. Como aponta Rachel Thomas (2019), as ambiências são um fundo sensorial para cada situação social e, assim, em imersões espaciais, somos atravessados e passamos por zonas de diferentes tons e tonalidades (La Rocca, 2022) que nossos corpos percebem por meio dos sentidos criando uma forma de estetização. Nessa direção, podemos falar de uma "estetização do real" (Griffero, 2018:11) que é sinônimo de uma concepção do valor da experiência sensível, de um ser-no-mundo disposto na forma de como somos afetados e, consequentemente, afetamos o que se encontra nas situações da vida, ou seja, os outros e o espaço ao nosso redor.

O processo de estetização, como bem mostra a análise pertinente de Gernot Böhme (2020, p. 35), faz parte de uma teoria do conhecimento sensível para um retorno à *aisthêsis* como a estrutura real de uma experiência afetiva. De fato, a análise de Böhme nos leva ao cenário de um conhecimento sensível em que precisamente a estética (*ästhetik*) incentiva esse conhecimento no qual a teoria das atmosferas está predisposta. As atmosferas, na visão de Böhme, trazem coisas para a vida cotidiana, oferecendo aos seres humanos um sentimento de existência. Daí a estetização do real como uma apresentação estética, uma disposição, uma encenação daquilo com que vivemos e através do que vivemos. Em tal concepção, para o filósofo alemão, emerge a importância do ato perceptivo, no qual a percepção é concebida como *Befindlichkeit*, "um estar disposto" (Bohme, 2020, p. 39), que acentua as maneiras pelas quais nos sentimos em nosso ambiente.

A sensação do ambiente que nos circunda é a forma pela qual o ser está no mundo, um "estar disposto", portanto, revelando o estado emocional e afetivo em situações específicas. Do nosso ponto de vista, é ao nos situarmos nas situações que esse modo de ser, que podemos chamar um "ser atmosférico", é gerado. Nós somos no mundo ao nosso redor, no sentido do pensamento heideggeriano de *Geworfenheit*, e o experimentamos por meio de nossa pré-disposição que nos coloca em uma dimensão de sentimento sensível. Isso significa que as situações espaciais e sociais pelas quais passamos são modificadas e alteradas pela faculdade de impressões, sentidos com os quais nos comparamos. Nós estamos na ótica da incorporação que, na fenomenologia de Husserl, representa um tipo de sensação para experimentar as situações, um corpo vivido como centro da experiência. Para nós, é uma questão de concentrar nossa atenção na maneira como o ser se sente no mundo por meio da percepção sensível do espaço e do seu corpo.

Se, no âmbito da fenomenologia, o ser é um "sujeito sensorial", como nos diz Husserl, da mesma forma devemos pensar o espaço como sensorial, percebendo isso com base em suas qualidades "ai-estéticas". É nessa direção que podemos mostrar as qualidades das ambiências e atmosferas urbanas que representam a unidade de uma reciprocidade: o ser sensorial no espaço sensorial. Uma relação alterológica entre nós e o que está no espaço a partir de uma perspectiva sensível, uma relação com a "carne" (metáfora do pensamento merleau-pontiano) como a unidade de incorporação de um ser-no-mundo espacial/corporal/emocional.

## Situações e experiências

A questão das atmosferas e ambiências também surge na teoria situacionista, em que a qualidade do sentimento é considerada um modo de interação com o mundo ao redor. A análise situacionista, por meio tradicional da deriva e da psicogeografia, busca refletir sobre o modo de presença e da sensibilidade, questionando, de fato, o papel do afeto em várias interseções urbanas. Para Guy Debord, a cidade e seus lugares são entidades que despertam atmosferas, e a deriva se torna um método para mapear a experiência e detectar ambientes sentidos. Um sentimento ligado às emoções vividas em espaços urbanos, onde a experiência está associada a uma emoção sentida e ao que Debord descreve como uma "construção concreta de ambiências momentâneas da vida e sua transformação em uma qualidade passional superior" (2000, p. 1).

A teoria situacionista nos dá uma visão da importância das emoções e do que o indivíduo sente em situações urbanas como a deriva, que representa uma prática de lugares por meio da emoção que sentimos ao atravessá-los. Nesse caso, fica evidente como, para os situacionistas, há uma relação, que poderíamos chamar de recíproca, entre a atmosfera de um lugar e o que o indivíduo sente. Basta lembrar que Debord define a psicogeografia como o "estudo dos efeitos específicos do ambiente geográfico, desenvolvidos conscientemente ou não, que atuam diretamente sobre as emoções e o comportamento dos indivíduos" (1957, p. 13). Assim, a psicogeografia é concebida como a ciência das relações e ambiências (*Internationale Situationniste*, 1958), um método para reabilitar a cidade e construir uma nova visão do espaço, que podemos expressar como cidade sentimental. Os situacionistas implementam uma leitura sensível da cidade, desenvolvendo uma nova maneira de reavaliar o cotidiano por meio da criação de "situações". É nessas diferentes situações que a compreensão da espacialidade e dos lugares é determinada por meio da atmosfera e de um certo poder sensível.

Em diversas situações existe um envolvimento que dá origem a modos tonais, sensíveis e atmosféricos. Tudo isso é resultado de uma predisposição para situações vivenciadas no presente de sua manifestação, que, a nosso ver, é sempre permanente. Ou seja, o presente está sempre presente, pulsando a vida cotidiana (Maffesoli, 1979) e as atmosferas que são produzidas são permanentes às situações nas quais o indivíduo é projetado.

Se os situacionistas falavam de uma conexão com os lugares por meio de uma relação sensível, em uma crítica acalorada contra a cidade moderna e seu funcionalismo, então, em nosso mundo contemporâneo, podemos capturar essa impregnação das qualidades atmosféricas que determinam os lugares e aqueles que os frequentam. A correlação é criada, portanto, por meio da atmosfera, das ambiências que são, de acordo com a análise de Jean-Paul Thibaud (2015), a superfície de fundo a partir da qual nossas percepções e sensações são atualizadas.

Nessa direção, apoiamos um modo "climatológico" de pensar e ver (La Rocca, 2013, 2018) que nos mergulha no *zeitgeist* contemporâneo para captar o ar que respiramos, a atmosfera na qual estamos imersos. Em outras palavras, situar-se em uma predisposição para sentir por meio de uma observação e percepção constantes de mudanças sensíveis.

A mutação do ambiente urbano é sempre acompanhada pela mutação da experiência, do que é percebido a partir da perspectiva sensível, colocando a ideia básica da relação inseparável entre espaços e indivíduos e sua recíproca influência simbólica. A espacialidade urbana desempenha um papel central, fornece-nos informações sobre o estado de uma sociedade por meio da observação e do exame minucioso dela. Assim, somos confrontados com uma ideia da cidade como um lugar de pensamento, da cidade como um lugar de teoria, como ilustrado por Benjamin (1939), ou até mesmo uma problematização da metrópole – em uma perspectiva simmeliana – como um trabalho humano prático e sensível baseado na vida da mente, o que Simmel chamou de *Geistleben*. Essa sensibilidade nos orienta para uma atitude teórica baseada na atmosfera, uma sociologia dos sentidos. Na vida cotidiana de hoje, o enfoco simmeliano deve ser reavaliado e é sempre pertinente para ilustrar o dinamismo orgânico da experiência sensorial, que está bem associado à prática atmosférica. E isso está relacionado à questão da experiência como um sentimento atmosférico e um modo de estar nos lugares, um modo interativo entre nós e as formas urbanas.

O "sentir" nos leva a uma dimensão de "apreensões" atmosféricas, como propriedades sensíveis que podemos caracterizar de acordo com diferentes elementos de como e o que percebemos no nível dos nossos sentidos. Estamos conectados, até certo ponto, ao mundo por meio dessas tomadas atmosféricas que afetam nosso ser. Vamos colocar de forma mais direta: estamos "presos" em um turbilhão de sensações espaciais, emocionalidades circundantes, tons diferentes. E esse estar preso manifesta um sentimento atmosférico, uma conexão que é acionada por gostos, odores, sons, ruídos, imagens, pegadas táteis, movimentos, mas também por choques sensoriais sentimentais que sacodem o corpo. Vibramos, então, com o ritmo atmosférico da vida urbana cotidiana por meio de ondulações que animam nossos caminhos experienciais. Passar, por exemplo, por zonas de intensidade sonora, lembrando mais uma vez aquela estimulação dos sentidos típica da metrópole moderna descrita por Simmel, coloca-nos diante de uma ritmicidade social por meio da qual podemos operar uma leitura sensível para identificar os múltiplos significados inerentes ao ato de perceber e vivenciar.

O que se sente na imersão dos ruídos das metrópoles contemporâneas, o que se experimenta na invasão dos odores dos lugares de comida de rua (*street food*), o que se sente na exaltação visual dos ambientes vertiginosos da publicidade e da luminosidade de determinados espaços urbanos (pense em Tóquio, Seul, Nova York). Esses são modelos de impressões perceptivas que o corpo urbano transmite em nossos corpos, e caminhar pelos espaços, fazer travessias, também significa uma forma de experimentar e sentir atmosferas. Por outro lado, as atmosferas, ao gerarem uma atitude particular de sentir e vivenciar, influenciam o modo de experiência e, ao mesmo tempo, estetizam o imaginário da cidade, que assume sua própria conotação por meio das especificidades vivenciadas.

Falando de especificidades vivenciadas, nesse sentido, o exemplo da conexão ecológica parece relevante como uma tática de influência sensorial e atmosférica na cidade contemporânea. O toque do verde se torna uma realidade orgânica que, na esfera metropolitana, experimenta formas de conotação de territórios. Um exemplo prático disso é a proliferação de áreas verdes em grandes metrópoles e de caminhos de vegetalização, de um compartilhamento de áreas com vegetação, como os agora famosos jardins compartilhados, ou outros modos de toques da natureza na esfera urbana que influenciam as percepções. Como reflexo da tipicidade que caracteriza nossa época, também poderíamos dizer que é um imperativo atmosférico, a natureza é uma condição de mudança sensível, sensorial e emocional. Ela atua como uma espécie de transfiguração sensível, ou seja, determina outras formas de paisagem que influenciam a travessia de determinadas áreas verdes. Esse é um sentido atmosférico de uma "cidade biofílica" que impacta os sentidos por meio de obras arquitetônicas e de design que reconfiguram espaços e determinam novos caminhos imersivos e sensoriais.

Uma nova poética do espaço (Bachelard, 1957) está em ação por meio do condicionamento atmosférico das tonalidades vegetais. Conquanto Bachelard estivesse preocupado com a topografia do espaço íntimo da casa, sua fenomenologia da imaginação poética nos leva à reflexão de um estado emocional, alimentando assim a visão de mundo por meio de projeções perceptuais emocionais e, com referência à tonalidade ecológica, ou melhor, ecosófica, mostra como a natureza influencia a imaginação. Isso cria um entrelaçamento de correlações de um sentimento específico compartilhado entre a realidade tangível e as emoções geradas pelas sugestões evocadas pela contaminação da vegetação no espaço habitado e vivido.

E, nesse sentido, voltamos à relevância teórica de Maurice Merleau-Ponty e à significação da "carne" como uma modalidade existencial que une corpo e natureza. Estamos, então, na presença de um mundo "quiasmático", como Merleau-Ponty indicou, ou seja, uma interconexão entre corpo, percepção e mundo; e, em nossa reflexão, isso redefine o contato com a natureza em espaços urbanos ao criar novas sensibilidades atmosféricas, uma espécie de "vibração ontológica" (Merleau-Ponty, 1945, p. 147). Essa vibração está em sintonia com nossa percepção de como nosso corpo está imerso em situações e dimensões que alteram, no sentido de modificação sensorial, seu status e suas emoções. A natureza na cidade pode então ser considerada um vetor atmosférico de alteração sensorial e redefine lugares e ambientes de experiência. Nesse sentido, o design, muitas vezes também chamado de atmosférico, torna-se uma ferramenta de transfiguração no contexto da cidade biofílica, projetando espaços internos e externos em relação ao bem-estar orgânico. Além disso, referindo-se às reflexões de Jean-Paul Thibaud (2018), o que está surgindo é um design de ambiências que transforma a ecologia sensível dos espaços habitados.

As disposições da sensibilidade ecosófica influenciam a modulação do que Tonino Griffero (2013) chama de "a pele atmosférica da cidade". Uma pele que está em constante mudança, pois o ambiente urbano influencia constantemente nossas percepções e emoções. De fato, Griffero se refere às atmosferas urbanas como uma pele emocional e multissensorial, o que significa que o ambiente urbano provoca uma tipologia de sentimentos por meio de sons, cheiros e formas que nos condicionam em nossa habitação dos espaços. Os espaços, portanto, possuem uma certa identidade atmosférica e, por exemplo, a conotação da natureza impacta a afetividade e a emocionalidade correlativas. É, de fato, um elemento de condicionamento e produção de sensibilidade, e também poderíamos nos referir à natureza como um revestimento dessa pele atmosférica da cidade como uma qualidade (a)estética.

Entre outras coisas, sabemos que a arquitetura é um indicativo de sentimentalismo e emocionalidade. Também a definimos como "pele" (La Rocca, 2013, 2018) e, como tal, é uma criadora de atmosferas e ambiências. Um fator-chave de uma tipologia de cidade sensorial que produz efeitos constantes os quais influenciam a percepção, onde as esferas emocionais influenciam a interação alterológica entre os próprios indivíduos e os lugares. Se concordarmos com o fato de que a arquitetura também é uma produção afetiva, ao mesmo tempo, o elemento da natureza nos mostra outro percurso afetivo. Em consonância com a teoria de Alain Mons (2013), é possível observar uma estetização do ambiental para pensar em uma cidade sentida, que nos inunda e nos leva a refletir sobre uma "afetologia" dos territórios existenciais.

Ao considerar a atmosfera a pele da cidade, a arquitetura e o design vinculados à dimensão ecosófica refletem uma tipologia arquetípica da geografia urbana organizada por meio do imaginário. Um imaginário afetivo serve de modelo para a intensidade das atmosferas que tonificam nossos espaços. Somos afetados por essas atmosferas sensíveis e caminhar entre arquiteturas cria uma absorção perceptual, uma sinergia sentimental. Isso ocorre porque a arquitetura é um estimulador emocional, um fator que, do ponto de vista perceptivo, permite que nosso corpo sinta, ou seja, esteja presente nos lugares por onde passamos, com o contorno arquitetônico liberando sentimentos e emoções.

Podemos pensar, inspirados pela análise do imaginário de Gilbert Durand (1960), a interação entre a arquitetura, as imagens e os sentidos como uma sucessão narrativa; um modo de formação que sintetiza um estilo e uma relação com o mundo. Estamos na presença de um fluxo de imagens atmosféricas produzidas por arquiteturas sensíveis, design afetivo, por corpos que modulam os gestos de acordo com a ressignificação do espaço circundante por meio de produções tonais, como esse toque estético de vegetação, mas também de sonoridades. Sons atmosféricos que a própria arquitetura produz por meio de sua presença e interação com o ar e as formas como um *soundscape*. Por outro lado, a experiência dos espaços arquitetônicos, na teoria de Juhani Pallasmaa (1996), é designada por meio de sensações cutâneas, sinestésicas e proprioceptivas. Para ele, a visão do espaço arquitetônico é um espaço existencial em que o valor da atmosfera é uma abertura emocional. De acordo com Pallasmaa, é importante considerar a qualidade de nosso ambiente por meio da fusão multissensorial. Deve-se considerar a atmosfera, a ambiência, um tom, um estado de espírito: portanto, uma predisposição para a polifonia da ambiência (2017, p. 116) que expressa toda a riqueza da experiência perceptiva dos lugares e da arquitetura. Uma arquitetura que, novamente em linha com as sugestões teóricas de Pallasmaa, tem a aptidão de "reforçar nossa experiência da realidade" (p. 219), e isso acontece não apenas por meio dos sentidos, mas também por meio do imaginário.

## Conclusões: estar em-pático

Se, como indica Thibaud (2013), a atmosfera é uma condição de percepção, ela é vivenciada nos lugares por meio de uma conotação de sentidos que incorporam espacialidade, corporeidade, experiência compartilhada, temporalidade e sensorialidade. Uma estrutura de interconexões que determina a produção atmosférica de um lugar no qual se desenvolvem a estimulação, a integração, a confiança e a tonalidade sentida. Aqui podemos pensar na famosa frase do filósofo Henri Maldiney, "O real é o que não esperávamos", para destacar a importância da surpresa na descoberta do que existe. E, em nossa concepção, a atmosfera é algo que não esperávamos, no sentido de uma consciência do existente e da percepção vivida das coisas. Um tipo de "aura" atmosférica condiciona a experiência em lugares que, como Ludwig Binswanger (1933), consideramos "espaço humoral".

Nossa predisposição para sentir está aberta ao possível por meio de um sentimento de "experiência patológica" (Pierron, 2023, p. 44) no sentido de emocional e não patológico. É a expressão de um estado de nossa experiência em que *pathos* deve ser entendido, segundo Erwin Strauss (1935), como a capacidade afetiva de estar predisposto a sentir o mundo.

O sentido emocional nos coloca em um estado de experiência no qual a incorporação de espaços e lugares condiciona a maneira como habitamos em um vínculo carnal com o ambiente. Um ser "in-tonado" se realiza com os espaços com uma relação de *stimmungen* a que Heidegger já se referia como *das Gestimmtstein*: um "ser sintonizado". Essa entonação também é realizada por meio de uma "disposição harmônica" e, como resultado, manifesta-se uma dimensão do ser afetado que ilustra a relação do homem com seu ambiente. O ser é, em sua essência, receptivo às experiências sensoriais, aos tons afetivos da espacialidade ao seu redor. Sentir é, então, como disse Maldiney, 1973: "mais profundo do que perceber" (p. 75). Entre outras coisas, Maldiney, em seu pensamento sobre a espacialidade, coloca em perspectiva a ideia de um "espaço climático" que ressoa com o que o fundador da *Daseinsanalyse*, Ludwig Binswanger (1933), chamou de "espaço tímico", como uma disposição afetiva do *dasein*. Uma tipologia de ressonância na qual sentimos as reverberações de lugares e atmosferas que se produzem em uma (a)estética "pática". O ser humano penetra nos espaços, entra neles e, assim, descobre as atmosferas que o submergem, como uma "disposição afetiva" que, por Böhme, é sempre uma experiência de ordem espacial (2020, p. 57).

Dessa forma, inspirado pela teoria fenomenológica de Schmitz, o mundo é um campo atmosférico complexo com situações significativas em que devemos ver um espaço sensível compartilhado por nossas experiências por meio de atmosferas afetivas, sentidos e tonalidades.

Em suas formas variáveis, o imaginário das atmosferas pode ser entendido como uma reinterpretação da experiência que nos dá acesso à observação das maneiras pelas quais sentimos e experimentamos o espaço por meio da disposição sensível e estética. Se o imaginário é uma compreensão do mundo, sua polissemia anda de mãos dadas com a polissemia de ambientes e atmosferas, formando assim uma atividade cotidiana que dá sentido às práticas do espaço.

## Referências


AUGOYARD, Jean-François. *Pas à pas*. Essai sur le cheminement quotidien em milieu urbain. Paris: Éditions du Seuil, 1979.

BACHELARD, Gaston. *Poétique de l'espace* (1957). Paris: PUF, 3e édition 1961.

BENJAMIN, Walter. *Paris capitale du XIXe siècle*. Le livre des Passages (1939). Paris: Éditions du Cerf, 1986.

BINSWANGER Ludwig. *Le problème de l'espace en psychopatologie* (1933). Toulouse: Presses Universitaires du Mirail, 1998.

BÖHME, Gernot. *Aisthetic*. Vorlesungen über Ästhetik als allgemeine Wahrnehmungslehre. Verlag: KG, 2001. Trad. fr: *Aistétique.* Pour une esthétique de l'expérience sensible. Traduit de l'allemand par Martin Kaltenecker et Franck Lemonde. Dijon: Les presses du réel, 2020.

BÖHME, Gernot. L'atmosphère, fondement d'une nouvelle esthétique ?, premier chapitre de *Atmosphäre* : Essays zur neuen Ästhetik. Berlin: Suhrkamp, 1995, trad. par Maxime Le Calvé, *Communications* 102, 2018, pp. 25-49.

DEBORD, Guy. *Rapport sur la construction des situations et sur les conditions de l'organisation et de l'action de la tendance situationniste internationale* (1957). Paris: Mille et une nuits, 2000.

DEBORD, Guy. *Internationale Situationniste.* Internet Achive, nº 2, 1958.

FERNANDES S., Cíntia; HERSCHMANN, Micael. *A força movente da música.* Cartografias sensíveis das cidades musicais do Rio de Janeiro. Porto Alegre: Sulina, 2023.

GRIFFERO, Tonino. *Atmosferologia.* Estetica degli spazi emozionali (2010). Milano: Mimesis, 2a edizione, 2017.

GRIFFERO, Tonino. The atmospheric "skin" of the city". *Ambiances,* 2013. Disponível em: http://ambiances.revues.org/399. Acesso em: 25 mar. 2025.

HEIDEGGER, Martin. *Sein und Zeit* (1927). Trad. fr. de Rudolf Boehm, Alphonse De Waelhens, *L'être et le temps.* Paris: Gallimard, 1972.

HUSSERL, Edmund. *Recherches logiques* (1900-1901). T.1, Trad. par Hubert Élie, Arion Lothar Kelkel & René Schérer. Paris: PUF, 1969.

LA ROCCA, Fabio. A cidade em todas as suas formas. Porto Alegre: Sulina, 2018.

LA ROCCA, Fabio. La metropoli ecosofica : atmosfere, percezioni, narrazioni. *Im@go, A journal of the social imaginary*, n. 15, IX, 2020, p. 134-153. www.imagojournal.it

LA ROCCA, Fabio. Mood and Ambiance: A Narration of Expressive Forms and Urban Emotions. *The City of the Senses, the Senses in the City*, Z. Pinto-Coelho, H. Pires (ed.), CECS, UMinho Editora, Braga, 2022, p. 19-34.

LYNN, Greg. *Folds, Bodies & Blobs*: Collected Essays. Bruxelles: La lettre volée, 1998.

MAFFESOLI, Michel. *La conquête du présent.* Pour une sociologie de la vie quotidienne. Paris: PUF, 1979.

MALDINEY, Henri. Regard Parole Espace. Lausanne: L'Âge d'homme, 1973.

MERLEAU-PONTY, Maurice. *Phénoménologie de la perception.* Paris: Gallimard, 1945.

MONS, Alain. *La métaphore sociale.* Image, territoire, communication. Paris: PUF, 1992.

MONS, Alain. *Les lieux du sensible.* Villes, hommes, images. Paris: CNRS Éditions, 2013.

PALLASMAA, Juani. *The Eyes of the Skin*: Architecture and the Senses. London: Academy Editions, 1996.

PALLASMAA, Juani. Percevoir et ressentir les atmosphères. L'expérience des espaces et des lieux. *Phantasia*, 5, 2017. DOI: 10.25518/0774-7136.788.

PATOCKA, Jan. *Qu'est-ce que la phénoménologi?* Édité et traduit par Erika Abrams, Grenoble: Jérôme Millon, 1988.

PATOCKA, Jan. *Monde naturel e mouvement de l'existence.* Trad. Erika Abrams, La Haye: Nijhoff, 1988.

PIERRON, Jean-Philippe. *Pour une insurrection des sens.* Arles: Acte Sud, 2023.

SCHMITZ, Hermann. *Brève introduction à la nouvelle phénoménologie* (2009). Traduction et introduction de Jean-Louis Georget et Philippe Grosos, Paris: Le cercle herméneutique, coll. Phéno, Paris, 2016.

SIMMEL, Georg. *Les grandes villes et la vie de l'esprit, suivi de Sociologie des sens.* Paris: Payot, 2013.

STRAUSS, Erwin. *Du sens des sens.* Contribution à l'étude des fondements de la psychologie (1935). Trad. fr. Georges Thinès et Jean-Pierre Legrand, Grenoble: Millon, 2000.

THIBAUD, Jean-Paul. *En quête d'ambiances.* Éprouver la ville en passant. Genève: Métis Presses, 2015.

THOMAS, Rachel. *Marcher en ville.* Faire corps, prendre corps, donner corps aux ambiances urbaines. Paris: Les Archives Contemporaines, 2010.

THOMAS, Rachel. Rythmes ambiants, rythmes de marche. *EspaceTemps.net*, 2019.

# Ambiências e a experiência coletiva: as narrativas sensíveis em busca da empatia espacial

DOI: 10.29327/5568666.1-2

Bárbara Thomaz L. do Nascimento

## Introdução

A forma como percebemos o mundo físico é uma questão importante para muitas áreas do conhecimento que se dedicam a questões urbanas e sociais. Percepção e sensação são processos interdependentes, mas não atuam de forma alinhada: utilizamos todo o nosso corpo interno para obter informações sobre o ambiente; a isso chamamos "sensação" (Colston, 2007). Já a percepção é a forma como o cérebro organiza e interpreta essas sensações e é influenciada por diversos fatores, como seletividade perceptiva, experiência anterior e condicionamento do fenômeno vivenciado (Yantis, 1998). As diferentes dimensões do contexto – onde estamos, o que fazemos e o que está ao nosso redor – são parte integrante da atividade perceptual (Thibaud, 2002). Então, o fato de não percebermos as coisas, mas "de acordo com" as coisas, é o que torna a questão inicial ainda mais intrigante (Thibaud, 2018).

A consciência do nosso corpo durante o processo de percepção se torna importante para o engajamento e vínculo com os espaços físicos que nos rodeiam. Em relação aos espaços de uso público, entende-se que a experiência coletiva se torna um aspecto fundamental por representar uma carga significativa da sociabilidade que lhe é própria. Por mais que os lugares possam ser caracterizados por uma materialidade, também lhe são atribuídos um certo corante, um "certo tom emocional, certo '*Stimmung*': privacidade, grandiosidade, alegria, tristeza, sobriedade" (Cazal, 2014, p. 1, tradução nossa). A busca por compreender o espaço público como lugar do coletivo leva-nos ao encontro de sua dimensão sensível que o faz diferente não só em sua morfologia, mas nos usos, apropriações, sensações e no que motiva, ou não, a vivenciar as experiências coletivas. Neste sentido, considera-se que a imaterialidade dos espaços e como ela interfere nas ações e na vivência espacial é tão importante na arquitetura e no urbanismo quanto os aspectos técnicos envolvidos na concepção de sua dimensão física.

Neste trabalho, a ambiência na qual se está submerso e que nos impregna é o que nos instiga a explorar a ideia de empatia espacial: uma ferramenta conceitual e metodológica delineada com a finalidade de auxiliar no estudo de experiências em locais urbanos (Nascimento, 2018). A fim de compreender o que levaria a um vínculo espacial, como resultado da afetação de um usuário em ambientes urbanos, a empatia espacial é tomada como representação da materialização de vivenciar o Outro (neste caso, o próprio espaço físico). Baseada nos estudos de *Einfühlung* (Vischer, 1853; Lipps, 1905)[5], empatia espacial explora a nossa ligação emocional com o mundo, a nossa propensão a projetar os nossos sentimentos no inanimado e a nossa autoidentificação com os espaços urbanos. Tomando o corpo como ferramenta de experimentação em si, este artigo (que é recorte de uma tese de doutorado), procura mostrar como o conceito de empatia espacial tem sido estudado em experiências de exploração urbana e aplicado na construção de uma ferramenta metodológica: o método Narrativas Sensíveis.

## Uma questão de empatia(?)

Antes de falar sobre as Narrativas Sensíveis, faz-se necessária uma breve contextualização acerca da empatia espacial, uma vez que dela derivam as considerações aqui apresentadas. Foi a partir do relato de uma experiência urbana que a expressão "falta de empatia" foi utilizada intuitivamente para explicar o que parecia ser uma falta de conexão com um certo lugar (Duarte *et al.*, 2015). Embora, na época, não se tivesse certeza se havia alguma pertinência acadêmica em fazer uso da palavra naquele contexto, ela aparentava ser a melhor descrição do sentimento que

[5] A data faz referência à primeira publicação. Ao longo do texto a data faz referência à publicação consultada.

atrelamos ao espaço. Por meio do termo era possível, por exemplo, explicar a tristeza que sentimos quando estávamos em um lugar abandonado, ou o entusiasmo que nos tomava quando, sem esperar, encontrávamos um espaço 'vivo', movimentado, cheio de vitalidade; ou ainda aquela sensação que nos faz querer voltar ou permanecer em certos espaços. Quando dizemos que não permanecemos em um lugar porque nos sentimos tristes, mas também porque o lugar é triste, não seria uma interação a partir do que sentimos, e logo uma questão de empatia?

Com o intuito de explorar o engajamento na experiência coletiva, partiu-se da hipótese da pertinência de uma empatia espacial. A fim de verificar a possibilidade da adoção do termo no contexto espacial proposto, foram feitas as primeiras incursões teóricas acerca da Empatia, as quais levaram ao encontro do termo *Einfühlung*. Inicialmente presente nos estudos filosóficos alemães do século XIX, os trabalhos pautados na *Einfühlung* tinham o intuito de compreender as especificidades da experiência e do prazer estético a partir do sentimento despertado no sujeito, com base na relação estética que este estabelece com obras de arte.

Os primeiros estudos, creditados a Robert Vischer (1994) e Theodor Lipps (2009), buscavam descobrir as condições e premissas sob as quais o sujeito era afetado pela estética da obra de arte, a ponto de esta lhe suscitar um sentimento. Para Vischer (1994), *Einfühlung* significava a participação ativa do espectador em uma obra de arte ou em outras formas visuais, sendo uma experiência mútua de troca entre o corpo e o objeto percebido. Uma de suas primeiras hipóteses era a de que o processo empático estava principalmente pautado na percepção e relacionado com o movimento dos olhos. Lipps (2009), por sua vez, contribui em estudos voltados à compreensão de como uma pessoa captava o significado de objetos estéticos e a consciência dos outros. Em sua ótica, *Einfühlung* corresponde a um processo mental no qual o sujeito se torna consciente do objeto a partir do estado emocional por ele despertado, expressando-se, assim, através de sintomas sensitivos que podem ser visíveis. Embora concorde com a importância da percepção, para Lipps (2009), o processo não estaria apenas relacionado aos olhos, e sim ao corpo todo.

Devido ao interesse no universo das obras de arte, é possível encontrar estudos relacionados à *Einfühlung* aplicados à experiência estética na arquitetura. No entanto, entendemos que, embora seja um elemento visual, a experiência estética arquitetônica não diz respeito apenas ao espaço construído e geométrico, uma vez que "o espaço estético [na arquitetura] nasce entre o sujeito e o edifício, como a conjunção de uma forma e as sensações por ela despertada" (Galland-Szymkowiak, 2017, p. 2, tradução nossa).

Neste sentido, destacamos as contribuições de Schmarsow (1999), que, ao ver a fonte da experiência estética no sujeito, concede ao corpo humano, inclusive em deslocamento, um papel central na empatia estética arquitetônica. Em vez das formas, como seus precursores, ele considera que a dimensão essencial do espaço arquitetônico é a profundidade: essa seria a dimensão em que sentimos a liberdade de nossos movimentos, e por isso sua ausência nos faria sentir prisioneiros e impedidos, sendo no inverso, na sua abrangência, que temos o espaço.

> Um espaço arquitetônico é (esteticamente) engendrado por mim quando minha própria corporeidade afetiva se torna uma maneira pela qual eu estou ou vivo esse espaço. Assim, o espaço que se abre para mim na experiência [estética] do edifício se torna, desde o início, uma polarização entre meu corpo vivo e essa alteridade que deriva da massa que ressoa em mim. Por isso é necessário entender a espacialidade arquitetônica a partir dessa tensão, entre o aqui e o ali, isto é, não apenas ecoando as massas do corpo, mas a partir da conexão do sujeito entre sua percepção e sua mobilidade (real ou potencial) (Schmarsow, 1999, p. 54, tradução nossa).

A partir dessa perspectiva, podemos dizer que "vê a si mesmo representado no objeto, a ponto de considerar que essa representação é indissociável de como aquele objeto o afeta e o faz sentir" (Galland-Szymkowiak, 2015, p. 2, tradução nossa). Neste sentido, entendemos que, ao evocar a dimensão da profundidade, Schmarsow (1999) não só considera a questão do movimento corporal a partir do deslocamento, mas abre considerações acerca de possibilidades de estudo relacionadas a *Einfühlung* e espaço.

A abrangência e possibilidades de estudo da *Einfühlung* é reforçada sobretudo quando explicamos que na verdade estamos fazendo referência ao que anos mais tarde foi traduzido por "Empatia". A tradução (Titchener, 1909) foi uma maneira encontrada para corresponder a uma amplitude conceitual que, para alguns estudiosos, já era inerente à palavra *Einfühlung*, consolidando, assim, a ideia de que o Outro poderia ser qualquer coisa além do sujeito – pessoa, objeto de arte ou até mesmo o meio circundante, como é tratado neste estudo. Foi assim, a partir das possibilidades de associação e aplicabilidade, que se propôs explorar a adesão a uma ambiência urbana por meio da empatia espacial: o projetar-se, conectar-se, engajar-se a partir da imersão em uma ambiência no contexto coletivo.

## Por uma empatia espacial

Neste artigo a empatia espacial surge como um conceito motor, uma ferramenta conceitual e metodológica voltada ao estudo da fundação da experiência coletiva em espaços públicos. Embora seja aplicável em contextos arquitetônicos – empatia estética – a partir de estudos pautados na *Einfühlung*, o que se explora aqui é em relação ao espaço em seu sentido coletivo. Correspondente ao que se entende hoje como Empatia, *Einfühlung* trata da relação entre sujeito e objeto a partir do sentimento despertado por este último. É uma relação que envolve um processo, uma vez que é necessário não apenas projetar-se a partir do imaginar, mas também entrar em ressonância emocional e corporal com o objeto. Com base nos processos do mecanismo empático (Decety; Lamm, 2006), considera-se, por meio da empatia espacial, a exploração e a análise de três momentos. Seria necessário, assim, entrar em (1) ressonância com o tom sentimental, em seguida (2) compartilhamento a partir do sensório-motor e por fim um (3) engajamento com o coletivo, configurando as três fases relacionadas à experiência empática, que poderiam também ser associadas ao contexto espacial.

Conforme a *Einfühlung*, as obras de arte propiciam experiências empáticas devido a um "corante" que surge como uma fusão entre o que se vê e o que se sente. O mesmo raciocínio é aplicável aqui aos espaços urbanos que, através do seu corante, a ambiência, desperta elos afetivos e emocionais, reforçando, assim, a lógica do estudo sob o viés da empatia espacial. Explicada como tempo-espaço sob uma perspectiva sensorial, a ambiência está relacionada à experiência vivida das pessoas, bem como o ambiente construído do lugar (Thibaud, 2018). Por se referir à percepção e ao sentimento ao lugar, uma ambiência envolve um certo tom, certo *Stimmung*, expresso na presença material do espaço e encarnado na maneira de ser dos habitantes da cidade. E, sendo o espaço "um habitat ecológico heterogêneo" (Thibaud, 2013, p. 43, traduções nossa), compreendemos que, do ponto de vista das ambiências, não é uma base neutra e homogênea na qual várias práticas se encaixam, mas sim onde são moldadas práticas que afetam o sujeito e o meio.

Conforme Thibaud (2011), as ambiências emergem a partir de dinâmicas particulares, que podem ser complementares por operarem simultaneamente. Tais dinâmicas envolvem três processos ecológicos básicos que constituem uma ambiência: aclimatação (sintonia), variação (modulação) e alteração (enquadramento). Ainda que cada um desses processos envolva domínios específicos de pensamento e ferramentas conceituais, eles estão associados ao poder de impregnação exercido pelas ambiências.

É a partir do poder de impregnação que as práticas sociais são colocadas em contextos e situações em um nível sensório-motor (Thibaud, 2018). Aliás, a associação entre atividade motora e percepção é destacada por Merleau-Ponty (1994), que afirma que os movimentos corporais acompanham nossa relação perceptiva com o mundo, já que nos "situamos nas coisas que estamos dispostos a habitá-las com todo o nosso ser" (Merleau-Ponty, 1994, p.177). Isso reforça o fato de que a consciência do corpo durante o processo de percepção pode ser um meio para estudar o engajamento e vínculos em relação ao meio, tanto físico como sensível, que nos rodeia.

Neste ponto, entendemos que o poder expressivo dos corpos em movimento e nas práticas sociais relacionadas é um aspecto basilar, constituindo um elo entre o processo empático e seu desdobramento no contexto do espaço físico e sensível. Seja parado ou em movimento, o corpo no espaço praticamente endossa a Empatia, já que é a partir de nós mesmos e do nosso corpo que temos consciência do Outro. Surge, assim, a proposta de, na busca da empatia espacial e na exploração das experiências coletivas, usar o corpo imerso na ambiência como parte de sua construção enquanto ferramenta metodológica.

## Metodologia das Narrativas Sensíveis

A metodologia das narrativas sensíveis foi um método desenvolvido a partir da empatia espacial. Baseado em exercícios de errância em que se expõe a diferentes tipos de experiências urbanas, o método surgiu a partir de um diário de exploração errante (Figura 1), composto de diversas ferramentas: escrita, fotografia, gravação de vídeo/áudio e esboços, que posteriormente forneceram um método para investigar a relação entre as pessoas e o meio na perspectiva da empatia espacial. A aplicação do método foi feita em praças na cidade do Rio de Janeiro, que, a partir das diferentes posições epistemológicas consideradas, subsidiou a identificação de elementos comuns envolvidos nas ações coletivas nos espaços urbanos. Embora se tenha resultados interessantes adquiridos a partir de estudos de campo realizados, o que se apresenta aqui é a construção do método, o qual, a partir da empatia espacial, utiliza-se do corpo – e do registro das (re)ações no coletivo – imerso na ambiência e por ela impregnado enquanto meio e instrumento de exploração.

O diário de exploração errante relata experiências mais abrangentes de descoberta tanto das cidades – macroexploração – como de lugares, espaços públicos que poderiam ser alvo de um estudo de campo mais pontual – microexploração. O diário começa guiado pela indagação sobre como nos enquadramos com a coletividade – "e se?" ou "quando?" queremos isso, "como?" fazer parte de algo. Em resumo seria: "como os espaços me chamam, por onde me chamam, o que me fazem sentir para que possa ser considerado por mim como um chamado"? Para que pudesse trazer os resultados, a experiência deveria seguir um curso natural, relatando inclusive os momentos de desconforto, medo, estranhamento e toda e qualquer outra impressão ou sensação – positiva ou negativa – que surgisse enquanto se estava na exploração urbana. A ideia era que se pudesse viver situações, eventos, práticas que deveriam ser documentadas e que, só depois de analisadas, poderiam ser identificados os fatores que levaram ao compartilhamento da experiência. Esse compartilhamento poderia ser considerado dos dois lados, do ponto de vista das práticas socioespaciais que se abre para o sujeito e como este se abre ou se fecha para certas práticas socioespaciais.

**Figura 1.** Colagem reunindo páginas do diário de experiência errante.

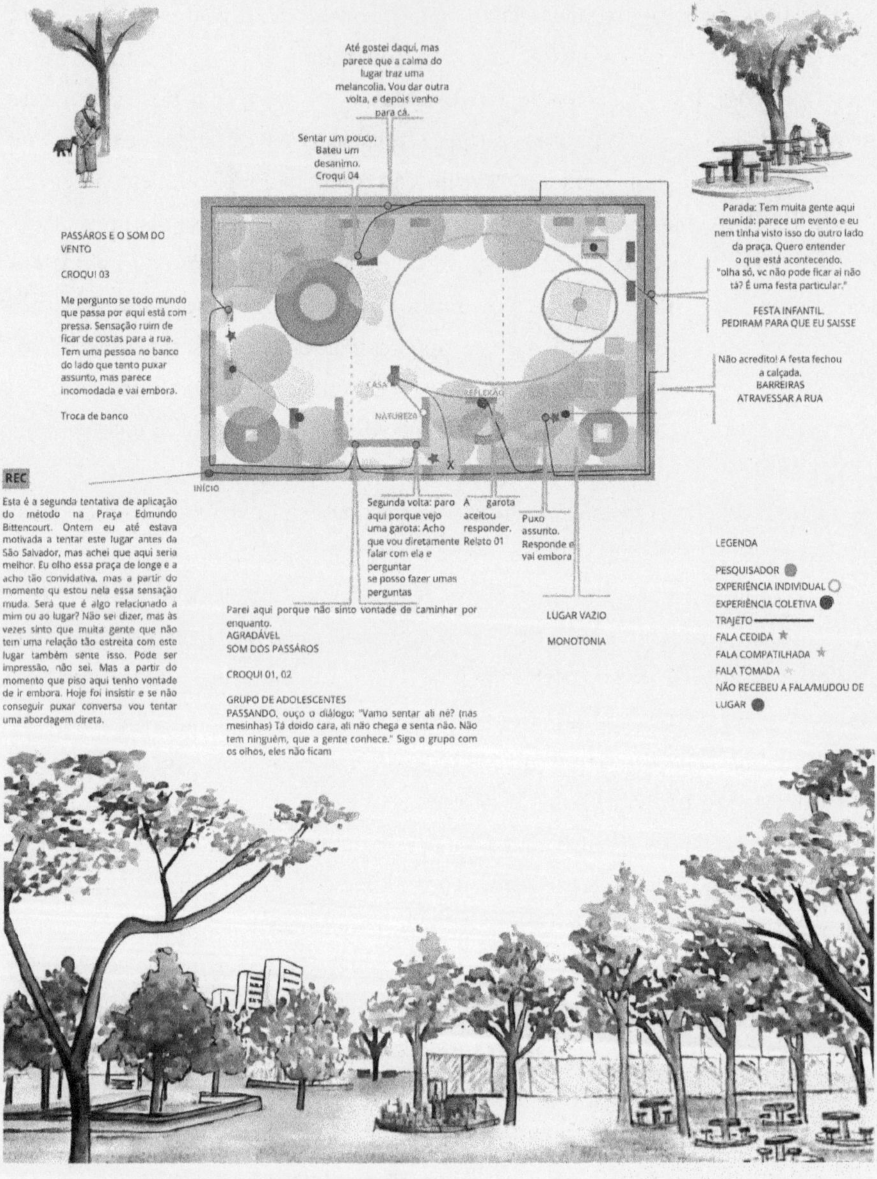


Fonte: a autora, 2018.

Com a análise do diário, pode-se extrair não apenas resultados, mas ideias e diretrizes – frutos da macroexploração – que poderiam ser adaptadas para o estudo de campo mais específico – microexploração. Assim, as Narrativas Sensíveis tomaram forma, ganhando contornos de algo que se situa entre o "Percurso Comentado" (Thibaud, 2002) e a Flânerie, com algumas abordagens construídas a partir da etnografia. O que se explora são os momentos de "fala", no sentido de práticas e ações a partir da fala do Nós – coletividade, que surge a partir de três momentos: Eu que falo – pesquisador, você que fala –, outro, Ele que fala – o meio, as práticas, os outros.

A exploração se inicia pela fala do "eu", pesquisador, que deve se abster de qualquer postura analítica. Assumindo o posicionamento de uma pessoa que vai ao lugar para experienciá-lo, de mais um na multidão, e de posse de um gravador, relata-se o reconhecimento do lugar que deve ser guiado pelas sensações, impressões, reações e as ações que está realizando. Todo o trajeto é livre, sendo este um momento da fala do eu, onde as paradas ou o movimento será determinado pela interação entre as dinâmicas, o meio e o que é despertado no pesquisador.

Depois de um primeiro reconhecimento do lugar, o qual deverá ser feito a partir do caminhar, escolhe-se um ponto de parada que esteja em consonância com o que se sente no momento. O ponto escolhido é o que, para o pesquisador, seria seu "canto" empático. Daquele ponto seria feita uma descrição do que está acontecendo no lugar, daquilo que chama a atenção, deixando de ser narrador-personagem para se tornar apenas narrador. Enquanto observa, o pesquisador descreve o que sente, o que vê e suas reações e comportamentos assim como os outros que ali estão, seus comportamentos, ações e reações que configuram o cenário que lhe é apresentado, caracterizando o momento do "ele que fala".

A qualquer momento, durante a fala do Eu, o outro pode tomar a fala. Essa passagem pode acontecer a partir de uma interrupção da fala do Eu – puxando conversa, ditando ações ou direcionando percursos, permanências e/ou partidas (o outro toma o momento de fala); ou a fala é passada por iniciativa do pesquisador, que puxa conversa com alguém próximo (passa-se o momento de fala ao outro); ambas sendo um compartilhamento de fala. Assim, a fala do Outro – Você que fala – pode começar a partir de uma conversa despretensiosa em que o outro assume o protagonismo de continuar a narrativa.

No momento de fala do Outro, o pesquisador apenas direciona o tema do diálogo, devendo deixar livre a fala, as respostas e ações do outro. Assim, pede-se que o outro narre sobre o lugar a partir do presente, onde se busca a relação da pessoa com o lugar, os motivos que a levam até ali, frequência e permanência. Também é solicitado ao outro que responda a partir da associação livre: o lugar em uma sensação, o lugar em uma cor, o lugar em um som, o lugar em uma imagem (podendo ser um elemento, uma ação, uma prática, um evento), o lugar em uma palavra, gerando o que foi chamado de registros-chave. Tais registros foram posteriormente espacializados a fim de entender e estabelecer possíveis relações entre espaço físico, experiência coletiva e ambiência, o que permitiu que a corpografia também fosse um meio de análise (Figura 2). O fim da fala do Outro é marcado por um pedido de indicação de um ponto no qual o pesquisador deve ir para se retomar a fala do eu, reiniciando o processo até que a fala seja cedida ou interrompida pelo Outro, dando seguimento a essa narrativa.

**Figura 2.** Mapeamento de campo a partir do espaço público B (praça). A figura é uma ilustração-síntese em que estão especializados os resultados adquiridos em estudo de campo realizado durante um ano no Rio de Janeiro.

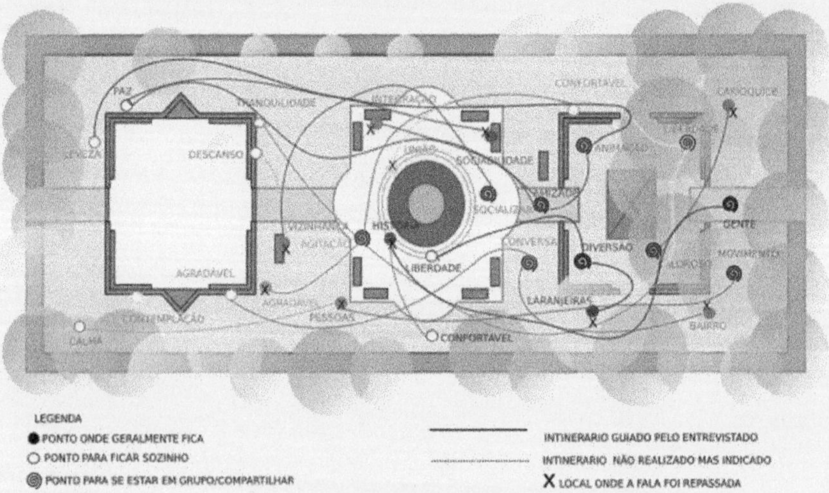


Fonte: a autora, 2018.

Além de apontar os elementos sensíveis relacionados à adesão a uma ambiência, os resultados permitiram identificar gatilhos associados à fundação da experiência coletiva e seus possíveis vínculos com o espaço. Em relação ao método construído a partir da empatia espacial, pode-se dizer que uma das grandes contribuições em relação ao espaço sensível foi a possibilidade de, a partir das fases da Empatia – ressonância, compartilhamento e engajamento – estabelecer paralelos com os três processos relacionados às dinâmicas das ambiências mencionadas anteriormente – aclimatação (sintonia), variação (modulação) e alteração (enquadramento). Em relação a esses processos, observamos que o ressoar do ponto de vista sensível tem a ver com a aclimatação, entrar em sintonia com a ambiência. Entretanto, embora o corpo esteja em ressonância, isso não significa que de fato vai haver o engajamento a ponto de se reforçar uma ação coletiva. Para tal, é necessário que haja um compartilhamento, no qual notamos uma relação com a modulação em relação à ambiência. Por fim, o engajamento é o enquadrar-se, a ação do que seria imaginar-se ali a ponto de se fazer parte.

Embora se considere que o processo empático se dê seguindo certa ordem – ressoar, compartilhar e engajar –, compreendemos que pode haver variações em relação às dinâmicas das ambiências – aclimatação, variação e alteração –, uma vez que elas podem acontecer simultaneamente. O que se nota é que, pelo fato de o meio também ser uma base física, vai depender de fatores como morfologia, equipamentos e outros aspectos espaciais que possam reforçar as possibilidades de adesão à coletividade.

## Considerações finais

Sob o viés da empatia espacial, "capturar o sentimento" seria entrar em ressonância com o chamado do espaço, de como ele nos motiva, e responder a esse chamado corporalmente. É quando nossas respostas são convertidas em ações, ao serem compartilhadas, que elas se tornam reforçadas e coletivizadas. Explorar a empatia espacial nos leva ao encontro do sensível, do que se manifesta entre o espaço e seus atores, reforçando a ideia de que o pesquisador deve, antes de tudo, também se considerar parte da dinâmica desdobrada.

Enquanto ferramenta teórico-conceitual, acreditamos que ela pode ser uma perspectiva de análise e estudo de questões relacionadas aos espaços públicos e seu significado como meio coletivo. Em relação a sua aplicabilidade do ponto de vista de ferramenta metodológica, enfoque aqui apresentado, evidenciamos a relevância de sair do olhar analítico, mesmo enquanto pesquisador, e vivenciar a cidade. É um processo em que o corpo é meio de vivência, prática e experiência não apenas de se estar no coletivo, mas também de manifestação das (re)ações de sua imersão em uma ambiência.

Os variados tipos de registros decorrentes na construção da narração buscam mostrar e captar as diferentes nuances presentes nas experiências, permitindo que, além da corpografia, sejam utilizadas outras formas de representação do corpo no espaço. O que se espera é que, ao se considerar o processo empático no contexto dos estudos espaciais, seja trazido à tona o embate social que torna a cidade potencialmente porosa e viva, de modo que cada espaço de convívio público se revele espaço de todos os afetos, de todas as ações, onde todos somos cidadãos e empáticos com o mundo.

## Referências


CAZAL, Raphaëlle. *L'empathie en architecture*. Pour une nouvelle compréhension de l'habitation de l'espace. Université Paris I Panthéon. Sorbonne. 2014. Disponível em: https://collection-morel.com/wp-content/uploads/2014/02/Raphae%CC%88lle-Cazal-lempathie-en-architecture-Rencontres-Pointculture-version-de%CC%81finitive.pdf. Acesso em: 19 jan. 2025.

COLSTON, Hebert.L. What figurative language development reveals about the mind in A.C Schalley and D Khlentozs (ed.). *In: Mental States* V. 2: language and cognitive structure. Philadelphia: Jonh Benjamins, 2007.

DECETY, Jean; LAMM, Claus. *Human Empathy throught the lens of social neuroscience.* Scientific World Journal, v.6, p.1146-1163, 2006.

DUARTE, Cristiane; PINHEIRO, Ethel Santana; UGLIONE, Paula; LIRA, Elza; NASCIMENTO, Barbara; GUERRA, Juliana. M. *Uma ambiência urbana à luz do conceito de "empatia espacial"*: a Pedra do Sal, no Rio de Janeiro. Anais do 1º Congresso Internacional Espaços Públicos. Porto Alegre: EDIPUCRS, 2015.

GALLAND-SZYMKOWIAK, Mildred. L'engendrement de l'espace architectural : trois modèles (Wölfflin, Schmarsow, Lipps).Construire et éprouver, dans l'espace et dans la pensée. *Points de rencontre entre architecture et* philosophie, 2017. Disponível em: https://shs.hal.science/halshs-01565280/document. Acesso em: 19 jan. 2025.

LIPPS, Theodor (1905). Empathie, imitation interne et sensations organiques. *In*: ELIE, M. *Aux origines de l'empathie*: Fondements et fondateurs. Nice: Ovadia, p. 105-127, 2009.

MERLEAU-PONTY, Merleau. *Fenomenologia da percepção*. São Paulo: Martins Fontes, 1994.

NASCIMENTO, Barbara Thomaz Lins do. *Da ressonância ao engajamento*: percursos sensíveis para a análise da empatia espacial em contextos urbanos. Tese (Doutorado em Arquitetura) – Programa de Pós-graduação em Arquitetura da UFRJ, Rio de Janeiro, 2018, 270 p.

SCHMARSOW, August (1907). The essence of architectural creation. *In*: *Empathy, Form, and Space*: Problems in German Aesthetics, 1873-1893, The Getty Center Publication Programme, Santa Monica 1994.

THIBAUD, Jean-Paul. Les puissances 45d'imprégnation de l'ambiance. *Communications*, n. 102, v. 1, p. 67-79, 2018. Disponível em: https://www.cairn.info/revue-communications-2018-1-page-67.htm. Acesso em: 19 jan. 2025.

THIBAUD, Jean-Paul. The three dynamics of urban ambiances. LaBelle, Brandon and Martinho, Claudia. *Sites of Sound*: Of Architecture and the Ear, Errant Bodies Press, p. 43-53, 2011. Disponível em: https://hal.science/hal-00995497. Acesso em: 19 jan. 2025.

THIBAUD, Jean-Paul. L'énigme des ambiances en partage. *In*: THIBAUD. J. P.; DUARTE, C. R. *Ambiances urbaines en partage*. Pour une écologie sociale de la ville sensible, MétisPresses, 2013.

THIBAUD, Jean-Paul.Une approche des ambiances urbaines :le parcours commenté. *Espaces publics et cultures urbaines*. Sous la direction de Michèle Jolé. Paris: Certu, 2002.

TITCHENER, Edward. Bradford. *Lectures on the experimental psychology of the thought processes*. Nova York: Macmillan, 1909.

VISHER, Robert (1853). On the Optical Sense of Form: A Contribution to Aesthetics. *In*: MALLGRAVE, H. F. *Empathy, Form, and Space*. Santa Monica: The Getty Center for History of Art and Humanities, 1994.

YANTIS, S. Objects, attention, and perceptual experience. *In*: WRIGH, Ricard. D. (ed.). *Visual Attention*. New York: Oxford University Press, 1998.

# Ambiências ruinosas: sondagens urbanas na cidade de Aarhus, Dinamarca

DOI: 10.29327/5568666.1-3

Rafael Ferreira de Souza

## Imersão

Investigar e desnudar ruínas na cidade de Aarhus, a segunda maior cidade da Dinamarca, parece, inicialmente, um intuito nebuloso, tendo em vista a ordenação que recobre seus espaços urbanos e sua bem preservada arquitetura, tanto as de cunho histórico como as construções contemporâneas em distintos bairros remodelados. O presente artigo, que é produto da pesquisa[6] desenvolvida em estágio doutoral nesta cidade, procura versar sobre essa experiência da exploração urbana que mantém em seu escopo os lugares abandonados e seus elementos visualmente pregnantes: as arquiteturas em ruínas. As impressões registradas são as de que as ruínas de Aarhus aparecem como estética, quando a cidade desaparece. Essa estética do desaparecimento (Virilio, 2015) irrompe na submersão pelas brechas, nos espaços urbanos intermediários, que aparentam se esconder da cidade polida e da arquitetura refinada que a molda. As ruínas devem ser buscadas, estendidas, imbuídas, impregnadas (Thibaud, 2012, 2018) de inversão, catalisando um movimento oblíquo que não prevalece ao circular ordinariamente pela cidade – nem se imagina como possível. As ruínas de Aarhus, ao que se indica, estariam alocadas nos espaços opacos, seriam os restos arquitetônicos estabelecidos, agora retirada em um nó sem sentido, no contexto da esfera de pré-estetização da arquitetura e de sua ambiência urbana.

Talvez o lapso fecundo da espera monótona por mais uma renovação da arquitetura da cidade e por consequência de sua tonalidade urbana. Inadver-

---

[6] A pesquisa é resultado da parceria internacional entre instituições de ensino em arquitetura. A Faculdade de Arquitetura e Urbanismo da Universidade Federal do Rio Janeiro (FAU-UFRJ), através do Programa de Pós-graduação em Arquitetura (PROARQ), representando o Brasil, e a Arkitektskolen Aarhus representando a Dinamarca. Parceria esta instituída pela rede internacional de pesquisa Ambiance (https://www.ambiances.net).

tência que procura acomodar os sentidos e, portanto, aliviar a desordem da ambiência ruinosa dos lugares renegados. O esquecimento de concretudes de uma cidade que transmuta o uso de seu movimento (Ascher, 2010), onde a materialidade perde seu arranjo meticuloso e perpetra infusões diversas que suplantam uma relação espaço-tempo peculiar do espaço arruinado, abandonado, sem uso estimado pelo *modus vivendis* da cidade contemporânea do século XXI. Cidade esta que, em frequente mutação, busca mascarar as camadas do palimpsesto (Arnold, 2004) não incomum no espraiamento induzido dos novos e estetizados arquipélagos urbanos. Como arqueólogo, escavando os restos de uma cidade morta (Davis, 2007), aqueles que buscam as ruínas de Aarhus devem intervir na percepção de seus espaços e passar por um olhar galvanizador por meio de sua arquitetura e de seus espaços urbanos. Desorientando o influxo de uma cidade ordenada e ideal, enganando a estetização de seu ambiente, contornando as orientações projetadas, a fim de desvelar o que deve estar profundamente arraigado no abandono espalhado pela imagem interna da cidade e de suas paisagens urbanas descobertas, em ruínas.

Adentrar uma cidade com o intuito de investigá-la é sempre uma tarefa árdua, que passa por decisões ora metodológicas e por outras vezes intuitivas. As cidades como produtos das construções humanas ao longo dos tempos emanam certo tipo de ambiência que, dentro das ciências sociais e das ciências humanas, parece se caracterizar como um fenômeno, efeito da amálgama dos aspectos físicos e dos aspectos subjetivos que cortam as experiências nos espaços urbanos. Como esclarece Flusser: "[...] as ciências culturais procuram pela intenção que se esconde nos fenômenos" (1985, p. 13).

Nesse estudo aqui apresentado, a cidade de Aarhus é colocada como centro da infinita procura de questões e soluções na compreensão da arquitetura que a compõe. No entanto, para efeito metodológico, as camadas compositivas que estruturam essa cidade precisavam de um choque sistemático, a fim de deslocar o ordenamento induzido pelas linhas geometrizantes que conduzem a experiência de sua exploração urbana. Esse contexto se dá tendo em vista a característica de uma cidade escandinava, conhecida por sua eficiente rede de conexões urbanas e ordenação estética e funcional de sua arquitetura.

A difícil tarefa de perscrutar as ruínas da cidade de Aarhus parece só ter sido viabilizada partindo do método desenvolvido pelo movimento situacionista[7] da deriva, concomitante às práticas do movimento de exploração urbana conhecido como *urbex* (*urban exploration*)[8]. Essa metodologia proporciona uma maior elasticidade da experiência do corpo nos espaços, tendendo a desfocar o que inicialmente parece primordial no caminho percorrido, dando abertura para possibilidades fora do roteiro propriamente dito. Esse alargamento, no caso específico da cidade de Aarhus, trouxe à superfície uma cidade esquecida e pouco conhecida dos próprios habitantes locais. A teia de proteção estética, que vem a reboque da acelerada reordenação urbana que a cidade vem passando, inicialmente se mostrou irrefutável. No entanto, se dissolveu com os devaneios fenomenológicos aplicados em campo, no bojo da metodologia da deriva: "Um modelo fenomenológico de experiência que funciona para integrar o imediatismo do fluxo temporal e a mediação da avaliação reflexiva" (Throop, 2003, p. 233, tradução nossa).

Para que a imersão pudesse ocorrer sem influências de roteiros predeterminados, o corpo, instituído da força predominante das sinalizações e restrições da cidade vigiada, tornou-se a principal ferramenta de aplicação e disrupção, para que as sombras dos espaços urbanos renegados ao esquecimento pudessem, ao fim, estabelecer um debate distinto do de costume. Recolocar a intenção de procura na cidade das arquiteturas pristinas fez supor uma espécie de anacronismo estético-cultural, em que o corpo rebate as expectativas de fluxo, submergindo nas brechas que propositalmente são afastadas dos percursos e caminhos encontrados na cidade de Aarhus: "O foco nos aspectos fenomenológicos e sensoriais do lugar sugere que tal

---

[7] Cf.: Os escritos de Walt Whitman, Charles Dickens, Baudelaire e muitos outros artistas e grupos, incluindo os dadaístas, surrealistas e situacionistas, servem como figuras inspiradoras para noções contemporâneas da prática da exploração urbana, com a sua paixão por descobrir coisas perigosas, precárias, incongruentes e espaços urbanos absurdos (Garret, 2013, p. 16, tradução nossa).

[8] Cf.: Guy Debord, o autoproclamado líder da Internacional Situacionista, um grupo de parisienses radicais da década de 1950 que acreditava na recuperação da cidade por todos os meios necessários, escreve na sua obra icônica *A Sociedade do Espetáculo* que o mundo moderno "separa rigidamente o que é possível daquilo que é permitido". O geógrafo Nigel Thrift aprofundou essa ideia ao chamar a cidade cotidiana de um "complexo de entretenimento de segurança", isto é, "uma mistura de controle através da vigilância e de distração através do entretenimento". Os exploradores urbanos contrariam esses esforços de securitização e distração através de invasão, reportando ao público com blogs, fotos, vídeos e prosa, trazendo o oculto à tona (Garret, 2013, p. 14-15, tradução nossa).

constituição do lugar através da caminhada é também uma atividade multissensorial" (Pink, 2007, p. 244, tradução nossa).

As ruínas desta cidade existem, ao olhar de quem as procura. São estéticas fantasmagóricas que sugam o conforto predisposto e questionam as insípidas experiências urbanas controladas e estetizadas ao extremo, tendência cada vez mais encontrada nas cidades contemporâneas do século XXI. Os restos abandonados de arquiteturas se retiram do modelo imposto e se dispõem operantes para os exploradores urbanos que, de encontro a sua existência, fazem da imersão o único paradigma inescapável do corpo através dos espaços da urbe. Portanto, recolocando o citadino no centro das ações que norteiam a sua própria experiência deambulatória pela cidade e de sua constituinte arquitetura.

## Submersão

No ato investigativo aqui proposto, alguns locais merecem ser destacados. Foram lugares onde sua arquitetura e sua materialidade estabeleceram nuances indicadas como indexadoras do aporte fenomenológico, como apontado por um dos precursores dos estudos e pesquisas de fenomenologia na teoria da arquitetura, o arquiteto Chirstian Norberg-Schulz, em seu conceito de *Genius Loci* (1979). Os lugares citados não se constituem por ordem cronológica de exploração urbana e também não se relacionam por taxonomias indicativas de aspectos quantitativos de suas infusões. São, de outro modo, uma revelação dialética de seus elementos arquiteturais que, em última instância, problematizam e completam os enlaces da concretude física e subjetiva presente em toda experiência estética urbana: "Pensar nos lugares como experiências multissensoriais que alteram os elementos imateriais dos nossos ambientes e ficam gravadas nos nossos ambientes materiais" (Throop, 2003, p. 249-250, tradução nossa), trazendo, desta forma, à superfície suas tonalidades e, logo, as características fulcrais de suas ambiências (Thibaud, 2012, 2018).

Destarte, a área conhecida como *Godsbanen* se mostrou eficaz na submersão incorporada ao processo metodológico, uma ênfase na impregnação (Thibaud, 2012, 2018) definitivamente necessária para a decifração das ambiências dos espaços urbanos. Esta área, que é margeada por trilhos de trem que levam à estação central da cidade, vem sendo desenvolvida recentemente, com inúmeros equipamentos residenciais recém-inaugurados. No entanto, ainda se mantêm no local grandes áreas vazias, com restos materiais de objetos utilizados em construções e/ou frutos do desmantelamento de áreas circundantes. Apesar do uso cultural que se desenvolve atualmente no topo da seção norte, como as atividades do *Institut for (X)*, ao sul um trecho significativo expõe uma cidade esquecida, ou induzida ao esquecimento. Nesta área, uma paisagem *sui generis* conforma uma quase relíquia encontrada nos escavamentos da cidade de Aarhus, um resultado, como apontou Robert Smithson (2011), da dinâmica relação cidade-paisagem no espectro da antiestética, como demonstram as Figuras 1 e 2.

**Figura 1.** Antiestética em Godsbanen, Aarhus.

Fonte: Souza, 2024 (publicação autorizada pelo autor).

**Figura 2.** Sondagens urbanas em Godsbanen, Aarhus.

Fonte: Souza, 2024 (publicação autorizada pelo autor).

Um segundo lugar de enfoque é o lixão do jardim botânico (*Botanisk Have*). Por mais ambíguo que possa aparentar, a relação entre dois espaços antagônicos se dá de maneira sutil e poucos citadinos se mostraram induzidos à exploração desse local insalubre, exoticamente localizado em um espaço público de fauna e vegetação bem preservadas, bem como de atrações para atividades lúdicas. Contudo, foi na parte norte do jardim botânico que fui surpreendido por um lúgubre lugar. Investigar ruínas é um ato de disrupção da normalidade e, com frequência, é preciso abrir fendas para que a submersão possa se desvelar: "Por experiência, entendia, se não a adversidade material, pelo menos a adversidade psicológica — o choque da imersão em experiências que não podem ser belas, o encontro com o que é tabu, cruel, mau" (Sontag, 2004, p. 29).

Aqui o odor e as percepções mulltissensoriais dos espaços esboçaram um novo caminho a ser percorrido e, através de um certo *parkour*[9], o corpo se alargou da experiência cotidiana do passo contido e possibilitou o en-

[9] O *Parkour* é uma disciplina física de origem francesa, em que o participante, chamado de "traceur", no masculino, ou "traceuse", no feminino, sobrepõe obstáculos do modo mais rápido e direto possível, utilizando-se de diversas técnicas como saltos, rolamentos e escaladas. Disponível em: https://www.parkourbrazil.com/2009/03/historia-do-parkour_22.html. Acesso em: 18 ago. 2024.

contro com o inusitado: um lixão com objetos e texturas imbricadas. Uma infusão contumaz e reveladora de uma estética pouco difundida na cidade de Aarhus, como demonstram as Figuras 3 e 4.

**Figura 3.** A desordem material no lixão do Jardim Botânico de Aarhus.

Fonte: Souza, 2024 (publicação autorizada pelo autor).

**Figura 4.** Restos da cidade no lixão do Jardim Botânico de Aarhus.

Fonte: Souza, 2024 (publicação autorizada pelo autor).

Em conversas acadêmicas com pesquisadores e professores na Escola de Arquitetura de Aarhus (*Arkitekskolen Aarhus*), muitos interlocutores comentaram sobre a possibilidade de achar ruínas nos arredores da cidade de Aarhus. Na visão estabelecida pelos habitantes locais, os espaços urbanos e a arquitetura de Aarhus são bem preservados e a prefeitura ou as empreiteiras locais rapidamente se encarregam de apagar do tecido urbano ruínas que eventualmente ainda restavam. Entretanto, era de frequência comum a indicação de exploração nas áreas rurais esvaziadas, onde ruínas, na perspectiva *stricto sensu*, seriam mais usuais, tendo em vista o fluxo de migração para os centros urbanos em desenvolvimento[10]. Considerando as informações passadas no contexto acadêmico da Escola de Arquitetura de Aarhus, o trabalho de campo foi em direção ao extremo sul da cidade, em estradas sinuosas que levavam a cidades como *Odder*. Foi nesse cenário rural do interior que submergiu a mais impactante experiência de exploração, quando me deparei com o semblante de uma antiga chácara, provavelmente produtora de algum insumo para a região. Sua arquitetura emanava uma ambiência particular pela conformação incomum de seus restos arquitetônicos. Uma imbricação de materiais, uma desordem catalisadora de uma estética ruinosa. A ruína e seus perigos nocivos mais uma vez me sugavam para uma análise *in loco*, onde meu corpo impregnado das contorções necessárias para a exploração conduzia um imaginário mental de narrativas visuais abjetas, como demonstram as Figuras 5 e 6.

[10] A cidade de Aarhus tem previsão de receber mais de cem mil novos residentes na próxima década.

**Figura 5**. Ruínas de uma chácara nos arredores de Aarhus.

Fonte: Souza, 2024 (publicação autorizada pelo autor).

**Figura 6.** Ambiências ruinosas nas arquiteturas abandonadas de Aarhus.

Fonte: Souza, 2024 (publicação autorizada pelo autor).

A cada movimento o corpo submergia em uma catarse não prospectiva, em que o passado, o presente e o futuro geravam injunções atípicas. Esse contexto induz a uma presença irrefutável, um olhar à essência rítmica de um espaço em ruínas, ancorado nas percepções multissensoriais do corpo[11] e do espírito do lugar (Norberg-Schulz, 1979). A cada imagem registrada, a fotografia[12] parece enlaçar o estado temporal, como apontou Sontag: "[...] as fotos dos arrabaldes agora devastados, das regiões rurais desfiguradas e arrasadas, suprem nossa relação portátil com o passado (2004, p. 14)". Cenário de análise bastante distinta de análises teórico-históricas de ruínas, onde a distância temporal e corporal conduz a desenhos e arranjos afastados da experiência presentificada do corpo em movimento. Na arquitetura em ruína dos espaços contemporâneos, em uma perspectiva de trabalho debruçada sobre a contingência do fenômeno, a abordagem fenomenológica irrompe da experiência vivida da arquitetura, através do experimento estético e seu contundente impacto no corpo, em detrimento da cronologia histórica, como apontado por Otero-Pailos (2002, 2010).

## Visualização

A pesquisa em curso aqui em parte expressada debruçou-se, conforme supracitado, em bases de aportes fenomenológicos. Essa escolha se dá, sobretudo, pelo intuito de embasar a pesquisa sobre a cultura visual da ruína sob um viés contemporâneo, em que a experiência de exploração urbana[13], nos moldes do movimento conhecido como *urbex* (*urban exploration*), pudesse atuar como o cerne de análise da arquitetura em ruínas: "artistas da sensibilidade urbana" (Sontag, 2004, p. 36), tomando distância das discussões de caráter patrimonial. Essa opção se dá em antítese aos concernimentos que foram sendo levantados nas basilares abordagens teórico-históricas de ruí-

[11] Cf.: Onde unimos o eu e o lugar, com a câmera, o corpo e a arquitetura, onde invocamos a fusão sem sermos convidados, criamos novos urbanismos vibrantes, como nunca saberíamos que existiam de outra forma (Garret, 2013, p. 91, tradução nossa).

[12] Cf.: Os exploradores urbanos ficam fascinados pelos destroços do ambiente construído, encontrando locais de memória assombrada, buscando interação com fantasmas de vidas vividas. Quando esses locais são encontrados, suas frágeis deteriorações são capturadas em fotos, o estalo do obturador da câmera como um experimento químico explosivo onde passado, presente e futuro se fundem. Tirar a foto cria um momento de justaposição temporal, dando-nos, como escreveu certa vez o artista Robert Smithson, uma "ilusão de controle sobre a eternidade" (Garret, 2013, p. 30-32, tradução nossa).

[13] Cf.: "[...] na ausência de forças externas mediadoras como expectativas de preservação, as interações viscerais se materializam" (Garret, 2013, p.62. tradução nossa).

nas, que dominaram os debates nos séculos XIX e em grande parte do XX, especialmente no Romantismo. Em sua maioria, as análises possuíam um caráter predominantemente preservacionista e conservacionista (Violette-Le-Duc, 2000; Brandi, 2014; Riegl, 2014; Dvořák, 2015).

Portanto, como *medium* para registro, comunicação e análise qualitativa na área da arquitetura, a fotografia foi elencada como ferramenta central no estudo de ruínas: "A eficácia do relatório de perdas feito pela fotografia depende de ela ampliar, de maneira constante, a iconografia familiar do mistério, da mortalidade, da transitoriedade" (Sontag, 2004, p. 42) ou ainda: "A fotografia é o inventário da mortalidade. Basta, agora, um toque do dedo para dotar um momento de uma ironia póstuma" (Sontag, 2004, p. 43).

O alargamento que a interdisciplinaridade trouxe à seara dos estudos qualitativos em teoria da arquitetura (Groat; Wang, 2002; Nesbitt, 2006) teve duas disciplinas especialmente potencializadoras das pesquisas: a filosofia e a antropologia. A filosofia permeadora de todo o método fenomenológico pode suspender a dominante perspectiva histórica da arquitetura e induzir a experiência vivida da arquitetura como base de análises (Otero-Pailos, 2002, 2010). E é prudente considerar que a fotografia obteve papel relevante nessa nova maneira de pensar o mundo: "[...] o abandono do pensamento causal e linear se dá espontaneamente, não é preciso deliberá-lo. Pensamos já pós-historicamente. Os conceitos-chave sustentadores da fotografia já estão espontaneamente encrustados em nosso pensar" (Flusser, 2005, p. 39).

De certa maneira, a busca pela compreensão da estética e da ambiência de uma arquitetura em ruína funcionou como instrumental para realizar uma específica análise qualitativa baseada em aproximações fenomenológicas-hermenêuticas. Contudo, em nossa proposta, não só a filosofia serviu de caixa de ressonância para novos modelos de pensamento, como também a antropologia galgou importantes bases nos métodos aqui apresentados.

Tendo a fotografia como *medium* da pesquisa, a etnografia e a antropologia visual[14] trouxeram um aporte imprescindível para se entender o papel da imagem nas pesquisas e análises qualitativas: "Etnografia é um processo de criação e representação de conhecimento (sobre a sociedade, a cultura e os indivíduos) que se baseia nas próprias experiências dos etnógrafos" (Pink, 2013, p. 18, tradução nossa).

A antropóloga e pesquisadora Sarah Pink conduz uma forte emancipação do olhar visual e das análises temporalmente intercruzadas, apontando os cadernos de campo visuais como meios de reprodução da esfera imaginária. A fotografia seria desta forma um meio de comunicar a cultura: "Os caminhos tortuosos do fotógrafo visam driblar as intenções escondidas nos objetos. Ao fotografar, avança contra as intenções da sua cultura" (Flusser, 2005, p.18).

Não obstante, buscou-se reforçar o arcabouço teórico, tendo na temática das arquiteturas em ruínas aqui proposta uma consideração sobre o impacto e a ruptura paradigmática que a imagem e a fotografia impuseram na cultura visual da sociedade contemporânea:

> [...] a arte com que a fotografia mais se parece é a arquitetura, cujas obras estão sujeitas à mesma inexorável ascensão por efeito da passagem do tempo; muitos prédios, e não só o Parthenon, provavelmente têm um aspecto melhor como ruínas. [...] O que é verdade para as fotos é verdade para o mundo visto fotograficamente. A fotografia estende a descoberta da beleza das ruínas feita pelos literatos do século XIX em um gosto genuinamente popular. E estende essa beleza para além das ruínas românticas, como aquelas formas glamourosas de decrepitude fotografadas por Laughlin, até as ruínas modernistas — a realidade em si mesma. O fotógrafo, queira ele ou não, está empenhado na atividade de catar antiguidades na realidade e as próprias fotos são antiguidades instantâneas. A foto oferece uma contrapartida moderna desse gênero arquitetônico tipicamente romântico, a ruína artifi-

[14] Cf.: São estas qualidades etnográficas inerentes às imagens audiovisuais e fotográficas que as tornam de particular valor para um empreendimento antropológico participativo que procura resistir ao encerramento analítico e, em vez disso, estabelecer a análise como um movimento contínuo e iterativo de diálogo e crítica transcultural. Disponível em: https://projects.au.dk/camera-as-cultural-critique/the-research-project. Acesso em: 1o ago. 2024.

cial: a ruína criada a fim de enfatizar o caráter histórico de uma paisagem, tornar a natureza sugestiva — sugestiva do passado" (Sontag, 1997, p. 48).

Por fim, a pesquisa que se debruça sobre a cultura visual das arquiteturas em ruínas também foi impactada pelo desenvolvimento do aparato fotográfico, principalmente de suas lentes ópticas. O gosto pelo grotesco, a procura pela aura mística das ruínas, em suas imagens sombrias e ocultas, se desenrolou *pari passu* à infiltração da fotografia como prática nas atividades de vanguarda da cultura da arquitetura, potencializando desta forma novos debates a partir de ângulos e empenas distintas das artes visuais de outrora. A busca dessas ruínas, portanto, delimita também uma busca por modelos de beleza que se tornam reversos à noção de cidade progressista, mas residem silentes em descobertas de tempos de outrora e de sensações sublimes a cada indivíduo tocado pela descoberta de uma (outra) cidade.

## Referências


ARNOLD, Dana. *Reading architectural history*. Londres: Taylor & Francis e-Library, 2004.

ASCHER, Françoise. *Os novos princípios do urbanismo*. São Paulo: Romano Guerra, 2010.

BRANDI, Cesare. *Teoria da restauração*. Trad. Beatriz Mugayar Kühl. São Paulo: Ateliê Editorial, 2014.

DAVIS, Mike. *Cidades mortas*. São Paulo: Record, 2007.

DVOŘÁK, Max. *Catecismo da preservação dos monumentos*. Trad. Valéria Alves Esteves Lima. São Paulo: Ateliê Editorial, 2015.

FLUSSER, Vilém. *Filosofia da caixa preta*: ensaios para uma futura filosofia da fotografia. São Paulo: Editora Hucitec, 1985.

GARRET, Bradley. *Explore everything*: place-hacking the city from tunnels to skyscrapers. London: Verso Books, 2013.

GROAT, Linda; WANG, David. *Architectural research methods*. New York: John Wiley & Sons, Inc., 2002.

NESBITT, Kate. *Uma nova agenda para a arquitetura*: antologia teórica (1965-1995). São Paulo: Cosac Naify, 2006, p.16-71.

NORBERG-SCHULZ, Christian. *Genius loci*: towards a phenomenology of architecture. New York: Rizzoli, 1979.

OTERO-PAILOS, Jorge. *Architecture's historical turn*: phenomenology and the rise of the postmodern. Minneapolis: University of Minnesota Press, 2010.

OTERO-PAILOS, Jorge. *Theorizing the anti-avant-garde*: invocations of phenomenology in architectural discourse, 1945-1989. 521 p. Ph.D. Thesis – Department of Architecture at the Massachusetts Institute of Tecnology. Cambridge, 2002.

PINK, Sarah. Walking with video. *Visual Studies*, v. 22, Iss: 3, 2007, p. 240-252.

PINK, Sarah. *Doing Sensory Ethnography*. 2ª ed. London: Sage, 2015.

PINK, Sarah. *Doing Visual Ethnography*. Revised and expanded 4th edition. London: Sage, 2021.

RIEGL, Alois. *O culto moderno dos monumentos*: a sua essência e a sua origem. Trad. Werner Rothschild Davidsohn, Anat Falbel. São Paulo: Perspectiva, 2014.

SMITHSON, Robert. Um passeio pelos monumentos de Passaic, Nova Jersey. *Arte & Ensaios*, Rio de Janeiro, v. 22, n. 22, p. 162-167, 2011.

SONTAG, Susan. *Sobre fotografia*. Trad. Rubens Figueiredo. São Paulo, SP: Companhia das Letras, 2004.

THIBAUD, Jean-Paul. O devir ambiente do mundo urbano. *REDOBRA*, n. 9, ano 3. Salvador: Ed CORPOCIDADE, 2012, pp. 30-36.

THIBAUD, Jean-Paul. A Cidade através dos Sentidos. CADERNOS PROARQ, v. 1, n. 18. Rio de Janeiro: Ed. PROARQ, 2018, pp. 3-16.

THROOP, Jason. Articulating experience. *Anthropological theory*, v. 3, n. 2, p. 219-241, 2003.

VIOLLET-LE-DUC, Eugène Emmanuel. *Restauração.* São Paulo: Ateliê Editorial, 2000. (Série Artes & Ofícios.)

VIRILIO, Paul. *Estética da desaparição*. Trad. Vera Ribeiro. 1ª ed. Rio de Janeiro: Contraponto, 2015.

# "Quando eu morrer quero ficar sepultado em minha cidade": os cemitérios como espaços urbanos e suas atmosferas

DOI: 10.29327/5568666.1-4

**Erick Felinto**

> Eu morri pela beleza, mas fui escasso
> Ajustado no túmulo,
> Quando alguém que morreu pela verdade foi deitado
> Em uma sala adjacente
> (Emily Dickinson, *I Died for Beauty*, 1890)

Em seu intrigante diário de visitas a necrópoles, *Alguien camina sobre tu tumba* (2013, 2022), a escritora argentina Mariana Enríquez narra uma visita ao cemitério municipal de Punta Arenas, no Chile. Considerado um dos mais belos do mundo – o que pode parecer absurdo a quem não tem familiaridade com esses locais liminares –, o cemitério é descrito em uma mescla de narrativa jornalística e literatura fantástica. As árvores, por exemplo, "parecem dedos de gigantes", que emergem do solo com pelos em lugar de unhas.

> Há algo de *Alice no País das Maravilhas*, algo da imaginação da literatura infantil que roça a perversão dando as mãos à crueldade. Sem dúvida, é fabuloso: não há outro cemitério assim no mundo, ou ao menos disso não tenho notícia, não com esta vegetação domada ao modo de um conto de fadas. Os cones se estendem para onde quer que se olhe, e quase que escondem uma arquitetura funerária fabulosa: são mais emblemáticos que os mausoléus dos milionários (Enríquez, 2022, p. 72).

Há que se observar, aqui, uma certa dissipação de fronteiras entre o mundo natural e o artificial, uma continuidade perturbadora que liga os topos das árvores à arquitetura funerária. Essa continuidade é ainda mais perceptível no belo e vasto poema citado por Enríquez, *El cementerio más hermoso de Chile*, de Christian Formoso: "O caminho muda abruptamente, já não é a lápide suavizada do rápido transcorrer, a van acelera sobre os corpos mais velhos, pedras debaixo da van, se escutam pedras e recebem o pó seus visitantes ainda móveis" (2016, p. 203); "O fumo abre no céu grandes círculos, os círculos se fazem vozes, as vozes, em sepulcros e logo grandes concentrações de gente" (Enríquez, 2016, p. 205); "a quietude da pampa permanece, duas semanas para visitar sepulturas e o último recorte para se levar à casa" (Enríquez, 2016, p. 206). Para Formoso, trata-se de poetizar um "dizer-território-cemitério" (Enríquez, 2016, p. 394), no qual o local físico se converte em espaço imaginário, domínio mítico de fundação de identidade e reino mágico no qual os ventos da pampa se casam com o silêncio dos sepulcros.

**Figura 1.** Cemitério de Punta Arenas visto de cima.

Fonte: https://elmagallanico.com/2022/04/punta-arenas-el-cementerio-mas-bello-de-chile-cumple-128-anos. Acesso em: 18 mar. 2025.

Todo espaço urbano é igualmente um espaço comunicacional e mítico, povoado não somente por objetos naturais e artificiais, senão também por imaginários e atmosferas. De fato, a noção de atmosfera vem servindo para marcar a dimensão estético-comunicativa dos espaços urbanos. Como explica Gernot Böhme, a atmosfera é um conceito que pode ser aplicado a pessoas, espaços e natureza (2019, p. 21). Quando trabalhamos com atmosferas, porém, estamos lidando com uma noção que opera no misterioso intervalo entre o sujeito e o objeto. Nesse contexto, uma atmosfera é frequentemente percebida espacialmente sem distinção entre objetos naturais e artificiais. Em outras palavras, existe uma totalidade envolvente, *uma paisagem*, que cerca o sujeito, produzindo impressões e sensações. No caso dos cemitérios, devido à forte e complexa carga simbólica que carregam, é possível falar em uma variedade de estados de espírito, da melancolia à tristeza profunda, da paz à angústia, da esperança ao desespero.

Neste ensaio tenciono produzir uma breve fenomenologia do cemitério como espaço comunicacional limítrofe de encontro entre o tangível e o intangível. Nas necrópoles, o mundo dos vivos se encontra com o mundo dos mortos, criando, assim, um imaginário e uma atmosfera nos quais o presente se comunica com o passado, e exercendo importantes funções ritualísticas em todas as culturas humanas. Não é exatamente, claro, um tema popular, dado que a morte, no Ocidente, é costumeiramente enxergada como evento negativo. Para os vivos, a morte é sempre lembrança incômoda da fugacidade da existência, um domínio da incerteza e do medo. O historiador Philippe Ariès mostra como nossas atitudes diante da morte mudaram radicalmente desde a Antiguidade. Ainda assim, a chegada da ceifadora sempre foi motivo de ansiedade. Se os antigos tinham muito mais familiaridade com ela que os modernos, eles temiam a proximidade dos mortos, e um dos objetivos dos cultos funerários era exatamente impedir que eles retornassem para perturbar os vivos (1975, p. 18).

Mas, se os cemitérios são lugares de desaparição dos corpos (enterrados em criptas, túmulos e caixões), são igualmente *loci* de contemplação e memória. Neles se pode evocar simbolicamente a presença daqueles que se foram, num curioso fenômeno de vinculação social entre as gerações. É conhecida a passagem do ensaio "Sobre o Conceito de História", de Walter Benjamin, no qual o "anjo da história", inspirado num quadro de Paul Klee, é empurrado continuamente por uma tempestade que vem do paraíso. "Ele gostaria de se demorar, de despertar os mortos e reunir de novo o que foi esmagado" (2020, p. 39), mas a ventania que sopra o impede de deter-se sequer por um minuto[15]. "Aquilo que chamamos de progresso é essa tempestade",

[15] Utilizo aqui a nova edição crítica de *Über den Begriff der Geschichte*, publicada pela Suhrkamp em 2010, assim como a excelente tradução de Adalberto Müller e Márcio Seligmann-Silva (2020).

conclui Benjamin (2020, p. 40). O progresso (*Fortschritt*) é aqui entendido como força inumana que não se constrange em acumular destroços e vidas em sua passagem inexorável. A necessidade, pois, de um pacto entre as gerações passadas e a atual emerge como uma tarefa política vital no pensamento benjaminiano. Os cemitérios são locais simbólicos desse pacto. No ensaio sobre "As afinidades eletivas" (publicado quase vinte anos antes do artigo sobre o conceito de história), isso fica claro na ideia de que "não se pode pensar uma libertação mais conclusiva da tradição que a liberação das tumbas dos ancestrais, que, no sentido não somente do mito, mas também da religião, provêm uma fundação para o solo sob os pés dos viventes" (*den Boden unter den Füßen der Lebenden gründen*) (1991, p. 132).

Dessa forma, a tradição está figurada nos túmulos dos que vieram antes e produz uma espécie de fundamento para os vivos. Entrar no cemitério é cruzar um limiar temporal que desestabiliza a linearidade da existência. Cercados por uma *aura de mistério e sobrenatural*, eles convidam o transeunte a experimentar uma quietude contemplativa mesmo em meio ao burburinho das grandes cidades. Nesse contexto, a palavra "aura" não é usada de forma casual. Böhme nota que a noção de atmosfera está intimamente conectada ao conceito de aura que Benjamin desenvolve em seu famoso ensaio sobre a obra de arte. Tal noção deixa claro que uma obra não se constitui como arte somente devido a suas características objectuais (*gegenständlichen*), mas sim por aquilo que as ultrapassa, "este 'mais', a aura, permaneceu por isso inteiramente indefinida. A aura de algum modo significa atmosfera, o puro envelope sem atributos de sua presença" (Benjamin, 2019, p. 26). Na emergência da aura se nota também a fusão entre natureza e cultura. Benjamin a utiliza para definir uma obra de arte, mas a relaciona, paradoxalmente, com uma experiência natural, como quando experimentamos um odor ou uma brisa. Ele chega a dzier que a aura é *algo que se respira*. Em outras palavras, a aura/atmosfera se constitui em uma experiência corporal. Trata-se de uma qualidade de sentimento indefinido que transborda espacialmente (Benjamin, 2019, p. 27). O corpo e o espaço circundante se acoplam em um sistema complexo, por meio do qual o sujeito experimenta sensações e sentimentos de difícil verbalização. De fato, não é fácil descrever uma atmosfera, dado que a imprecisão ("vaguidade" talvez seja uma palavra melhor) é um de seus traços essenciais. Andreas Rauh associa a atmosfera ao conceito wittgensteiniano do indizível, recordando a célebre passagem do *Tractatus Logico-Philosophicus*, "existe, porém, o indizível (*Unaussprechliches*). Ele se mostra" (apud Rauh, 2012, p. 13).

Todavia, aqui novamente se encontra mais um paradoxo das atmosferas. Se elas não podem ser expressas com precisão, é necessário que se fale delas, que se multipliquem palavras para tentar dar conta desse inexprimível. Hans Ulrich Gumbrecht crê que só é possível *apontar* para uma atmosfera, que ele prefere chamar de *Stimmung*[16], usando a consagrada terminologia de longa tradição na Alemanha. Elas seriam essencialmente *deíticas* (como os pronomes demonstrativos: este, isto, aquilo etc.), coisas cuja presença podemos sentir e indicar, mas que são de difícil tradução em linguagem (2011, p. 31). Tudo isso sugere que as atmosferas compõem um território epistêmico complexo e instável. Tonino Griffero as chama de "quase-coisas", indicando, a partir de Hermann Schmitz, um filosofar que significa interrogar-se sobre como um indivíduo se sente neste ou naquele espaço (2013, p. 30). Diante dessas breves notas sobre a atmosfera, os cemitérios parecem ser espaços privilegiados para uma leitura *atmosferológica*. São, afinal, espaços liminais, marcados por esse território fronteiriço entre a vida e a morte. Outro aspecto interessante é sua relação com a temporalidade. Como explicam Grabalov e Nordh, "espaços públicos não são permanentemente fixados nem definidos e, portanto, precisam ser examinados a partir de perspectivas temporais. Os cemitérios são lugares especialmente interessantes para estudar através do tempo, dado que apontam para a eternidade" (2022, p. 82). Em seu estudo sobre as necrópoles de Oslo e Copenhagen, os autores identificam uma série de "tensões" entre diferentes polos nesses espaços. Por exemplo, ainda que territórios eminentemente públicos, os cemitérios acomodam túmulos privados; se por um lado acolhem expressões privadas de dor e luto, por outro constituem um domínio social de memorialização (por meio da qual as lembranças de indivíduos podem tornar-se parte do patrimônio público). E se é fato, como foi anteriormente afirmado, que a morte representa para nós um fenômeno a ser temido e evitado, os cemitérios podem "oferecer qua-

[16] *Stimmung*, equivalente de "ambiência" em português e *mood*, no inglês, deriva de "voz", *Stimme*, e foi largamente utilizado no vocabulário filosófico alemão. Por exemplo, em Heidegger. Ver o verbete *Stimmung* em Cassin (2004).

lidades que faltam nas culturas urbanas contemporâneas, reconfigurando suas atitudes face à morte e à mortalidade" (Grabalov; Nordh, 2022, p. 89).

No campo do imaginário, os cemitérios compõem um cenário ideal para histórias sobrenaturais. São multidão os relatos de fantasmas e outros seres assustadores que se desenrolam nesses espaços. Na literatura, autores como Edgar Allan Poe, Lord Dunsany e Maupassant exploraram extensamente o tema; no cinema de horror, a criação de atmosferas por meio de cemitérios escuros e tomados por espessas neblinas tornou-se um lugar-comum estratégico. No clássico *cult Phantasm* (1979), de Don Coscarelli, o mausoléu de Dunsmuir House, em Oakland, bem como o Angeles Abbey Cemetery, em Los Angeles, compõem panos de fundo fantásticos para a história surrealista em que os heróis enfrentam um estranho ladrão de túmulos chamado simplesmente de "the Tall Man". Em cenas nas quais se percorrem infinitos corredores brancos com gavetas tumulares, Mike e Reggie, os dois protagonistas, escapam de esferas metálicas misteriosas e assassinas controladas pelo vilão. A atmosfera é não somente de sufocamento e permanente ameaça, senão também de um mistério cósmico que atravessa os tempos. *Phantasm* é o que poderia ser classificado como um filme B ou um exemplo de "paracinema", termo com que Jeffrey Sconce descreve certo tipo de sensibilidade estética apreciadora do que comumente é definido como de mau gosto ou questionável (2007, p. 8)[17]. Todavia, suas atmosferas surrealistas, seu questionamento dos limites entre sonho e realidade, sua estética conflitiva operando entre o sofisticado e o *trash* e certas complexidades narrativas convertem o filme em uma experiência perturbadora das ordens do gosto. Larrie Dudenhoeffer descreve com precisão as atmosferas arquitetônicas dos cemitérios do filme, que exprimem a mescla de progresso e decadência característica de uma sensibilidade moderna.

> Os mausoléus nos quais Mike e Reggie emboscam o "Tall Man" combinam a idealização moderna da elegância, ou o "geométrico funcional', com acentos clássicos ou góticos, ainda que não necessariamente de modo a estabelecer um espaço em diálogo com

---

[17] Neste sentido, existem, naturalmente, atmosferas específicas do "paracinema" que, em uma obra audiovisual, podem facilmente conviver com diversas outras atmosferas (de ansiedade, medo, ironia etc.). Sobre a importância das atmosferas no cinema, ver Gil (2005).

'o antigo e o passado' [...] Os relevos clássicos e as estátuas, assim como as janelas transeptas medievais desses mausoléus adequam--se às mesmas de modo idêntico a como o "Tall Man" se adequa a uma vestimenta moderna formal; entretanto, elas indicam um *nomos* específico da modernidade, ou seja, a conversão ou o 'esmagamento' do sombrio, tradicional ou não-estereotípico em 'kitsch', em formas de distração indiferentes e enfraquecidas moral e culturalmente (2014, p. 127).

**Figura 2.** Cena no mausoléu em *Phantasm*.

Fonte: https://www.grindhousedatabase.com/index.php/File:Phan.png. Acesso em: 18 mar. 2025.

*Phantasm* opera, assim, inteligentemente, naquela dimensão essencial dos espaços funerários, a da disrupção da temporalidade linear[18]. Presente e passado se encontram num *locus* que, paradoxalmente, também sugere a ideia de eternidade. Parece produtivo, então, estudar as necrópoles a partir daquela "ciência dos limiares" (*Schwellenkunde*) proposta por Benjamin. Diferentemente das fronteiras, que atuam como linhas de separação, um limiar é uma zona de tensões e transformações que convida o sujeito a atravessá-lo. Se o conteúdo central da mitologia moderna, como propunha Ben-

[18] "Tall Man" é um viajante do tempo interdimensional, e sua odisseia atravessa diferentes períodos históricos.

jamin, expressa-se na arquitetura e nas construções citadinas, estabelece-se, assim, um *parentesco entre topografia e mito* (Cf. Menninghaus, 1986, p. 27). E é precisamente no ensaio sobre Goethe, anteriormente citado, que tais ideias aparecem com maior desenvolvimento. No horizonte do mito, mais que um fenômeno posterior de animação das coisas (como quando objetos inanimados falam e se movem), lidamos com a construção de um domínio de experiência *anterior ou além* da simples separação do dentro e do fora, do sujeito e do mundo, do vivo e do morto. É por essa razão que Benjamin fala de uma "vida das coisas aparentemente mortas" (apud Menninghaus, 1986, p. 26). Ora, que espaço parece mais adequado para se discutir esse domínio intervalar entre vida e morte que os cemitérios? Quando visitamos o túmulo de um ente querido, existe a esperança, ainda vaga e inconsistente, de uma comunicação com o reino dos mortos. Os fantasmas emergem de seus túmulos como que solicitando dos vivos sua escuta. É talvez de forma mais decisiva nos cemitérios incrustados nos centros das grandes cidades que essa experiência se materializa. Pois é nesse *contraste atmosférico* – do ruído e confusão ao silêncio contemplativo – que sentimos mais plenamente a força do limiar. Territórios míticos que rompem com os imperativos tecnológicos e econômicos das cidades, os cemitérios exigem uma mudança de temporalidade. É preciso diminuir o passo para escutar os fantasmas.

Para Kevin Hetherington, esses fantasmas estão já presentes em todos os espaços urbanos, especialmente nas ruínas (que, como adverte Benjamin, não cessam de se acumular no trajeto do progresso). Eles nos falam de um "descarte inacabado" (*unfinished disposal*), da infindável sucessão de produtos que são já planejados para o descarte, de espaços marginais, de uma lógica do consumo programado e de temporalidades hiperaceleradas. O poder do fantasma reside precisamente em "dobrar e perturbar esse sentido linear do tempo representado ao permanecer fora de qualquer sequência conhecível de eventos" (2001, p. 25). A ideia da assombração, que se expressa urbanamente nos espaços abandonados, nas zonas marginais excluídas do cuidado estatal (e que, por vezes, são também cemitérios), deve ser entendida – como também sugeriu Benjamin – na qualidade de um débito não reconhecido. Lembrando que nas cidades o fantasma não se apresenta tanto na qualidade de humano ou animal, mas sim como objeto, Hetherington enxerga a urbe como um espaço eminentemente comunicacional. Ali, os fantasmas, os objetos, prédios e ruínas, emitem continuamente mensagens – que precisamos escutar com cuidado. "Não são somente humanos que têm memória e história oral, as coisas também nos podem dizer algo sobre seu passado" (Hetherington, 2021, p. 40). Aliás, não somente sobre o passado, senão também sobre futuros possíveis. Os cemitérios nos põem em relação com as gerações passadas e estendem uma ponte para as gerações futuras. Nas cidades, eles são um espaço de memória e de reflexão sobre o futuro. Ao figurar a fugacidade da vida, nos convocam a buscar uma vida mais rica e significante (*carpe diem*).

## Atmosferas mortuárias

Mas como definir a atmosfera dos cemitérios? Em última instância, toda experiência atmosférica é única, e se dá no encontro, no intervalo liminal e singular entre mundo e sujeito. Proponho, porém, que falemos em duas dimensões da experiência da atmosfera, uma mais ampla, de cunho social, e outra de ordem individual, situada em tempo e espaço específicos (pois, evidentemente, nem os cemitérios nem os sujeitos são idênticos). A primeira foi abordada anteriormente, na primeira parte deste texto. A partir dela, sugerimos uma nuvem de sentimentos e impressões que apontam para uma temporalidade singular (eternidade, desestruturação do fluxo temporal etc.) e para a ideia de liminalidade (entre o mundo dos vivos e dos mortos, do ruído e movimento e do silêncio e imobilidade etc.). A segunda se desenrolará nas páginas que se seguem, e será baseada em minha vivência pessoal em dois cemitérios. Sua inspiração está, evidentemente, na obra a que me refiro no início deste trabalho, *Alguien camina sobre tu tumba* (2021).

A primeira dessas experiências aconteceu em outubro de 2018, no Halloween. Morando em Nova Iorque na época, pareceu uma ideia interessante passar essa data de tamanho simbolismo na cidade de Providence, distante somente três horas de trem da Penn Station, e local de nascimento do escritor de contos de horror fantástico H. P. Lovecraft. Nas histórias de Lovecraft, cemitérios são muitas vezes locais de portais para outras dimensões e a prática de antiquíssimos cultos perdidos no tempo. No conto "A Tumba", o protagonista Jervas Dudley descobre um misterioso mausoléu que se torna objeto de obsessão doentia. Em uma narrativa convoluta, na qual sonho e realidade se confundem, Jervas crê enxergar nesse mausoléu um espaço preparado especialmente para ele. Passado, presente e futuro se mesclam num delírio temporal atravessado por um encontro trágico entre gerações. A descrição das cercanias do mausoléu merece ser reproduzida em sua totalidade:

> Eu nunca irei esquecer o entardecer no qual pela primeira vez esbarrei na semiescondida casa da morte. Era o meio do verão, quando a alquimia da natureza transmuta a paisagem silvestre em uma vívida e quase homogênea massa de verde; quando os sentidos se encontram quase intoxicados com os emergentes mares de verdor úmido e os sutilmente indefinidos odores do solo e da vegetação. Em tais ambientes, a mente perde sua perspectiva; o tempo e o espaço se tornam triviais e irreais, e ecos de um passado pré-histórico esquecido rugem insistentemente diante da consciência deslumbrada (2011, p. 15).

Além dos cemitérios ficcionais, como o de Christchurch (presente em *Herbert West: Reanimator*), Lovecraft buscou inspiração em necrópoles reais, inclusive o Swan Point Cemetery, onde ele próprio foi enterrado, juntamente com seus pais e seu avô. A noite em que cheguei a Providence foi particularmente auspiciosa, já que meu apartamento ficava em uma rua deserta, de pouquíssimo trânsito e adequadamente escura, *comme il faut*. A chuva que começou a cair veio acompanhada de uma ventania que, atravessando as árvores, proporcionava o ruído atmosférico do uivo espectral tão característico de vários filmes de horror. Providence é hoje uma cidade de médio porte, com cerca de 190 mil habitantes, na qual o presente parece conviver harmonicamente com os remanescentes de um passado glorioso. Suas ruas relativamente estreitas facilitam a arte da caminhada, algo relativamente raro nas cidades americanas. O plano principal, naturalmente, era visitar o cemitério de Swan Point, projeto que foi realizado na manhã seguinte, porém agora em um dia confortavelmente frio, mas ensolarado.

O cemitério está localizado no Boulevard Blackstone, numa vizinhança tranquila e relativamente afastada do centro da cidade. As ruas no entorno estão povoadas por casas imponentes e belos jardins. Ainda que o interior da necrópole não destoe da tranquilidade do resto do bairro, atravessar os portões pareceu uma experiência quase mística. Na entrada, uma enorme rocha de aparência natural apresenta em letras metálicas esverdeadas o nome do cemitério. Extremamente bem cuidado, com diversas pedras tumulares espalhadas pelo belo gramado e alguns mausoléus imponentes, Swan Point é também um parque de belezas naturais espalhado por 200 acres. O local foi fundado em 1847, como parte do movimento "garden cemeteries" – que visava precisamente combinar harmonicamente as belezas da natureza com a dos monumentos artificiais para os mortos. Com pássaros cantando e o céu aberto, a atmosfera era de extrema quietude, produzindo uma sensação beatífica que destoava da ambiência típica das histórias sombrias de Lovecraft. Imediatamente fui tomado pela sensação de ralentamento do tempo e de uma paz transcendente. O local onde Lovecraft e sua família estão enterrados é de uma simplicidade comovente, com pequenas pedras tumulares que podem facilmente passar despercebidas ao visitante. Na pedra tumular de Lovecraft, lemos a famosa frase "I am Providence". E, de fato, poucos artistas se identificaram tanto com sua cidade natal quanto o autor de *The Call of Cthulhu*. Nas raras vezes em que se aventurou fora de Providence, as experiências foram traumáticas (como em sua breve estadia no Brooklyn). Em uma carta escrita ao amigo James Ferdinand Morton, Lovecraft completou sua afirmação: "Eu sou Providence, e Providence sou eu – juntos, indissoluvelmente, como um só, nós permanecemos através das eras; um monumento fixo posto eternamente sob a sombra do pico gelado de Durfee" (1968, p. 51)[19].

[19] Referência a Durfee Hill, monte localizado na parte noroeste da cidade.

**Figura 3.** Pedra tumular de H.P. Lovecraft no cemitério de Swan Point.

Fonte: https://www.reddit.com/r/Lovecraft/comments/1098c84/did_you_know_lovecraft_is_not_buried_here_this/#lightbox. Acesso em: 18 mar. 2025.

Gumbrecht define as atmosferas (*Stimmungen*) como "estados de espírito que não estão sujeitas ao controle do indivíduo afetado por elas" (2011, p. 102). De fato, até o momento em que se produzem, numa estreita relação entre corpo, psiquismo e ambiente, as atmosferas são imprevisíveis e frequentemente inesperadas. Não sabemos como ou o que iremos sentir, e mesmo após a instalação de uma atmosfera encontramos dificuldades estruturais para explicá-la. É por essa razão que não existe e não pode existir um método preciso de análise das atmosferas. Gumbrecht chega a manifestar desconfiança quanto a métodos ou teorias que pretendam examiná-las, sugerindo, em vez disso, que o pesquisador das ciências humanas se entregue preferivelmente a um pensamento contraintuitivo, afastado de caminhos precisos e definidos. Para ele, trata-se, sobretudo, de produzir "intuições em movimento" (Gumbrecht, 2011, p. 29). A atmosfera que experimentei em Swan Point foi uma curiosa mescla de sensações que se movia entre o sentimento de um mistério cósmico, uma quietude transcendente e uma estranheza radical que parecia emanar daquele túmulo modesto, mas capaz de ativar o imaginário de legiões de admiradores[20].

A segunda experiência não foi única, dado que visitei o cemitério da Recoleta, em Buenos Aires, diversas vezes. Todavia, quero tentar evocar as sensações e atmosferas que experimentei em minha primeira visita, ainda temperada com o sabor da descoberta. Buenos Aires é uma cidade especialmente mítica, particularmente para quem leu Borges, criador de uma geografia imaginária que recobre, em seus contos, a urbe real. Como em várias outras metrópoles latino-americanas, o passado parece conviver em tensão permanente com o presente. Entretanto, em Buenos Aires o sentido da história é muito mais presente do que nas metrópoles brasileiras. O cemitério da Recoleta está bem próximo ao centro da cidade, e localizado num bairro elegante (de mesmo nome) populado de bares, restaurantes, cafés e livrarias. Atravessar os muros do cemitério não implica um completo afastamento do burburinho citadino. Ainda se podem escutar alguns ruídos da cidade, cujas ruas asfaltadas se encontram logo atrás das paredes, e o fluxo de turistas caminhando pelas estreitas ruelas de mausoléus parece nunca cessar. Mesmo assim, a frase de Enríquez parece um pouco exagerada: "nada de paz por ali, fica justo no centro da cidade" (2022, p. 361). Em *Fervor de Buenos Aires*, Borges dedica um belo poema à necrópole:

[20] Lovecraft era certamente uma figura controvertida. Seu racismo e reacionarismo frequentemente inspiram repulsa em muita gente, não obstante seus livros e sua filosofia de "pessimismo cósmico" parecerem estar cada dia mais em voga. Todavia, Michel Houellebecq observa com agudeza que o caráter de Lovecraft era marcado por uma contradição interessante: de um lado, exibia atitude tipicamente aristocrática de desprezo para com a humanidade em geral; de outro, sempre demonstrou extrema delicadeza e gentileza diante dos indivíduos em particular (1999, p. 28).

Convencidos de caducidade
por tantas nobres certezas do pó,
demoramo-nos e baixamos a voz
entre as lentas filas de panteões
cuja retórica de mármore e sombra
promete ou antecipa a desejável
dignidade de ter morrido.
Belos são os sepulcros,
o despido latim e as firmes datas fatais [...]
Enganamos essa paz com a morte,
cremos ansiar pelo nosso fim
e ansiamos pelo sonho, a indiferença.
Vibrante nas espadas, na paixão,
adormecida na hera,
somente a vida existe.
O espaço e o tempo são as suas formas,
são instrumentos mágicos da alma,
e quando ela se apagar,
vão consigo apagar-se o espaço, o tempo e a morte,
como ao cessar a luz
caduca o simulacro dos espelhos
que a tarde já foi apagando.
Sombra benigna das árvores,
vento com aves, que ondeia nos ramos,
alma que se dispersa noutras almas,
seria um milagre se deixassem de ser,
milagre incompreensível,
mesmo que a sua imaginária repetição
avilte com horror os nossos dias.
Tudo isto pensei na Recoleta,
lugar das minhas cinzas (1998, p. 225).[21]

[21] Curiosamente, Borges não quis ser enterrado em Buenos Aires. Seus restos mortais estão em outra cidade mítica de seu imaginário, no Cimitière des Rois, em Genebra.

O cemitério da Recoleta é composto de pequenos caminhos que se bifurcam (à moda borgiana?) em uma disposição algo labiríntica. Não é sempre fácil localizar-se lá. Ali estão depositados os cadáveres da elite argentina, como Evita, Domingos Faustino Sarmiento, Raúl Alfonsin e Nicolás Avellaneda. Todavia, como sucede com a maioria dos turistas (nesse sentido, devo confessar que meu fascínio é previsível), seduz-me particularmente o belo mausoléu da jovem Liliana Crociati, em estilo gótico e com uma estátua que tenta capturar sua beleza no gesto simples de afagar seu cão Sabu. Liliana morreu em uma avalanche de neve em Innsbruck, onde passava a lua de mel. Seu animal de estimação seguiu-a fielmente ao mundo do além no mesmo dia em Buenos Aires. Como observa Enríquez, nada poderia ser mais indicativo do privilégio econômico que morrer em Innsbruck – "quanto dinheiro se teria de ter na Argentina de 1970 para ir à Áustria em lua de mel?" (2022, p. 373). Abaixo das estátuas, vê-se um poema escrito em italiano por seu pai que, angustiado, questiona os desígnios divinos: "perché? Solo mi chiedo il perché. Tu sei partita e distrutto hai lasciato il mio cuore".

**Figura 4.** Cemitério da Recoleta.

Fonte: https://buenosaires.gob.ar/espaciopublicoehigieneurbana/cementerios-de-la-ciudad/cementerio-de-la-recoleta. Acesso em: 18 mar. 2025.

**Figura 5.** Estátua de Liliana Crociatti no cemitério da Recoleta.

Fonte: https://buenosaires.gob.ar/espaciopublicoehigieneurbana/cementerios-de-la-ciudad/cementerio-de-la-recoleta. Acesso em: 18 mar. 2025

Diante do mausoléu de Liliana, a atmosfera que se manifesta é a de um deslocamento temporal. Subitamente, sinto-me transportado não a 1970, data da morte da jovem (então com 26 anos), mas sim a uma espécie de passado mítico entre os fins do século XIX e o início do XX, dado o estilo arquitetônico neogótico do mausoléu e as esculturas – que, por alguma razão, evocam-me o estilo da *art nouveau*. Enríquez explica que a Recoleta perdeu o status de campo santo quando, em 1853, o presidente Bartolomeu Mitre ordenou ali o enterro do maçom Dr. Blas Aguero, desagradando o bispo de Buenos Aires, que retirou a bendição da necrópole (2022, p. 383). Todavia, permanece a ambiência do território sagrado, que, claro, independe de determinações eclesiásticas oficiais. A Recoleta emerge, assim, como uma perfeita mescla entre o sagrado e o profano (pelo movimento turístico e a proximidade com o centro). Seu layout é semelhante ao de uma pequena cidade. Uma cidade dos mortos dentro da cidade dos vivos. Aqui, a sensação da liminalidade é experimentada com intensidade especial, dados seus diversos transbordamentos de fronteira (vida-morte, paz-agitação, sagrado-profano, natural-artificial). Não há dúvida de que é uma atmosfera muito diferente da que se experimenta em Swan Point. Ainda assim, encontramos ali aqueles traços que são comuns a toda atmosfera mortuária: a desestruturação temporal[22], a sensação de liminalidade, o sentimento da comunicação com os antepassados.

## Conclusão: *Somnus est frater mortis*

Para James Hillman, os sonhos são uma espécie de aprendizado para a morte. Neles, penetramos no mundo subterrâneo, que no plano do imaginário está naturalmente ligado às tumbas e aos cemitérios (1979). É uma metáfora antiga: morrer é sonhar um sonho sem fim. Nas metrópoles modernas, em que o passado está sempre em risco de desvanecer-se, os cemitérios atuam como mecanismos de rememoração e excitação do imaginário. Lembramos dos mortos e imaginamos o repouso final. Para culturas que temem a

[22] Sentimento comumente evocado também pela aparição dos fantasmas. Recordemos a frase de Hamlet após uma visão do espectro paterno: "time is out of joint" (Shakespeare, 1952, p. 39).

morte, os cemitérios são também um exercício de familiarização com a ideia de finitude. Nesse sentido, é interessante pensar em cidades pontilhadas de necrópoles, de modo que a comunicação com os mortos se torne uma experiência do cotidiano. As culturas tradicionais praticavam (praticam) esse comércio com o mundo dos mortos e dos sonhos. Como recorda Ailton Krenak, nessas culturas "o cotidiano era uma extensão do sonho" (2020). Não se deve temer os cemitérios, pelo contrário. Mesmo na literatura ou no cinema de horror, quando surgem como cenários de assombração, sua atmosfera inspira o sentido de que existe sempre um além da rotina racional e operacionalizada da vida moderna. Como o sonho, eles sugerem a possibilidade de outras vidas, de outras experiências. Os cemitérios são também espaços urbanos ideais para a investigação das atmosferas que, para Gernot Böhme, representam o conceito central de uma *nova estética* (2019, p. 34). Nessa nova estética, a atenção ao plano imaterial do sentido deve ser complementada por um interesse especial dedicado à materialidade do corpo (de quem experimenta a atmosfera) e do espaço circundante. Como fenômeno liminal, a atmosfera se situa nesse peculiar intervalo entre o material e o imaterial. A comunicação, sempre preocupada com o sentido, ainda se ocupa pouco das imaterialidades imaginais, das potências da imaginação – frequentemente postas em segundo plano num mundo que se quer racional e científico. Menos ainda aprendeu a tratar da dimensão material dos nossos instrumentos de produzir sentido. O que nos comunicam as matérias naturais e arquitetônicas que compõem nossas cidades? Nesse contexto, o par imaginário-atmosfera, mesmo sem o amparo de metodologias seguras ou consagradas, pode se mostrar produtivo, abrindo novos caminhos para a pesquisa. Como os que ousam aventurar-se nos cemitérios, especialmente nas trevas noturnas, devemos aprender a confiar mais na intuição. As cidades falam, inclusive as cidades dos mortos. É preciso aprender a ouvi-las.

## Referências

ARIÈS, Philippe. *Essays sur l'histoire de la mort en Occident*: du Moyen Age a nos jours. Paris: Points, 2014.

BENJAMIN, Walter. *Sobre o Conceito de História* (edição crítica). Trad. Adalberto Müller e Márcio Seligmann-Silva. São Paulo: Alameda, 2020.

BENJAMIN, Walter. *Über den Begriff der Geschichte* (Werke und Nachlaß, band 19). Berlin: Suhrkamp, 2010.

BENJAMIN, Walter. *Gesammelte Schrifiten I.1.* Frankfurt am Main: Suhrkamp, 1991.

BORGES, Jorge Luis. *Obras Completas I (1923-1949).* Lisboa: Teorema (tradução de Fernando Pinto do Amaral), 1998.

CASSIN, Barbara (org.). *Vocabulaire Eruropéen des Philosophies*: Dictionnaire des Intraduisibles. Paris: Seuil, 2004.

DUDENHOEFFER, Larrie. *Embodiment and Horror Cinema.* New York: Palgrave Macmillan, 2014.

ENRÍQUEZ, Mariana. *Alguien camina sobre tu tumba.* Buenos Aires: Galerna, 2022.

FORMOSO, Christian. *El cementerio más hermoso de Chile.* Temuco: Ofqui editores, 2016.

GIL, Inês. *A Atmosfera no Cinema*: o caso de *A Sombra do Caçador* de Charles Laughton entre onirismo e realismo. Braga: Fundação Calouste Gulbekian, 2005.

GRABALOV, Pavel; NORDH, Helena. The Future of Urban Cemeteries as Public Spaces: Insights from Oslo and Copenhagen. *Planning Theory & Practice*, London, Routledge, v. 23, n. 1, p. 81-98, 2022.

GRIFFERO, Tonino. *Quase-cose*: la realtá dei sentimenti. Milano: Bruno Mondadori, 2013.

GUMBRECHT, Hans Ulrich. *Stimmungen lesen.* München: Carl Hanser, 2011.

HETHERINGTON, Kevin. Phantasmagoria/Phantasm agora: Materialities, Spacialities, Ghots. *Space and Culture (Spatial Hauntings)*, Ottawa: Carleton University, v. 11-12, p. 24-41, 2001.

HOUELLEBECQ, Michel. *H. P. Lovecraft*: contre le monde, contre la vie. Paris: Éditions J'ai lu, 1999.

KRENAK, Ailton. *A vida não é útil.* São Paulo: Companhia das Letras, 2020.

LOVECRAFT, H. P. *The Complete Fiction.* New York: Barnes & Noble, 2011.

LOVECRAFT, H. P. *Selected Letters (1925-1929).* Sauk City: Arkham House, 1968.

RAUH, Andreas. *Die besondere Atmosphäre*: Bielefeld: Transcript, 2012.

SCONCE, Jeffrey (ed.). *Sleaze Artists*: Cinema at the Margins of Taste, Style, and Politics. Durham: Duke University Press, 2007.

SHAKESPEARE, William. *The Plays and Sonnets (vol. II).* Chicago: Encyclopedia Britannica, 1952.

# Experiência cinética urbana e psicogeografia: dinâmicas e conhecimentos complexos na exploração de cidades

DOI: 10.29327/5568666.1-5

Vinícius Andrade Pereira;
Renato Guimarães Furtado

Mover-se por uma cidade é uma experiência marcada por múltiplas referências. Para caminhar, dirigir, usar transportes públicos, participar de eventos ou imergir na vida cotidiana, utilizamos, é claro, indicações explícitas e objetivas, tais como mapas e placas. Contudo, cidades são compostas de uma diversidade de estímulos sensoriais, de modo que certos referenciais são fluidos e intangíveis. Memórias, imaginários, sons e cheiros, por exemplo, além de outras impressões afetivas, atribuem significados e valores específicos a diferentes bairros e regiões que vão além das referências objetivas.

Considerando que uma cidade, com sua multiplicidade de estímulos sensoriais, proporciona uma experiência dinâmica, afetiva e envolvente para seus habitantes e visitantes, o presente artigo tenciona explorar mais a fundo a ideia de "experiência cinética urbana". Esta se refere à vivência sensorial e perceptiva que envolve movimento e interação dentro de um ambiente urbano. A ferramenta teórica aqui ampliada é essencialmente definida pelo termo "cinética", ligado ao movimento, ao ritmo e à dinâmica dos elementos urbanos, contrastando com a estagnação. Logo, exploramos a ideia de experiência cinética urbana sugerindo que, para além da análise efetiva do deslocamento, também sejam considerados os modos e efeitos das interações entre corpos, mentes, elementos arquitetônicos e estéticos, pessoas, veículos, edifícios, luzes, sons, temperaturas, cheiros etc. dos ambientes por onde se passa e se movimenta.

Para alcançar nosso objetivo, procederemos por uma revisão bibliográfica, utilizando principalmente o trabalho de Guy Debord. Não nos concentraremos, no entanto, na mais difundida e influente ideia do pensador europeu, acerca da espetacularização das sociedades (pós)modernas (Debord,

1997). Embora *A Sociedade do Espetáculo*, originalmente de 1967, possa ser considerada uma obra com certa relevância ainda hoje, especialmente no campo da crítica aos sistemas midiáticos e às indústrias do entretenimento, o texto debordiano que nos interessa é outro. Trata-se do ainda relativamente pouco difundido estudo em que o autor francês propõe um campo de conhecimento original (1955): o da *Psicogeografia* (*Psychogeography*), campo este que pode muito acrescentar às investigações que ora se apresentam.

Para finalizar, também investigaremos brevemente os conceitos de atmosfera (Böhme, 2013) e ritmo (Lefebvre, 2004), de modo a melhor explorar experiências cinéticas urbanas. Considerando que aqui focamos sobretudo na psicogeografia, revisaremos os conceitos supracitados de modo mais sucinto; a noção de atmosfera já foi melhor explorada em pesquisas prévias (Furtado; Pereira, 2023; Pereira *et al.*, 2024), enquanto a de ritmo receberá um tratamento mais aprofundado em estudos futuros. Assim, apostamos que as discussões ora conduzidas poderão oferecer caminhos para melhor explorar as relações entre espaços, sensorialidades e afetos.

## Psicogeografia

Mais de uma década antes de sua obra-prima, Guy Debord assinou um artigo seminal intitulado "Introduction à une critique de la géographie urbaine" (Introdução à Crítica da Geografia Urbana, em tradução livre), publicado na revista belga *Les Lèvres Nues*, em 1955. Com esse artigo, o pensador francês se estabeleceu como um dos fundadores da psicogeografia (Debord, 1955). De fato, as origens do campo sugerem uma diversidade de atores partícipes. Ao mesmo tempo em que Debord faz referência à psicogeografia como de origem Cabila, sabe-se que originalmente o termo aparece no movimento Internacional Letrista, que é um dos movimentos que funda a Situacionista Internacional. Debord participa dos dois movimentos e é provável que venha daí sua familiaridade com o termo. Contudo, Denis Wood argumenta que a psicogeografia foi desenvolvida de modo independente e quase ao mesmo tempo, nos anos 1950 e 1960, pelo grupo de Debord, na França, e por Kevin Lynch, primeiramente e, em seguida, por David Stea, nos EUA (Wood, 2010).

Aqui, contudo, nos concentraremos especificamente na perspectiva debordiana, em particular por encontrar na proposta francesa um conjunto de ideias mais bem amarrado e menos disperso, como acontece com a proposta americana, na qual há um intervalo temporal de cerca de uma década e um conjunto de autores envolvidos até que se possa contemplar a proposta de uma psicogeografia.

No artigo supracitado, Debord define a psicogeografia como o estudo das leis e dos efeitos provocados por um ambiente geográfico, planejado de maneira consciente ou não, sobre as emoções e os comportamentos dos indivíduos. Neste sentido, quaisquer conclusões derivadas de tais pesquisas deveriam ser, consequentemente, adjetivadas como "psicogeográficas", denotando como os objetos investigados e as situações examinadas estimulam reações afetivas sobre indivíduos na interseção entre o espaço psíquico daquele que é afetado e o espaço geográfico que o circunda (Debord, 1955). Em outras palavras, a psicogeografia almeja construir uma crítica sobre a cidade embasada tanto no conhecimento teórico quanto na vivência. Percorrer uma cidade, utilizar seus espaços, significa se deparar necessariamente com as consequências do planejamento urbano – ou de sua ausência, é claro –, mas também com os elementos intangíveis que compõem a experiência vivida do cotidiano (Gonçalves, 2019).

A pesquisa psicogeográfica, nos termos propostos pelo pensador francês, é relevante precisamente porque, por um lado, destaca que somos afetivamente influenciados de forma constante em nossas vivências urbanas; e porque, por outro, enfatiza que tais impactos são frequentemente negligenciados. A mudança súbita de ambientes em uma rua, a divisão de uma cidade em zonas de atmosferas psíquicas distintas, o caminho automaticamente trilhado em derivas desinteressadas, o caráter atrativo ou repelente de certos lugares, bairros tristes e bairros agradáveis. Os afetos decorrentes de cada situação são conscientemente perceptíveis, mas também são logo descartados. Esses são alguns exemplos empregados por Debord para ilustrar como as múltiplas influências de diferentes "decors" urbanos não podem ser explicitadas apenas por sua época ou estilo arquitetônico. Na prática, para compreendê-las, é preciso ir ao plano do vivido, às combinações singulares entre elementos tangíveis e intangíveis que evocam sentimentos variados e complexos (Debord, 1955).

Ora, ao adentrarmos um espaço, imediatamente adquirimos uma percepção emocional acerca de tal espaço físico. Nossa mente tece rapidamente impressões sobre aquele ambiente que são baseadas tanto em aspectos arquitetônicos quanto em sensações, experiências anteriores, imaginários e até instintos de preservação. Esses primeiros sentimentos e afetos podem ser moldados pela estética, atmosfera, tecnologias de orientação, presença de outras pessoas, em uma complexa mescla com estados emocionais.

É neste sentido que a psicogeografia é eminentemente materialista em ao menos dois níveis. Em primeiro lugar porque integra o projeto marxista de Debord enquanto instrumento de transformação da realidade, uma vez que a psicogeografia permite investigar como a produção capitalista de ambientes urbanos resulta em modos práticos, afetivos e sentimentais de impedimento e cerceamento da vida, do desejo e do lúdico (Gonçalves, 2019). Debord discorre acerca das formas como o capitalismo geograficamente engendra composições territoriais orientadas pelos imperativos do consumo, dos automóveis à publicidade, e não apenas pelas necessidades materiais dos indivíduos e das comunidades (Debord, 1955, 1997).

Ao defender a tomada de percepção dos aspectos psicogeográficos dos ambientes urbanos como meio para criticar e resistir às condições impostas pelo capitalismo aos indivíduos (Debord, 1955), a psicogeografia seria uma ferramenta potente para desvelar de que maneira o capital abarca o cotidiano (Gonçalves, 2019). "Ou seja, a forma de produzir a cidade é aquela posta pelo capital e a psicogeografia pode auxiliar no entendimento dessa relação se colocando como condição de reprodução da sobrevivência ampliada, da não vida na cidade contemporânea" (Gonçalves, 2019, p. 106).

Em um segundo nível ou escuta, a psicogeografia é materialista também porque enfatiza a dimensão fenomênica da experiência simultaneamente à sua inclinação crítica dialética. Tal qualidade encontra-se expressa diretamente no texto seminal de Debord, quando determina que as audaciosas hipóteses da pesquisa psicogeográfica, na interseção entre o cenário urbano e as sensações provocadas, sejam constantemente corrigidas à luz da experiência (1955). Em outros termos, uma pesquisa psicogeográfica deve se concentrar naquilo que existe materialmente, ainda que não seja tangível, como os afetos, de modo que não

> se trata de compreender a sensação movendo a realidade, mas sim da realidade se impondo e criando texturas, (im)possibilidades sobre as sensações. A psicogeografia (materialista) expõe que existem densidades diferenciadas, sendo que estas densidades possuem uma poderosa capacidade de influenciar das mais variadas formas os ambientes. [...] Colocada no nível do sujeito ela tem a capacidade de evidenciar as qualidades e defeitos dos lugares vívidos (Gonçalves, 2019, p. 105-106).

Considerando em especial essa segunda acepção materialista da psicogeografia, podemos compreendê-la como uma maneira de apreender as formas através das quais os espaços físicos afetam nossas emoções e como nossa psicologia desempenha um papel crucial na interpretação de nossos arredores e ambientes. A psicogeografia pode ser entendida, assim, como uma prática investigativa que, por meio de passeios deliberados pela cidade, busca desvendar as complexas interações entre o indivíduo e o ambiente urbano. Trata-se de explorar a caminhada consciente pela cidade como método para explorar e mapear efeitos psicológicos e emocionais do ambiente urbano; para entender como a arquitetura, o *layout* das ruas, a paisagem urbana e outros elementos do ambiente influenciam nossas emoções, comportamentos e percepções.

A psicogeografia transcende a mera descrição do espaço físico precisamente por salientar a importância do plano do vivido, do que pode ser afetiva, corporal e sensorialmente experimentado em ambientes urbanos. A psicogeografia envolve, sim, a documentação das rotas frequentemente não convencionais eleitas por seus praticantes para experimentar a cidade de maneira mais profunda e consciente. Esses resultados, no entanto, não são simplesmente objetivos; são, de fato, alicerçados por observações, sentimentos e pensamentos surgidos ao longo do percurso realizado, servindo como base para a criação de espécies de diários de bordo que revelam aspectos ocultos da cidade e sua influência sobre as pessoas. Nas palavras de Debord (1955), esses relatos compilados compõem mapas psicogeográficos, produções cartográficas estas que não expressam a subordinação à aleatoriedade, mas sim a insubordinação às influências e às percepções habituais e costumeiras dos ambientes urbanos.

A prática da deriva, de fato, método essencial para Debord e seus correligionários, "viabiliza experimentações e possibilidades consideráveis para o desvendamento crítico da realidade socioespacial, mais notadamente em áreas urbanas" (Gonçalves, 2019, p. 109-110). Assim, os mapas produzidos nas derivas psicogeográficas, em vez de representarem apenas a localização de elementos físicos, revelam as dimensões subjetivas e afetivas do espaço urbano, evidenciando as desigualdades, as hierarquias e as relações de poder que se manifestam no cotidiano urbano. Ao enfatizar as experiências sensoriais e as vivências subjetivas, a psicogeografia tenciona compreender como o ambiente construído molda nossas subjetividades. Em suma, a psicogeografia oferece uma ferramenta poderosa para a compreensão das dinâmicas complexas que se estabelecem entre o indivíduo e a cidade. Ao desvelar as dimensões subjetivas da experiência urbana, essa prática contribui para uma reflexão crítica sobre o papel do espaço na construção das nossas identidades e na formação de nossas relações sociais.

Tendo em vista a revisão conduzida acerca do conceito debordiano em questão, acreditamos que a psicogeografia continua sendo um campo fértil para a reflexão e a investigação das cidades contemporâneas. A psicogeografia nos oferece uma ferramenta poderosa para compreender como os espaços urbanos não apenas moldam nossos comportamentos, mas também influenciam profundamente nossas experiências sensoriais e emocionais. Para além disso, a perspectiva debordiana, ao enfatizar as dimensões arquitetônicas, geográficas e materiais na modulação dos afetos, encontra eco em conceitos contemporâneos como os de atmosferas afetivas (Böhme, 2013) e de ritmo (Lefebvre, 2004). No próximo tópico, exploraremos as formas como se abrem esses diálogos diretos entre os três conceitos supracitados – e, principalmente, como essas conexões reforçam a ideia proposta acerca das experiências cinéticas urbanas.

## Entre atmosferas e ritmos

Para explicitar o vínculo teórico entre a psicogeografia e os conceitos de atmosfera e ritmo, consideremos novamente a deriva pelas ruas de uma cidade. Caminhar por ambientes urbanos, como salientamos, é uma experiência que envolve uma miríade de estímulos. Os afetos provocados por qualquer percurso citadino são parte integrante da própria tessitura de situações experienciais urbanas, cenários vivenciados necessariamente como dinâmicos e fluidos. Neste sentido, é importante salientar a maneira como a experiência cinética urbana em deriva requer tanto a sensorialidade do indivíduo quanto a cidade que o circunda, evidentemente. Podemos dizer, então, que esta vivência é configurada na copresença entre a pessoa afetada e o meio afetante – um bairro, uma rua etc. –, em um contexto em que ambos os polos da relação são integralmente fundamentais para sua conjugação (Griffero, 2019). Aqui encontramos uma primeira articulação teórica que nos parece riquíssima na exploração da temática da experiência cinética urbana: a aproximação dos conceitos de psicogeografia e de atmosfera.

Inicialmente concebido como a camada gasosa que envolve um planeta, o conceito de atmosfera transcendeu sua acepção meteorológica para abarcar a dimensão sensorial e afetiva das experiências humanas. A adaptação do conceito para o campo das ciências sociais permite explicitar as qualidades sensoriais de um espaço, evento, situação ou período de tempo – qualidades estas que são intangíveis, mas que conferem a espaços e eventos características afetivas singulares. Essa espécie de aura, composta de uma complexa interação de elementos sensoriais, emocionais e cognitivos, influencia profundamente nossa percepção e vivência do mundo. Podemos, por exemplo, lançar mão do conceito de atmosfera para elucidar a experiência emocional e afetiva de um edifício, de uma reunião, de um festival, de uma paisagem, de uma década, até mesmo da pobreza (Böhme, 2013).

A abordagem das atmosferas afetivas permite-nos investigar empiricamente as nuances afetivas da realidade, que muitas vezes escapam a uma análise puramente objetiva (Griffero, 2019). Enquanto ferramenta conceitual, a atmosfera, por sua natureza intangível e abrangente, opera como uma lente que nos permite capturar a complexidade e a riqueza das experiências humanas (Böhme, 2013). Assim como a abordagem psicogeográfica, a perspectiva das atmosferas afetivas, portanto, não se limita à descrição de um estado de coisas, objetivando revelar as relações dinâmicas e as interações intangíveis que constituem a nossa experiência do mundo.

Ainda, tal como na visada debordiana, a teoria das atmosferas afetivas evidentemente enfatiza o espaço intermediário entre o indivíduo e o ambiente ao seu redor. Ou seja, o conceito de atmosfera emerge como uma ferramenta analítica capaz de diluir as fronteiras rígidas que teoricamente existem entre sujeito e objeto, mente e corpo, materialidade e afeto, permitindo-nos apreender experiências sensoriais em toda a sua natureza multissensorial. Em vez de cindir a realidade em elementos isolados, a teoria das atmosferas afetivas nos convida a considerar as relações dinâmicas e interdependentes entre os diversos componentes de uma situação, seja ela um espaço físico, um evento social ou um estado de espírito. Essa abordagem, em suma, destaca o caráter processual e mutável das experiências sensoriais, à medida que atmosferas são produzidas por uma intrincada rede de relações entre entidades humanas e nãohumanas, objetos e elementos naturais. Essas entidades, por sua vez, são influenciadas e condicionadas pelas próprias atmosferas que cocriam, em um movimento recursivo (Furtado; Pereira, 2023).

Neste sentido, o desafio imposto por uma pesquisa atmosférica também a aproxima das pesquisas psicogeográficas. Isso porque atmosferas são sempre efêmeras. Como nuvens, atmosferas estão sempre se formando e decompondo, emergindo e se dissipando em um movimento constante, dinâmico, nunca encerrado (Schroer; Schmitt, 2018). Essa fluidez impede uma apreensão estática ou definitiva, de forma que, tal como nas derivas psicogeográficas, é sempre necessário retornar à experiência afetiva e material da realidade para corrigir a análise realizada. Nisto, por mais que vivamos em situações atmosféricas, conforme salientado por Shanti Sumartojo e Sarah Pink (2018), é preciso praticar uma atenção constante à formação atmosférica para melhor nos aproximarmos desses elementos efêmeros mas inescapáveis de nossos ambientes experienciais e conceituais cotidianos.

Aqui, o recurso da psicogeografia pode fornecer subsídios importantes para uma apreensão mais completa de atmosferas e, por extensão, das experiências cinéticas urbanas porque a psicogeografia, como visto anteriormente, busca justamente compreender a influência dos elementos urbanos na psique do indivíduo. A cidade, longe de ser um território neutro, é um agente ativo na produção de afetos e sensações.

Destarte, com o apoio das pesquisas atmosféricas e psicogeográficas, exploramos a ideia de experiência cinética urbana incentivados a compreender como os diversos elementos que compõem o ambiente urbano são mobilizados em conjunção à sensação de estar em movimento, interagindo com os elementos arquitetônicos e estéticos de uma cidade. Ou seja, o objetivo aqui proposto é analisar como sons, imagens, odores, temperaturas, bem como relações de poder, nuances sociais e contradições se combinam para criar experiências sensoriais únicas e complexas. Experiências cinéticas urbanas, em sua natureza atmosférica e psicogeográfica, orientam-nos ao que há *entre*, complexificando o individual e o coletivo, o pessoal e o público.

Para finalizar o presente estudo, exploraremos, ainda que brevemente, outro campo de investigação: o do ritmo, segundo a perspectiva do filósofo francês Henri Lefebvre – cujo aprofundamento em relação à temática da experiência cinética urbana será empreendido de modo mais exaustivo em estudos futuros. A mobilização introdutória do conceito de ritmo serve ao propósito de construção de um conjunto diversificado de perspectivas teóricas, orientado ao aprofundamento da compreensão dos fenômenos socioculturais contemporâneos, temáticas de interesse de nossas pesquisas. Neste sentido, adicionaremos o conceito de ritmo justamente para melhor compor a perspectiva debordiana. Dito de outro modo, trataremos de ritmo em conjunção à psicogeografia, com base em Lefebvre (2004), para explorar tanto a influência do ambiente geográfico, em sua totalidade, sobre as emoções e comportamentos, quanto a dimensão temporal da experiência, propondo pensar a interação entre os ritmos do corpo, da sociedade e do ambiente urbano.

Assim como atmosferas, o ritmo desafia a rigidez das dicotomias. É composto de dualidades inseparáveis, formado precisamente pelos espaços intermediários por aspectos que são comumente compreendidos como opostos bifurcados. De acordo com Henri Lefebvre (2004), o ritmo é essencialmente paradoxal. Pode soar espontâneo e natural, mas sempre possui uma estrutura subjacente, uma medida quantitativa; uma métrica que organiza e estrutura o tempo a despeito das qualidades intangíveis do ritmo. Ou seja, o fluxo rítmico é tanto a estrutura quanto aquilo que a excede, à medida que incorpora, molda e influencia as emoções, as sensações e as significações evocadas. Harmonias, por exemplo, são resultados compostos de elementos rítmicos variados, expressando simultaneamente aspectos quantitativos e qualitativos. Por isso, o ritmo é uma complexa interação entre o racional e o irracional, o consciente e o inconsciente; é configurado por leis e convenções sociais, mas também é definido por processos biológicos e psicológicos do corpo humano, em um movimento recursivo no qual os diferentes polos da relação se modificam mutuamente.

Para apreender a dinâmica rítmica, Lefebvre (2004) lança mão da ideia de ritmanálise, que se aproxima bastante das propostas de pesquisas atmosféricas e psicogeográficas, uma vez que a análise rítmica proposta pelo filósofo francês também tenciona abordar as complexidades da experiência sensorial humana que excedem ferramentas conceituais objetivas. A ritmanálise opõe-se, desse modo, às perspectivas analíticas tradicionais, centradas na decomposição do objeto em elementos isolados, apostando que estas seriam insuficientes para dar conta da complexidade de fenômenos complexos. A ritmanálise, ao abordar a realidade fenomênica de modo complexo e multifacetado, também oferece um contraponto às análises estruturais, que estabelecem relações binárias entre termos opostos, como tempo e espaço, simplificando, no processo, a realidade e tomando as nuances e as múltiplas determinações que caracterizam os fenômenos sociais e culturais como granulações que se formam em continuidade umas com as outras (Lefebvre, 2004). Em suma, a ritmanálise é uma abordagem sobre as complexidades e as variações rítmicas que podem ser observadas nas relações espaciais e perceptivas que são geradas em diferentes situações. Espaço e tempo são abordados em uma análise na qual os ritmos ou perspectivas rítmicas superam os esquemas unilaterais e dicotômicos que criam oposições entre elementos e fenômenos [...] (Brasil, 2016, p. 90).

A partir dos paralelos traçados à luz das experiências cinéticas urbanas, evidencia-se a rica complementação teórica proporcionada pelas noções de atmosferas afetivas e de ritmo ao campo da psicogeografia no que se refere à análise das vivências sensoriais citadinas. A ritmanálise pode contribuir para a compreensão da dimensão temporal das atmosferas urbanas, revelando como os ritmos da cidade influenciam a percepção e as emoções dos indivíduos. A psicogeografia, por sua vez, pode se beneficiar da análise dos ritmos para aprofundar a compreensão da experiência humana no espaço urbano, investigando como os diferentes ritmos contribuem para a formação de atmosferas específicas em diferentes locais da cidade. Caminhar por uma rua movimentada, com um ritmo acelerado de pedestres e veículos, bem como de outros estímulos sensoriais, tende a criar uma atmosfera de agitação e urgência; por outro lado, vagar por um parque tranquilo, com um ritmo mais lento e compassado, pode propiciar uma atmosfera de relaxamento e contemplação. Ao fim e ao cabo, a combinação entre ritmo, atmosferas afetivas e psicogeografia oferece uma perspectiva rica e multifacetada para a compreensão da experiência cinética urbana, revelando a complexa interação entre tempo, espaço, sensorialidade e afetividade.

## Considerações finais

Este artigo buscou aprofundar a ideia de experiência cinética urbana, com foco na contribuição da psicogeografia. A partir da perspectiva de Guy Debord, analisamos como os elementos do ambiente urbano influenciam as emoções e os comportamentos dos indivíduos. Para aprofundar a análise, mobilizamos os conceitos de atmosferas afetivas e de ritmo, de modo a complementar a abordagem psicogeográfica a partir da dimensão sensorial e temporal da experiência urbana.

A conexão proposta entre as três perspectivas à luz das experiências cinéticas urbanas provém da intuição de que certa tradição acadêmica – em particular aquela que considera demasiadamente séria a cisão opositiva entre ciências naturais e ciências humanas – não pode dar conta das porosidades e cumplicidades que unem de modo original os fenômenos experienciais e sensoriais urbanos. Defendemos que temas tais como afetos e cidades, sensorialidades e espaços urbanos, psiquismo e ambiente, atmosferas e afetos, céu e poesia, matéria e espírito, não devem ser tomados como objetos isolados ou, mesmo, antinômicos em alguns casos. Ao revés, o que as abordagens investigativas aqui exploradas nos ensinam é a necessidade de um enquadramento maior e mais inclusivo no tratamento de temas complexos. Desse modo, por meio do estudo de experiências cinéticas urbanas, desejamos colaborar para o entendimento acerca das questões e dos desafios que as cidades contemporâneas apresentam para uma perspectiva de estudo que considere suas estéticas – perspectiva esta que analisa os processos cognitivos e afetivos acionados por dinâmicas sensoriais em espaços urbanos. Ao integrar interdisciplinarmente as perspectivas teóricas aqui analisadas, nossas pesquisas (Furtado; Pereira, 2023; Pereira *et al.*, 2024) demonstram a relevância dessa abordagem para a análise das cidades contemporâneas, evidenciando a necessidade de considerarmos tanto os aspectos formais e funcionais dos espaços urbanos quanto as suas dimensões simbólicas e afetivas.

## Referências

BÖHME, Gernot. The art of the stage set as a paradigm for an aesthetics of atmospheres. *Ambiances,* Grenoble, p. 1-9, 2013.

BRASIL, Giselly. *Paisagens Frágeis, um estudo sobre condições espaciais e instalativas em procedimentos do coreógrafo William Forsythe.* Tese (Doutorado em Artes) – Escola de Comunicação e Artes, Universidade de São Paulo, São Paulo, 2016.

DEBORD, Guy. Introduction à une critique de la géographie urbaine. *Les lèvres nues*, Bruxelas, n. 6, set. 1955.

DEBORD, Guy. *A sociedade do espetáculo.* Rio de Janeiro: Contraponto, 1997.

FURTADO, Renato G.; PEREIRA, Vinícius A. Experiência cinética urbana e atmosferas afetivas. *Asas da Palavra*, Belém, v. 20, p. 180-201, 2023.

GONÇALVES, Glauco R. A deriva e a psicogeografia e suas possibilidades para os trabalhos de campo em Geografia Urbana. *Ateliê Geográfico*, Goiânia, v. 13, n. 3, p. 100-111, dez. 2019.

GRIFFERO, Tonino. Is There Such a Thing as an "Atmospheric Turn"? Instead of an Introduction. *In*: GRIFFERO, Tonino; TEDESCHINI, Marco (ed.). *Atmosphere and Aesthetics*: A plural perspective. Londres: Palgrave Macmillan, 2019, p. 11-62.

LEFEBVRE, Henri. *Rhythmanalysis*: Space, Time and Everyday Life. Nova Iorque: Continuum, 2004.

PEREIRA, Vinícius A.; FURTADO, Renato G.; LUCAS, Cássio de B.; MENINI, Thiago. Sons inaudíveis das cidades musicais (in)visíveis. *In*: HERSCHMANN, Micael; FERNANDES, Cíntia S.; JANOTTI JUNIOR, Jeder; CARDOSO FILHO, Jorge; PEREIRA, Simone Luci (org.). *Cidades Musicais (In)visíveis.* Porto Alegre: Sulina, 2024, v. 2, p. 183-200.

SCHROER, Sara A.; SCHMITT, Susanne B. Introduction: Thinking through atmospheres. *In*: SCHROER, Sara A.; SCHMITT, Susanne B. (ed.). *Exploring Atmospheres Ethnographically*. Londres: Routledge, 2018, p. 1-11.

SUMARTOJO, Shanti; PINK, Sarah. *Atmospheres and the Experiential World:* Theory and Methods. Londres & Nova Iorque: Routledge, 2019.

WOOD, Denis. Lynch Debord: About Two Psychogeographies. *Cartographica*, Toronto, v. 45, n. 3, p. 185-200, 2010.

# No meio do caminho: "espaciações" de artistas de rua no Rio de Janeiro

DOI: 10.29327/5568666.1-6

Danielle Marcia H. de Lacerda da Gama

Este artigo é um recorte de reflexões da investigação de tese em andamento em que venho buscando cartografar percursos e performances de artistas de música e de poesia que se apresentam em espaços públicos no Rio de Janeiro, com o objetivo de discutir disposições espaciais-afetivas da cidade. Considera-se aqui que práticas artísticas sonoro-musicais de rua constituem manifestações por vezes diminutas, mas vigorosas, que promovem maneiras de se comunicar a/na cidade, conferindo-lhe sentidos outros através de experiências compartilhadas e sensíveis, podendo ser compreendidas, assim, como "força movente" (Herschmann; Fernandes, 2023) na urbe. Desse modo, a música e a poesia praticadas nas ruas ocupam importante papel de mediadoras tanto ao tensionar modos possíveis de ocupação do espaço como através das socialidades e visibilidades que engajam, configurando experiências comunicacionais, no sentido que nos remete a noção de Sodré (2014, p. 11), da comunicação como organização de "partes dispersas", colocando algo "em comum".

Ao mesmo tempo, venho compreendendo as intervenções desses sujeitos como expressões sensíveis de sua experiência e imaginários nos espaços vividos da urbe, considerando o artista-habitante, sujeito da pesquisa, como "expert ordinário de seu lugar de vida" (Thibaud, 2013, p. 19, tradução nossa). Desse modo, considerando que suas performances vão sendo construídas ao longo de seus caminhos, também pelo que comunicam com a cidade, apoio-me nas errâncias urbanas, conforme Careri (2017), como operadores metodológicos e reflexivos voltados às trajetórias e produções desses atores nos espaços.

Dentro de um campo muito vasto e de definições muito complexas como o da arte de rua, após derivas em diversas atividades e espaços realizei um recorte de campo que se estabeleceu, em especial, em observações e entrevistas com artistas músicos de rock autoral, poetas de batalhas de poesia (*slam*) e musicistas de fanfarras femininas que se apresentam em espaços públicos. Importante dizer que esses não configuram estudos de caso, mas sim são sujeitos que despertaram reflexões desde o início da pesquisa[23], pela qual tenciono refletir sobre essas performances artísticas para além do momento da presença dos artistas com o público, e enquanto informadas pelo corpo de seus atores, ou seja: desejando pensar de onde elas partem e o que agenciam na cidade. Por tal perspectiva, pareceu-me possível pensar nas práticas desses atores a partir da noção de a(r)tivismos urbanos (Fernandes *et al.*, 2022), entendidas como práticas artísticas e culturais de re-existência, que não se limitam a uma dimensão política ou a sua natureza artística.

Aliadas ao pensamento surgido com essas derivas na cidade do Rio de Janeiro, estão as reflexões surgidas durante o período de estágio doutoral realizado em Montpellier, na França, ao longo de 2024. Lá, embora sob outras configurações socioespaciais, pude expandir reflexões advindas da teoria-prática quanto a percursos artísticos que per-fazem a cidade. Foi possível observar em Montpellier um uso vibrante da rua, ilustrado pela ocupação diuturna dos *terraces* de restaurantes, bares ou cafés e pela realização de festividades regulares em ruas ou parques públicos, além do acontecimento comum de manifestações sociopolíticas diversas (as *manifs*). Nesse contexto, incluem-se cenários diversos de intervenções musicais, como o de artistas que tocam nas praças próximas aos bares e cafés mais movimentados, apresentando-se em troca de contribuições no "chapéu"; de coletivos artísticos que promovem reflexões e ações nos territórios, inclusive nos chamados bairros *prioritaires* ou *défavorisés*, e de eventos promovidos por grupos culturais locais, apoiados por patrocínios ou editais públicos, que incluem a deambulação festiva pelas ruas com instrumentos musicais, cartazes, fantasias ou danças. Tais práticas e a observação de suas ambiências, ao longo do período de estágio, foram fortalecendo o pensamento central desta pesquisa,

[23] Em 2022, num período em que a cidade ainda se recuperava dos efeitos sociais e econômicos das imposições sanitárias da pandemia de covid-19. Nesse momento, a cena da arte de rua no Rio de Janeiro encontrava-se muito modificada em relação aos anos anteriores à crise e ainda não se sabia de que modo as atuações em espaços públicos iriam ser retomadas, recuperadas ou reinventadas.

em torno de performances artísticas que se compõem ao longo de trajetos de atores e públicos nas ruas.

Interessante, nesse ponto, pensar na proposição que faz Augoyard (2008, p. 26, tradução nossa) ao discutir a imagem do vento, muito usada como metáfora em discussões no campo das ambiências. O autor argumenta que, mais que sobre o vento ("*le vent*") se poderia dizer nesse contexto dos ventosos ou daquilo "que venta" ("*les venteux*"), entendido como "coalescência em movimento" entre um dado físico, nosso sentir em situação e o tipo de emoção encarnada nessa fusão – e que envolve a alteridade, seja em sua presença marcante ou sob a forma cultural. Nesse sentido, o autor propõe pensar uma "configuração ativa" das ambiências, retribuindo, entre outros aspectos, um "valor fundamental à temporalidade e ao ritmo" (Augoyard, 2008, p. 33, tradução nossa). Trago essa noção em diálogo com o pensamento de Careri, para quem a primeira ação à qual pode ser referido o nascimento da paisagem e das artes que se ocupam de sua transformação é algo que remete ao verbo alemão *spazieren,* que se traduz como "espaciar" ou "produzir espaço caminhando" (Careri, 2017, p. 126). Ainda, como afirma Thibaud (2013, p. 7, tradução nossa), a posta em ambiência ("*mise en ambiance*") supõe um conjunto de performances que atualizam recursos do espaço, defendendo, portanto, que "uma ambiência não é somente sentida mas também produzida", destacando nesse processo o elemento sonoro. Proponho, então, discutir as práticas sonoro-musicais aqui expostas em termos de um "espaciar" (Careri, 2017) que media outros mapas para a cidade, desde disposições espaciais-afetivas plurais.

Ressalto que tenho preferido, no lugar da palavra "configurações" (como dar forma, programar, ordenar, embora também remetendo a arranjo e composição), a palavra "disposições" (como arranjar, posicionar; estado de espírito, intencionalidade). Nesses movimentos, penso, artistas como os que venho seguindo carregam às suas performances um conhecimento-desejo nascido de seus percursos e experiências cotidianas na cidade (ou seja, suas performances estão sempre sendo criadas no meio de seus caminhos, por aquilo que a cidade lhes comunica). Ao mesmo tempo, é através de suas performances, no meio do caminho dos passantes, que elas buscam comunicar diferentes desejos e experiências de cidade. É a partir das reflexões e conversas advindas do trabalho de terreno, portanto, e dos aportes teóricos que os atores me inspiram a buscar que proponho discutir ambiências urbanas, nas dimensões de suas práticas, numa abordagem ativa e em movimento: pensando lugares não como pontos fixos, mas como caminhos, sentidos e fluxos, considera-se que tais performances de rua são informadas por diferentes trajetórias vividas na urbe, podendo entendê-las, assim, como gestos que fabulam imaginários diversos da cidade.

## Travessias e atravessamentos

Entre os diversos eventos de rua de que pude participar no período de estágio doutoral, está o Festival de Fanfarras, que acontece anualmente em Montpellier, demandando o fechamento de ruas entre dois bairros próximos ao centro histórico da cidade. Assim, saí para esse trabalho de campo já na manhã da sexta-feira, sendo que o ápice do evento acontece no sábado à noite com a apresentação de fanfarras por diversos pontos do perímetro, a fim de passar pelos locais onde se davam os preparativos para a festa, e "escutar" sua ambiência "em construção" ou, em tradução livre, sua "ambiência em se fazendo" (no original, "*ambiance en train de se faire*") (Thibaud, 2013, p. 7, tradução nossa). Embora as ruas, residenciais, ainda estivessem calmas e vazias, elementos do mobiliário urbano eram usados para anunciar que ali em breve haveria uma festa: junto às placas de orientação costumeiras – "Pare", "Vire à esquerda", "Rua Lunaret" – cartazes anunciavam o fechamento de ruas, enquanto postes, muros e cercas exibiam mapas e horários com as apresentações. Já no sábado ao longo do dia, as ruas e fachadas passavam a contar com decorações: desenhos pendurados em janelas e grades de casas ilustravam músicos e instrumentos de sopro; pequenos adereços (como vasos de flor contendo notas musicais em plástico) e objetos coloridos (como boias de flamingos) enfeitavam muros e calçadas; varais atravessavam ruas com bandeirinhas e notas musicais. Pude ver mais de um carro sendo guinchado por estar estacionado na área que havia sido fechada para a festa: a prioridade ali passava a ser sua ocupação pelos "fanfarrões", nessa cidade sobreposta que ia surgindo às vistas dos passantes.

Logo que as apresentações começaram, em torno das 16 horas, a praça foi ficando muito cheia, como se o som dos sopros fizesse uma convocação.

As performances musicais se davam em duas "cenas", ou dois pequenos palcos, posicionados em laterais da praça. Assim, enquanto um grupo tocava aqui, outro já subia e se preparava ali, e a cada nova apresentação devíamos nos virar para assistir. Cada fanfarra tocava cerca de 4 músicas de seu repertório, para que o público pudesse escolher quais gostaria de acompanhar durante a noite festiva, que começaria às 19 horas e iria até a 1 hora da manhã, espalhando-se por todo o perímetro. Assim, quando as apresentações terminaram e se deu a dispersão, ao entardecer, as pessoas saíram animadas andando por todos os lados, algumas parando para conferir os mapas e programas fixados nos postes à procura das fanfarras que queriam acompanhar – em deambulações guiadas pelos sons e ritmos dos sopros e percussões.

**Figura 1.** Festival de Fanfarras de Montpellier, 2024.

Fonte: acervo da autora.

Travando uma reflexão sobre as possibilidades de trocas e ocupações do espaço público em um festival de fanfarras que acontece no Brasil como em outras partes do mundo, o festival Honk! de Fanfarras Ativistas, Moreaux (2019, p. 52) aponta, citando a fala de um músico por ele entrevistado, nomeado como C., que a performance musical de rua não se resume às ondas sonoras que chegam ao público, mas sim "[...] envolve todas as experiências que constroem o show". Assim, ao compreender esses gestos e movimentos nas ruas levados pelas sonoridades das fanfarras como "espaciações" – com base em Careri (2017), ou seja, como produções de espaço caminhando –, é possível avizinhar-se do que afirma Griffero (2022) sobre o caminhar como parte do que gera a atmosfera de uma cidade, e ao qual "[...] se seguiria um processo, esperançosamente subversivo de apropriação topográfica" (Griffero, 2022, p. 176).

Nesse sentido pode-se pensar em um deslocamento de coisas que atrai as pessoas a uma certa "territorialidade lúdica" (La Rocca, 2022, p. 412) que representa na prática uma partilha de afetos e o desejo de participar de algo juntos. Conforme depoimento do guitarrista Rafael, da banda Mr. Severin, que atua há alguns anos nas ruas cariocas tocando rock e blues autoral: "O que é mais interessante é [que] muita gente que para e vê a gente tocando na rua é uma galera que nunca pagaria, sei lá, 15 reais pra ir num show de rock [...] mas ela vê acontecendo na rua e ela para lá e ela fala 'maneiro isso'"[24]. Para isso, é importante para os músicos de rua encontrarem espaços onde possam criar suas performances a partir de um diálogo com a ambiência do lugar. Também no trabalho de campo que venho efetuando no Rio de Janeiro, Wagner José, músico da banda de rock autoral Wagner José e seu Bando, contou que, enquanto ele atravessa lugares da cidade para seus próprios afazeres, ele está sempre imaginando "onde será interessante tocar?", ou seja, onde ele pode "conversar" com aquilo que já acontece no lugar[25].

Nesses gestos urbanos vigora uma vontade de escapar ao que é programado ou evidente na urbe. É possível assinalar, assim, que o desejo do músico de tocar seu som autoral de modo mais independente, que é um dos

[24] Entrevista realizada pela autora em julho de 2023.
[25] Entrevista realizada pela autora em julho de 2023.

motivos apontados por eles para apresentarem-se nas ruas, *faz-com* o desejo de passantes de participar de uma partilha efêmera, um espaço-tempo em que, ali na rua, podem cantar, dançar, mover-se outramente em seus lugares cotidianos. Nessa moldura, portanto, ocupar espaço na cidade não se trata apenas de tomar uma posição, mas de traçar fios – sempre em relação a outros tantos fios – como em aventuras dos corpos em tramas.

**Figura 2.** Passante se integra ao Bando de Wagner José em apresentação em frente ao metrô do Estácio.

Fonte: acervo da autora.

Por extensão, é possível pensar tais percursos – aventuras em relação a corpos e espaços, tensionando em que lugares pode-se fazer que coisas – também quanto às direções que lhes são designadas ou permitidas na programação urbana – algo como "que pessoas devem estar em que lugares fazendo que coisas em que partes do dia...". Nesse sentido, em um segundo eixo da pesquisa de campo, tenho acompanhado as práticas culturais de jovens artistas de rua envolvidos em batalhas de poesia, de cujas trajetórias faz parte atravessar a cidade em seu cotidiano para estudar, trabalhar ou passear sofrendo diversas discriminações e violências por serem, em grande parte, sujeitos minorizados – pessoas LGBTQIAPN+, negras e/ou moradoras de regiões periféricas e comunidades. No entanto, esses jovens re-fazem seus percursos urbanos a partir dos circuitos culturais que envolvem eventos de *slam*, batalhas de rima, de rap, dos quais participam transitando por diversas partes da cidade. Não sendo pertencentes a uma classe social ou economicamente privilegiada, esses poetas atravessam – e produzem – multiterritorialidades (Haesbaert, 2005) na cidade, revertendo caminhos geográficos ou subjetivos: da obrigação de se deslocar, imposta aos jovens dos bairros populares, para as áreas centrais para trabalhar, ao direito de se deslocar para atividades recreativas, artísticas, culturais e ativistas; de uma divisão social do trabalho – que determina quem pode fazer o quê, que tipo de trabalho é atribuído a quem, em uma hierarquia social mais ou menos fixa – ao trabalho na arte, na produção cultural, na produção estética e na experiência urbana por meio da performance, subvertendo, de certa forma, os padrões de circulação planejados para a cidade.

**Figura 3.** Jovens reunidos em praça no centro do Rio em uma batalha de poesias.

Fonte: acervo da autora.

**Figura 4.** Cortejo do Bloco Mulheres Rodadas no Carnaval de rua do Rio, 2024.

Fonte: acervo da autora.

Em outra forma de caminhar, trago à baila os cortejos realizados por fanfarras de mulheres, em especial, durante o carnaval, mas também em outros eventos ao longo do ano, como as Calcinhas Bélicas, Bloconcé e as Mulheres Rodadas. Junto com seus públicos de foliãs, as artistas desses blocos cantam e dançam pelas ruas tensionando maneiras como o corpo da mulher pode ser visto no espaço público. Nesse sentido, é preciso ressaltar que, embora a participação das mulheres em atividades entendidas como "produtivas" tenha há um longo tempo "liberado" corpos femininos e mesmo exigido deles que se movimentem pela cidade, ainda não são nem de longe garantidos às mulheres os mesmos espaços de participação e decisão sobre a urbe. A presença da mulher no espaço público, assim, é entendida como passível de limites e fronteiras estabelecidas e vigiadas constantemente. Nesse espaço se enfatiza a incidência do poder masculino e patriarcal para além do núcleo familiar, vez que a produção oficial da cidade é realizada predominantemente por sujeitos masculinos (entre eles, os que votam leis, os que policiam a cidade e os que arquitetam seu urbanismo), refletindo-se em diferentes graus de acesso e impondo às mulheres limitações em suas oportunidades de vida por via de circulações, experiências e existências mais restritas na urbe.

Em tal contexto são relevantes ações e performances artísticas que questionam esses limites e lugares "de mulher", como é o caso das atuadas pelos blocos e fanfarras femininas de rua. Em suas performances e percursos urbanos, assim, as sujeitas envolvidas nesses cortejos – não apenas as artistas mas as foliãs que os acompanham – dispõem na rua seus corpos em ato dialogando com discursos e valores sociais, políticos, econômicos que comunicam outras imagens para a presença da mulher no espaço público.

Pode-se considerar, assim, que movimentos como os trazidos aqui, ao fazer coisas visíveis, de outros modos ou sob outras relações com os espaços, promovem deslocamentos que comunicam miúdas com-fabulações da cidade. Mais além, pensando performances sonoro-musicais nas ruas como práticas realizadoras do espaço, entendo-as também como constituídas pelos deslocamentos desses atores na urbe, já que os sujeitos, com seus desejos, causas e caminhos, vivem e também sonham os lugares. Nessas práticas, vige algo para além de uma encenação ou figuração, que se trata da dimensão da presença: o estar-lá desses atores que permite veicular perspectivas mais diversas da cidade. Essa presença, que estou entendendo, como nas palavras de Mons (2023, p. 206), como um "*dasein* deslocado", remete à ideia de devires e de coisas que se fazem ao longo dos caminhos, num pensamento de passagem.

Retomando Augoyard, o autor também fala que a expressão habitante (em sua análise referindo-se a narrativas orais, aplicada aqui à expressão artística performática) pode apresentar-se na forma de uma sucessão espaço-temporal – com um passo seguido de outro, com aspectos de apropriação espacial vistos em separado – ou num movimento de "envelopamento" ou "constrição" no qual "os elementos desenvolvidos no movimento precedente se convocam mutuamente", assim, o imaginário sendo convocado no "aqui e agora vividos" (Augoyard, 1979, p. 176, tradução nossa). Ainda, segundo termos do autor (Augoyard, 2008, p. 26, tradução nossa), opera-se aí uma "coalescência", ou seja, aderência dos diversos componentes – físicos, subjetivos, coletivos – à ambiência. É possível travar a questão, portanto, em diálogo com Mons ao tratar de criações artísticas e estéticas contemporâneas realizadas em espaços públicos, quando este destaca, nas ambiências das ruas, fenômenos como o fluxo, o fugaz e a instalação de coisas em "intervalos que abrem o real como em um texto poético" (Mons, 2023, p. 93, tradução nossa). Nesse sentido, o autor fala de um "contexto comunicacional de movimentos de corpos e coisas passageiras" que resultam em zonas de devir – este que, para Mons, fundamentado numa perspectiva deleuziana, não se refere necessariamente a um tempo a vir, mas a "zonas de metamorfoses que não têm um tempo determinado, original ou futuro" (Mons, 2023, p. 57, tradução nossa). Assim, para o autor, num movimento que propõe como de "volutas moventes" – no original, "*volutes mouvants*" (Mons, 2023, p. 106, tradução nossa) –, ou seja, como de espirais em movimento, intervenções como estas propõem experiências de outros sensíveis na urbe. É a partir da presença de seus sujeitos no aqui e agora, mas também em suas correspondências imaginárias (eu diria, suas fabulações), que essas práticas podem tomar caminhos, nos termos de Mons, inesperados e ancestrais, arcaicos e emergentes.

Importante destacar, no entanto, que os espaços assim entendidos em constante movimento e câmbio encontram-se, também, em permanente disputa por múltiplos desejos, causas e vontades de vida que os modalizam – em espaciações, improvisações que constituem as mais diversas conotações dos lugares. Recuperando a ideia de disposições espaciais-afetivas, fabular lugares passa por um emaranhado de caminhos em movimentos e atravessamentos, das programações às improvisações e "espaciações", como estou explorando aqui, diversas, que não vigem sempre em concordância, mas em convivências, conivências ou francos confrontos. Um lugar, portanto, em vez de pensado como um ponto fixo, trata-se sempre de um lugar *no caminho* – ou melhor, um lugar é um lugar no meio de caminhos.

Nessa direção, Thibaud e Thomas, citando o filósofo Jean-Luc Nancy, afirmam que atualmente "o mundo nos convida a não mais pensar pelo registro do fenômeno, mas sim pelo da dis-posição (espaçamento, toque, contato, percurso)" (Nancy, 1993 *apud* Thibaud; Thomas, 2004, p. 5). Embora os autores falem de fluxos e percursos muito voltando-se à velocidade dos movimentos e transportes atuais, cabe também voltar-se aos próprios fluxos e intencionalidades mais telúricos e lentos que se dispõem cotidianamente na urbe, em pequenas disputas, encontros e conversas de corpos-espaço que contam histórias ao mesmo tempo em que as fabulam. A geógrafa Doreen Massey (2005) propõe o neologismo bastante interessante de "throwntogetherness", algo como o fato de se estar atirado todos juntos no espaço da cidade, em um "encontro de trajetórias" (no original, "*coming together of trajectories*") que gera novas trajetórias e configurações. A autora argumenta que, nesse sentido, o lugar é, também, um evento.

> Reconceptualizar o lugar dessa forma coloca na agenda um conjunto diferente de questões políticas. [...] Em um contraste acentuado com a visão do lugar como estabelecido e pré-dado, com uma coerência apenas perturbada por forças "externas", os lugares como apresentados aqui em um sentido precisam ser inventados; eles propõem um desafio. Eles nos implicam, por força, nas vidas de outros humanos, e em nossas relações com não humanos eles nos questionam como devemos responder a nossos encontros temporários com essas rochas e pedras e árvores específicas (Massey, 2005, p. 141, tradução nossa).

Nas práticas seguidas nesta pesquisa, há em comum o som e a música como eixo comunicante dessas experiências desejosas de cidade. É a partir dos percursos de artistas que promovem tais performances e dos públicos que delas participam que pode se observar uma fabulação de espaços que é tecida coletivamente e para a qual diversos elementos concorrem – contando-se inclusive com aqueles que contrariam a ambiência artística em questão, evocando dela outros movimentos a fim de persistir. Nesse sentido, retomando a imagem capturada no cortejo das Mulheres Rodadas (Figura 4), uma das pernaltas do bloco trazia no peito a inscrição "Esperança equilibrista". É como se a artista nos lembrasse de que é preciso gingar com o corpo, o espaço e o tempo a fim de escapar e realizar outramente a urbe.

É, então, a partir de movimentos como esses, como "giros" fabulatórios que "ventam" na urbe, que artistas e públicos nas ruas incidem em espaço-tempos que, ainda que efêmeros, convocando outros que nela podem persistir. À pesquisa interessada nessas in(ter)venções, e aqui me inspirando totalmente nas fabulações de mundos que nos conta Haraway (2019), cabe "ir de visita" aos atores a fim de ouvir suas "histórias experimentais", em seus enredos, fios, movimentos e encontros. Como afirma, ainda, a autora: "O melro canta sua importância, os turdoides dançam seu brilhante prestígio, os contadores de histórias quebram a ordem estabelecida" (Haraway, 2019, p. 201, tradução nossa). Assim, num esforço por fazer aos atores novas indagações amáveis (Haraway, 2019) por caminhos vibrantes, ouvi-los contar e cantar suas cidades, pensando espaços públicos como lugares-fluxos por onde atravessam diferentes cidades desejadas por todos os "nós" que partilhamos desse mesmo espaço.

## Outras considerações a meio-caminho

Busquei aqui refletir sobre como as performances dos artistas poetas e músicos em espaços públicos que tenho seguido ao longo da investigação são encorporadas por suas experiências vividas na urbe, podendo ser compreendidas como gestos que tornam visíveis diferentes modos de a experimentar e imaginar. Incidem, desse modo, em suas intervenções efetuadas no meio do caminho dos passantes, investimentos de corpos como promotores de encontros potentes e que renovam suas possíveis "espaciações". Assim, se os usos e espaços da urbe são frequentemente determinados e planejados, tais artistas constroem situações que colocam algo outro em perspectiva, convocando outras formas de estar na cidade.

Tais potências podem ser pensadas como desejos de celebrar a cidade, mas em toda intimidade com um desejo de transformá-la, de habitá-la e exprimi-la outramente. Assim, podemos olhar para as práticas desses atores, tornando coisas visíveis, fazendo coisas de outros modos ou dentro de outras relações, como caminhos que com-fabulam a urbe. Considerando que os espaços urbanos necessitam ser cada vez mais pensados em torno de seus usos dissensuais em termos de negociações e alianças, discutir lugares como trajetos e encontros é o caminho que toma essa pesquisa na cidade, que aposta nas diversas cidades que nela podem coexistir.

## Referências

AUGOYARD, Jean-François. *Pas à pas*: essai sur le cheminement quotidien en milieu urbain. Bernin: À la Croisée, 1979.

AUGOYARD, Jean-François. Faire une ambiance? Conférence inaugurale. *In*: *Faire une ambiance*: actes du colloque international, 10-12, Grenoble, septembre 2008, p. 17-35. Disponível em: https://hal.science/hal-00993645. Acesso em: 26 nov. 2024.

CARERI, Francesco. *Caminhar e parar*. São Paulo: G. Gili, 2017.

FERNANDES, Cíntia S.; HERSCHMANN, Micael; ROCHA, Rose de M.; PEREIRA, Simone L. (org.) (2022). *A(r)tivismos urbanos*: (Sobre)vivendo em tempos de urgências. Porto Alegre: Sulina.

GRIFFERO, Tonino. A "pele" atmosférica da cidade. Trad. Ethel Pinheiro Santana. *Revista Thésis*, Rio de Janeiro, v. 7, n. 13, p. 173-190, out. 2022. Disponível em: https://thesis.anparq.org.br/revista-thesis/article/view/361. Acesso em: 26 nov. 2024.

HAESBAERT, Rogerio. Da desterritorialização à multiterritorialidade. *In*: ENCONTRO DE GEÓGRAFOS DA AMÉRICA LATINA, 10, 2005, São Paulo. Anais [...]. p. 6774-6792. Disponível em: http://www.observatoriogeograficoamericalatina.org.mx/egal10/Teoriaymetodo/Conceptuales/19.pdf. Acesso em: 16 jan. 2024.

HARAWAY, Donna. *Seguir con el problema*. Bilbao: Consonni, 2019.

HERSCHMANN, Micael; FERNANDES, Cíntia S. *A força movente da música*. Porto Alegre: Sulina, 2023.

LA ROCCA, Fabio. Formas de criatividade culturais: uma leitura estética das ambiências e atmosferas urbanas. *In*: FERNANDES, Cíntia S.; HERSCHMANN, Micael; ROCHA, Rose de M.; PEREIRA, Simone L. *Artivismos urbanos*: [sobre]vivendo em tempos de urgência. Porto Alegre: Sulina, 2022. p. 405-422.

MASSEY, Doreen. *For space*. Londres: Sage Publications, 2005.

MONS, Alain. *L'étendue du trouble*: créations contemporaines. Quebec: Liber, 2023.

MOREAUX, Michel. Performance e Música: Possibilidades de trocas afetivas e de ocupação do espaço público no festival ativista de fanfarras HONK! Rio 2018. *Espaço e Cultura*, Rio de Janeiro, 45, jan./jun. 2019. p. 43-60. Disponível em: https://www.e-publicacoes.uerj.br/espacoecultura/article/view/48569. Acesso em: 26 nov. 2024.

SODRÉ, Muniz. A comunicação não é um sistema de linguagem, e sim um sistema de organização do comum. [Entrevista concedida a] Coutinho, Eduardo *et al*. *Ecopós*, Rio de Janeiro, v. 17, 2014, n. 3. p. 1-12. Disponível em: https://revistaecopos.eco.ufrj.br/eco_pos/article/view/1773/pdf_55. Acesso em: 10 set. 2023.

THIBAUD, Jean-Paul; THOMAS, Rachel. L'ambiance comme expression de la vie urbaine. *Cosmopolitiques*, n. 7, 2004, p. 102-113. Disponível em: https://hal.science/hal-01560039/document. Acesso em: dez. 2024.

THIBAUD, Jean-Paul. Donner le ton aux territoires. *In*: COLON, Paul-Louis. *Ethnographier les sens*. Paris: Editions Petra, 2013. p. 235-255. Disponível em: https://hal.science/hal-00995503. Acesso em: 19 jun. 2023.

# Ambiências carnartivistas na cidade

DOI: 10.29327/5568666.1-7

Cíntia Sanmartin Fernandes;
Micael Herschmann

## Dinâmicas de ressignificação das paisagens e ambiências urbanas

Evidentemente, as ambiências urbanas dinamizam-se intensamente, construindo um palimpsesto, "uma paisagem de mil folhas" (Luchiari, 2001, p. 23), acentuando a percepção do transeunte sobre o caráter efêmero e transitório de tudo que ocorre na cidade. Essa condição recorrentemente coloca em cena o imbricamento de múltiplas experiências, ritmos e tonalidades que produzem e atualizam permanentemente o espaço societal (La Rocca, 2018). Trilhando nessa direção, em vez de construir um retrato estático e esquemático de uma paisagem ou ambiência citadina específica, temos buscado rastrear os atores humanos e não humanos – ao corpografar a cidade com a intenção de dar a ver as múltiplas "cartografias das controvérsias" musicais nas urbes – pesquisando as diferentes situações a partir da perspectiva da Teoria Ator Rede (Latour, 2012), no intuito de identificar, a partir das interações sensíveis, os deslocamentos dessas ambiências, as sobreposições e as tensões que se manifestam recorrentemente nas localidades estudadas.

Nos últimos quinze anos, temos nos debruçado especialmente sobre as experiências de agenciamento da música na urbe, sobretudo aquelas concretizadas nas ruas, as quais nem sempre são bem compreendidas, apoiadas ou mesmo valorizadas pelo imaginário urbano predominante e espetacularizado. Ao longo desses anos, seguimos com o nosso ofício de pesquisa, procurando compreender a importância das atividades musicais realizadas ao vivo e nos espaços públicos, privados e híbridos por artistas, coletivos e/ou redes sociais – seja na forma de concertos, blocos, rodas ou festas – que possibilitam a ressignificação de espaços, ritmos e imaginários no Rio de Janeiro. Isto é, temos procurado avaliar a capacidade dessas iniciativas festivas em contribuir direta e indiretamente para converter os territórios citadinos em espaços mais inclusivos e democráticos, mais porosos e abertos às diversas experiências e práticas existenciais, especificamente àquelas relacionadas a corpos dissensuais. Partimos do pressuposto de que há uma cultura musical local potente, praticada por diversos atores (a grande maioria deles engajada) e que é capaz de criar condições não só para a ampliação da sociabilidade, mas também para a ressignificação inovadora dos espaços da cidade, engendrando múltiplas e potentes ambiências no Rio de Janeiro.[26]

Consequentemente, no desenvolvimento de nossa pesquisa nos aproximamos de autores que empregam a noção de ambiência, atmosfera e paisagem a fim de compreender e melhor apreender o *Stimmung* (Simmel, 2009), as tonalidades e afecções dos espaços pesquisados. Seguindo na esteira simmeliana, sublinhamos que, para a paisagem, é fundamental:

> [...] a demarcação, o ser-abarcado em um horizonte momentâneo ou duradouro; a sua base material ou os seus fragmentos singulares podem, sem mais, surgir como natureza, mas apresentada como 'paisagem' exige um ser-para-si talvez óptico, talvez estético, talvez atmosférico (*Stimmung*), um esquivar-se singular e característico a essa unidade impartível da natureza [...] A paisagem nasce quando no solo uma ampla dispersão de fenômenos naturais converge para um tipo particular de unidade [...] O suporte mais relevante desta unidade é, sem dúvida, o que se rotula de *Stimmung* da paisagem, ou disposição anímica. Pois assim como por disposição anímica de um homem entendemos o elemento unitário que coloca constantemente ou só no momento presente a totalidade dos seus conteúdos psíquicos singulares, em si mesmo nada de individual [...] assim também a *Stimmung* da paisagem penetra todos os seus elementos particulares, sem que, muitas vezes nela se consiga fazer sobressair um só (Simmel, 2009, p. 14).

Assim, a partir dessas ponderações propostas por Simmel, amalgamamos a noção de paisagem com outras duas perspectivas contemporâneas que nos subsidiam a refletir sobre as práticas artísticas festivas e sobre as formas que têm se territorializado na cidade. A primeira proposta por

[26] Para mais informações e detalhes sobre as pesquisas que vêm sendo realizadas pelos autores nos últimos quinze anos, recomendamos conferir a seguinte bibliografia: Herschmann; Fernandes, 2014; Fernandes *et al.*, 2022; Herschmann; Fernandes, 2023; Herschmann *et al.*, 2024.

Careri (2013, p. 28), autor que postula que a paisagem seria "a ação de transformação simbólica" do espaço antrópico, para além da física. E a segunda, na linha do que é sugerido por Rancière (2020): como um espaço indeterminado, aberto a outras configurações, o qual pode ser repensado como uma textura da experiência estética que (re)define a partilha sensível de comunidades.

No que diz respeito às noções de ambiências e atmosfera, essas proposições nos auxiliam repensá-las a partir das materialidades e imaterialidades enquanto um modo importante de ação e de transformação urbana (Thibaud, 2002, 2015), isto é, permite-nos reavaliar desse modo os espaços urbanos a partir de suas sonoridades: situações nas quais o fenômeno acústico é convertido em *medium* do modo de existência e conformação desses espaços. Ou seja, erigindo o que denominamos em nosso trabalho uma "força movente" que permite construir territorialidades sônico-musicais potentes nos territórios (Herschmann; Fernandes, 2014, 2023).

Portanto, o que tem nos interessado especialmente nas nossas investigações é a intensidade dos afetos presentes nessas ambiências festivas, especialmente porque nelas têm se evidenciado importantes formas de engajamento e ativismos urbanos, os quais não se limitam às tensões e articulações potentes realizadas nas bolhas de simpatizantes, fãs e/ou *haters* da web (Baym, 2011). Ao rastrearmos as reagregações dos atores nessas festas em torno das quais gravitam músicas, sons, performances dançantes, percebemos que essas são fortemente vivenciadas como potentes e realizadoras (geradoras de relevantes experiências de êxtase e de intercâmbios socioculturais), podendo, por diversas vezes, nas territorialidades geradas ali, renovar-se e/ou colocar-se em xeque certos aspectos do *establishment*. De certa maneira tomamos como referência o encaminhamento conceitual proposto por Thibaud (que se inspira nas reflexões seminais de Simmel): segundo este autor, o poder conformador das ambiências se manifesta especialmente

> Na capacidade dessas ambiências permitirem o acesso ao mundo urbano, ao seu teor sensível e às suas nuances atmosféricas. De certa forma, uma ambiência filtra o que é perceptível e imperceptível, distribui o habitual e o incomum em termos de sensação,

> traça os pontos cegos da percepção, participa fundamentalmente do compartilhamento do sensível. Em suma, se há transformação da nossa sensibilidade, então nós devemos ser capazes de encontrar vestígios nas ambiências que nos habitam no dia a dia (Thibaud, 2002, p. 7).

Abraçando o campo das cotidianidades e suas ambiências como perspectiva fundamental para compreender as experiências sensíveis na cidade, temos pesquisado as cenas festivas musicais urbanas, pois identificamos nessas inúmeras situações em que as corporeidades e narrativas dos participantes indicam deslocamentos e ressignificações que vêm tensionando com os discursos conservadores (que abordam temas relevantes como orientação sexual, raça e gênero), os quais alicerçam a ordem social vigente no país. Ao longo dos últimos anos, nas pesquisas de campo realizadas nas ruas do Rio de Janeiro, chama-nos particularmente a atenção o fato de que diversos corpos oriundos das minorias precarizadas seguem em aliança (Butler, 2018), seguem promovendo ressignificações políticas significativas, desencadeadas especialmente a partir de suas práticas culturais e/ou performances realizadas em microeventos, festas e rodas urbanas.

Essas performances ou "coreopolíticas"[27] (Lepecki, 2011), de perfil dissensual[28], construídas nessas festas vêm desestabilizando a lógica binária forjada pelos discursos e narrativas modernas. Nesse sentido, algumas festas podem se constituir em "espaços sociais relevantes de transgressão" (Duvig-

[27] Conforme assinala Lepecki, "são múltiplas as formações do coreográfico. E elas se expandem bem além do campo restrito da dança. Para mim, tal ex-pansão do campo coreográfico tem uma consequência incontornável: o entendimento de dança como coreopolítica, uma atividade particular e imanente de ação cujo principal objeto é aquilo que Paul Carter intitulou no seu livro *The Lie of the Land* de "política do chão". Para Carter, a política do chão não é mais do que isto: um atentar agudo às particularidades físicas de todos os elementos de uma situação, sabendo que essas particularidades se co-formatam num plano de composição entre corpo e chão chamado história. Ou seja, no nosso caso, uma política coreográfica do chão atentaria à maneira como coreografias determinam os modos como danças fincam seus pés nos chãos que as sustentam; e como diferentes chãos sustentam diferentes danças transformando-as, mas também se transformando no processo. Nessa dialética infinita, uma co-ressonância co-constitutiva se estabelece entre danças e seus lugares; e entre lugares e suas danças. Com esses pensamentos, podemos finalmente entrar na coreo-política do concreto urbano" (Lepecki, 2011, p. 45).

[28] Empregamos essa noção cunhada por Rancière (2010) considerando o dissenso como um elemento relevante que fundiria a arte com a política. Essa conexão seria o âmago do regime estético e que, para nós, abre a possibilidade de reinvenções, de mudanças nas experiências sensíveis que se constituem processualmente nas interações entre os atores humanos e nãohumanos.

naud, 1983) – não apenas de perpetuação e legitimação das regras, valores e normas sociais de uma época – que afetam o imaginário e o cotidiano. Ou seja, para além da dimensão catártica (Bakthin, 2010) quase sempre presente nessas situações, as festas poderiam ser vivenciadas também como oportunidades de "contentamentos plenos" fruto da concretização de desejos, sonhos e fruições: portanto, possibilitaria momentos de crítica, ruptura e de subversão em relação aos padrões culturais estabelecidos.

## Corpografando as territorialidades construídas no CarnaLula

Com certa frequência nota-se que as festas que envolvem e invadem as ruas, agenciando músicas e danças, são fortemente investidas pelo imaginário do êxtase, de (re)tomada do espaço, do prazer, da interação, dos agrupamentos, podendo, por diversas vezes, renovar ou questionar os valores e imaginários vigentes. Essa foi uma das características marcantes do CarnaLula que tomou a orla de Copacabana na cidade do Rio de Janeiro (e espaços públicos de várias capitais do país) no segundo semestre de 2022. Essa festividade carnavalesca e "artivista"[29] (Fernandes *et al.*, 2022) constituiu-se em uma espécie de "resposta provocativa" aos anos de apropriação desse espaço pelas marchas militares e da extrema direita insufladas pelo governo Bolsonaro.

Ao longo de todo o ciclo daquele governo (de 2018 a 2022), Copacabana, localidade icônica da cidade e do país, foi convertida em uma espécie de palco central das manifestações antidemocráticas. Desde 2018, em quase todas as manhãs de domingo, o bairro era convertido em um cenário onde desfilavam e se propagavam todos os símbolos e anseios fascistas. Nessas manifestações eram recorrentes os discursos que glorificavam a ordem mo-

[29] Apesar da dificuldade em conceituar com precisão esse neologismo, o termo "artivismo" é de inegável relevância e está onipresente na cena midiática e em diferentes esferas do cotidiano, não só no Brasil, mas em diversas regiões do globo. Em uma época de forte polarização e precarização da vida social, essas iniciativas engajadas constituem-se, de certa maneira, em um *zeitgeist* que caracteriza o ambiente artístico-intelectual hoje. Em certo sentido, pode-se afirmar que o "artivismo" hoje transita pelas ambiências urbanas físicas e digitais, pelos campos políticos, artísticos, sociais e educacionais, questionando institucionalidades e cânones do mundo atual (Fernandes *et al.*, 2022).

ral cristã que passaram a pautar as políticas sociais e o cotidiano, utilizando o medo e o terror como forma de controle e intimidação social.

Pode-se dizer que o CarnaLula rompeu com a *climatologia* (Böhme; Thibaud, 2016) "frequência de medo" (Kiffer; Giorgi, 2019) ao propor uma espécie de *levante* (Didi-Huberman, 2017) "carnavalesco"; ou melhor, ao provocar uma manifestação política de perfil "carnartivista"[30] (Estevão, 2023) que ressignificou na ocasião algumas localidades do bairro de Copacabana.[31] A fim de compreender a dinâmica desse "levante", realizou-se uma pesquisa *corpográfica*, concretizada na ocasião por meio de interações com os atores na cidade, a qual não só colocou em destaque o caráter mutante dessas *ambiências carnartivistas*, mas também evidenciou a capacidade movente dessas celebrações, especialmente quando agenciam expressões musicais mais populares.

Desse modo, e tentando repensar aspectos relevantes desse levante, este texto foi dividido em duas partes. Na primeira, esclarecemos sucintamente o nosso percurso teórico-metodológico ao pesquisar essas ambiências e paisagens festivas urbanas. E, na segunda, problematizamos aspectos relacionados às experiências festivas carnavalescas realizadas na reta final da disputa eleitoral presidencial do país em 2022. Experiência representativa da força estética e ética progressista de esquerda que converteu essas festas em manifestações lúdicas e de luta. Em certo sentido, o corpo-festivo conseguiu colocar em circulação gestos de sublevação que empregavam a alegria e o riso como resposta política ao clima de medo reinante, convertendo-os em potentes elementos de expressão "transpolítica" (Susca, 2019).

---

[30] Estevão (2023) detecta a emergência crescente de um *artivismo* que incorpora inúmeros elementos da festa do carnaval – que podem ocorrer não necessariamente no período específico do calendário momesco (que cria cortejos carnavalescos fora de época e/ou mesmo que carnavaliza manifestações de todos os tipos e em diferentes intensidades) – muito presente nos espaços públicos de várias capitais do país, abordando temáticas que são relevantes não só para as minorias precarizadas, mas também para as forças mais progressistas do país. No caso da pesquisa empreendida por esta autora, ela analisa o agenciamento da festa de carnaval feito pelos coletivos feministas na cidade do Rio de janeiro. Parte-se do pressuposto de que, apesar de não ser propriamente inédito na história do país, é possível detectar um *carnartivismo* muito presente hoje e que foi acionado como conjunto de *táticas* e *astúcias* (De Certeau, 1995) no contexto difícil e polarizado das eleições presidenciais de 2022.

[31] Para compreender melhor o que representou sócio e politicamente a tomada das ruas com os cortejos do CarnaLula, conferir as matérias que saíram nos telejornais da época, como essa elaborada pela agência de notícias AFP e acessível no seguinte link: https://www.youtube.com/watch?v=6coTE6xOM78. Acesso em: 6 jan. 2025.

**Figura 1.** CarnaLula em Copacabana.

Fonte: acervo dos autores.

**Figura 2.** CarnaLula em Copacabana.

Fonte: acervo dos autores.

Salientamos ainda que consideramos o CarnaLula mais um estudo de caso de experiências culturais coletivas e políticas que têm sido investigadas por nós há vários anos na cidade do Rio de Janeiro (Herschmann; Fernandes, 2023). Inclusive, pode-se ressaltar que esta urbe é reconhecida internacionalmente como muito "acolhedora" – como tendo uma das melhores "vidas noturnas do globo"[32] – por conta das inúmeras "territorialidades sônico-musicais" (Herschmann; Fernandes, 2023), que são construídas ao longo do ano por diversas redes e coletivos artivistas atuantes na região.

## Ambiências festivas na cidade-arquipélago

Com o intuito de compreender melhor as dinâmicas do CarnaLula nos valemos da *corpografia*: empregamos como uma estratégia de pesquisa que considera que o tipo de experiência que os atores sociais desenvolvem nos espaços se inscreve e marca o corpo, de modo que a corporeidade se torna também lugar de investigação da cidade (Jacques, 2012). Evidentemente, para além da materialidade dos corpos – por onde podemos pensar os acontecimentos sociais –, considera-se aqui também a perspectiva imaterial/simbólica igualmente presente. O corpo é, assim, de maneira complexa: memória, desejo e subjetividade.

Nossa proposta na pesquisa cartográfica foi a de observar as interações da cidade, não somente como um aparato programado e planejado pelos urbanistas, mas também como um espaço de comunicabilidades dinâmicas que se dobram e desdobram infinitamente, construindo múltiplos espaços comunicantes onde se produzem articulações e tensões sociais. No caso da corpografia (Jacques, 2012) urbana, a aposta é o lugar central do corpo no processo de "grafia" da cidade, por onde se pode investigar o decisivo papel das políticas do corpo em realizar a leitura crítica da cidade. Chamamos a atenção ao fato de que esse corpo-pesquisador(a) não é

[32] Segundo a revista britânica *Time Out*, o Rio de Janeiro foi eleito como a cidade com a melhor vida noturna do mundo. Noticiado no Caderno Rio Show, *O Globo*, Rio de Janeiro, 16 ago. 2024. Disponível em: https://oglobo.globo.com/rioshow/noticia/2024/08/16/rio-de-janeiro-e-eleita-a-cidade-com-a-melhor-vida-noturna-do-mundo-veja-ranking.ghtml?fbclid=IwY2xjawH8ZTJleHRuA2FlbQIxMQABHd0Hm9awdkVGclJNw3LfV6xymtRLytFfcQFuHnjCqcI_AK20lKbL6D0wVA_aem_rI_t6p4fCrYpshXRG81EEw. Acesso em: 10 jan. 2025.

um corpo qualquer, é um corpo marcado por um saber-poder localizado. Assim, sem perder essa condição, compreendemos que o ato de "corpografar" os espaços das cidades comporta em si um movimento duplo: a) por um lado, constitui-se em uma prática de mapear as marcas dos corpos por toda a cidade tornando possível desenhar ou elaborar uma representação sensível desses corpos (traçando uma corpografia imaginária); b) mas, por outro lado, implica também uma prática de derivar ou flanar, a qual é em si um meio de corpografia do espaço (Fernandes, 2021).

Considerando a "cidade como arquipélago" (Martin-Barbero, 2004; Fernandes, 2020; Fernandes; Belart; Barroso, 2021) – ou seja, a cidade como "sistemas abertos e polimorfos" constituídos empiricamente por práticas cotidianas que sofrem interferências e incertezas do acaso das interações sociotécnicas e ambientais –, identificamos em nossas corpografias urbanas múltiplas e distintas performances sociais cujo élan comunicacional é movido pela música e por performances corporais intensas. As festas de rua na cidade do Rio de Janeiro têm sido percebidas e cartografadas por nós a partir das experiências sensíveis em que os efeitos da presença, do ambiente e do corpo em ação em miríades de performances nos indicam modos de se comunicar dos atores, os *ethos* dos grupos sociais implicados nesses espaços.

Durante a elaboração das diversas cartografias musicais realizadas pelas nossas equipes de pesquisa[33], identificamos que as interações dos atores em festa nas ruas da cidade fornecem subsídios para uma revisão das críticas que em geral são feitas à sociedade contemporânea espetacularizada e caracterizada pelo individualismo e pela alta visibilidade. Apresentam-se, assim, como sujeito de estudo relevante para os pesquisadores da área de sociologia do cotidiano e da comunicação, pois permitiriam que fossem avaliadas as

[33] Os grupos de pesquisa Comunicação, Arte e Cidade (CAC-FCS/UERJ) e Núcleo de Estudo e Pesquisas em Comunicação (NEPCOM-ECO/UFRJ) – em atividades de pesquisa conjunta – seguem "corpografando" experiências dos sons e músicas pelas cidades. A primeira cartografia (disponível em: http://www.cartografiamusicalderuadocentrodorio.com) foi realizada no centro da cidade do Rio de Janeiro, entre 2013 e 2014. Além disso, outra cartografia (disponível em: https://www.cartografiasmusicais.com.br), elaborada entre 2017 e 2024, contemplou as Cidades Musicais do Estado do Rio de Janeiro (Paraty, Rio das Ostras, Conservatória e Rio de Janeiro). Ambas cartografias – disponibilizadas ao público em plataformas digitais – valorizam as experiências corporais que gravitam em torno da música e das experiências sonoras e imaginárias que têm como fruto, em geral, situações de *détournement* e dissidências que foram capitaneadas pelos atores rastreados nessas localidades.

dinâmicas urbanas cotidianas menos visíveis, as quais muitas vezes constroem territorialidades potentes e transformadoras (Herschmann *et. al.*, 2024).

Portanto, ao considerar a cidade como *arquipélago*, nos distanciamos de sua concepção urbanística moderna. Nas nossas investigações temos procurado repensar as experiências festivas que possibilitam a construção de zonas urbanas vividas em geral em "homens lentos" (Santos, 2023) e tonalidades alteradas, as quais contaminam as ruas e os imaginários. Assim, as experiências festivas de rua são tratadas como um fenômeno urbano fundamental: não por acaso, há diversos autores que demarcam a festa como acontecimento fundamental para o nascimento da urbanidade (Lefebvre, 2001), pois o corpo, o tempo e o espaço são afetados pelo evento festivo, pelos diferentes ritmos que movem e alteram as ambiências citadinas. Em geral, o corpo se abre à vivência catártica e o tempo festivo corre lentamente. A rua não permanece tal como na rotina da vida cotidiana, pois a prática festiva altera as ambiências de modo não redundante. Essas formas plásticas de experimentar o espaço produzem ambiências festivas temporárias, podendo apresentar dimensões dissensuais da vida urbana em que o "aparecimento do corpo", como proposto por Arendt e Butler[34], move e aciona práticas políticas cotidianas distintas.

Considerando essas experiências sensíveis urbanas, partimos do pressuposto de que as ambiências construídas pela música, dança e arte podem conferir plasticidade a certos desacordos ao "modelo de paisagem" planificado e reproduzido pela estrutura de poder. Nesse sentido, as festas são espaços de congregação por onde variadas linguagens estéticas e dialogismos comunicacionais são materializados, e que muitas vezes interrompem ou colocam em segundo plano as dinâmicas funcionais da cidade erguendo outras "(micro)políticas do chão".

---

[34] Em alguns dos seus escritos, Butler (2018, 2019) segue desenvolvendo a ideia anteriormente apresentada por Arendt de que a política só acontece com o "aparecimento do corpo". Para essas autoras, as pessoas se fazem presentes e suas vozes são registradas, ampliando o escopo das demandas e desejos, pois um corpo que aparece é sempre em uma relação entre corpos.

## O corpo-festivo e político no contexto das eleições presidenciais de 2022

**Figura 3.** CarnaLula em Copacabana.

Fonte: acervo dos autores.

A esta altura vale sublinhar que o carnaval de rua carioca segue sendo espaço de diversas e múltiplas performances dissensuais em que o corpo-político e corpo-festivus se embaralham numa experiência “transpolítica” (Susca, 2019) na cidade. Com o fim da Ditadura Militar, por exemplo, os blocos de rua no âmbito dos bairros da cidade carioca renasceram de forma potente como expressões de uma espécie de resistência cultural popular (Marques, 2006). Mesmo durante o autoritarismo do governo Bolsonaro e as interdições médicas justificadas pelo agravamento da pandemia da covid-19, os blocos de carnaval seguiram sendo uma espécie de “polos aglutinadores de dissensualidades” [35], promovendo de maneira capilarizada coreopolíticas

[35] Além das perseguições feitas pelo governo Bolsonaro, poderiam ser mencionadas as frequentes “sabotagens” realizadas na mesma época pelo prefeito Marcelo Crivella ao Carnaval do Rio de Janeiro, motivadas por

(Lepecki, 2011), muitas vezes de maneira não oficial ou clandestina (Barroso, 2022). Assim, vivendo sob práticas de censura e repressão no Brasil, as expressões de ativismo musical buscaram de algum modo não só afirmar o seu "direito à cidade" (Lefebvre, 2001), mas principalmente denunciar as necropolíticas (Mbembe, 2018) e abjeções às "minorias precarizadas" (Butler, 2018) praticadas violentamente pelos grupos conservadores do país.

Desse modo, o CarnaLula, na orla de Copacabana em dois momentos da reta final do período de disputa eleitoral para a presidência do país – mais precisamente, em 23/10/22 e em 6/11/22 –, emerge como espaço de catarse e agregação dos corpos dissidentes, acolhimento das diversidades sexuais, de gênero, raciais e religiosas perseguidas ao longo dos últimos quatro anos de governo Bolsonaro. Ou seja, emerge como espaço político e festivo da diversidade, do desejo, da potência e das reinvenções cotidianas.

Consideramos que a análise do carnaval de rua contemporâneo está para além das dimensões apresentadas tanto no texto clássico de Bakhtin (2010) como em DaMatta (1979): ou seja, a festa carnavalesca é compreendida aqui como estando relacionada também a aspectos de renovação – tem um papel relevante em dar visibilidade a anseios populares de mudanças na ordem social estabelecida. Nesse sentido, concordamos com Barroso ao afirmar que:

> As perspectivas dos autores citados nos colocam uma questão teórica referente ao tempo, tendo em vista que estão falando a partir de outros contextos históricos em que a festa carnavalesca é interpretada como "à parte" da vida cotidiana, uma experiência essencialmente de ruptura, rompimento. Trata-se de interpretar o carnaval nas aparentes dicotomias que a subversão da festa impõe: a ordem hierárquica dos estratos sociais *versus* a fragmentação dos papéis sociais; a rua como espaço do trabalho *versus* a rua como espaço de fruição e festa (Barroso, 2022, p. 218).

---

questões de ordem religiosa. Mais detalhes conferir: Martín, Maria. Queda de braço entre Crivella e escolas de samba ameaça o Carnaval 2018 no Rio. *El País*, Madrid, 16 jun. 2017. Disponível em: https://brasil.elpais.com/brasil/2017/06/15/cultura/1497557739_810021.html. Acesso em: 12 jan. 2025.

De certa maneira, nos estudos realizados as nossas corpografias seguem revelando que as festas carnavalescas na cidade têm rompido com algumas dessas dicotomias. Tendo em vista uma nova dinâmica festiva, o que precisamos é recuperar essas proposições,

> [...] reavaliando de que forma esse espírito carnavalesco se faz presente nos dias de hoje e adiante, de que forma ele se conecta com a vida cotidiana da cidade [...]. [Poderíamos nos perguntar:] qual o campo de tensões urbanas estaríamos acessando através dessa vivência festiva? Se o carnaval é o tempo da suspensão das moralidades, quais dinâmicas éticas estão presentes? A partir de uma concepção antropológica que insiste na intensa observação das práticas sociais, propomos refletir sobre as relações do carnaval com o dia a dia da cidade, enfatizando que mesmo que essa se configure em forma de crítica, reivindicatória ou subversiva, está posta uma relação entre festa e cidade; prazer e estrutura (Barroso, 2022, p. 219).

Assim, ao corpografar o CarnaLula, compreendemos que a festa do carnaval de rua ganha uma dimensão ainda mais contestadora e perene, revelando a comunhão entre festa e engajamento, certo "artivismo" (Herschmann; Fernandes, 2014, 2023) dos atores que agenciam as expressões sonoras estéticas como modo de transformação e crítica social para além de demarcações temporais, embaralhando tempo e espaço, arte e política, corpo e cidade. Compreendemos, ainda, que a memória do vivenciado nessas celebrações permanece no imaginário e cotidiano da cidade, é transmitida pelos gestos corporais. Essa perenidade representaria o gesto infinito do levante. Nesse sentido, Didi-Huberman (2017) destaca que esse gesto pode emergir e retornar à superfície em qualquer momento, basta ser acionado pelos corpos-festivos que habitam o cotidiano da cidade. Desse modo, permaneceria submerso enquanto pulsão de vida e/ou desejo. E, como afirma o autor, nada é mais antigo e urgente que o desejo. Ele pauta o advir rumo ao tempo futuro e ao lado dele carregamos a desobediência como um ato de recusa, como um desejo irredutível. Seguindo os rastros do autor, entendemos que a potência dos desejos se encontra entre pensamento, palavra, dança, canto e ato político em si.

Nos cortejos cartografados e marcados pela forte presença de músicas, cantos, danças e imagens, ficou evidente a força comunicacional e mobilizadora das performances carnavalescas como "táticas e astúcias" (De Certeau, 1995) capazes de suspender temporariamente a "atmosfera e frequência de medo" que caracterizou o período eleitoral no país[36]. As imagens apresentadas a seguir (nas Figuras 4, 5, 6, 7, 8, 9, 10 e 11) sugerem que naquele momento crítico os coletivos culturais presentes nesses cortejos buscaram expressar e explicitar criativamente anseios de mudança, mediante um conjunto de necropolíticas (Mbembe, 2018) que vinham sendo implementadas pelo Estado. Temas como educação laica, política de restrição ao porte e uso de armas, reforma agrária, questão indígena, negra, feminina e LGBTQIAPN+ circularam de maneira lúdica em estandartes, camisetas, faixas e fantasias, e marcaram as ambiências ali conformadas.

**Figura 4.** CarnaLula em Copacabana.

Fonte: acervo dos autores.

[36] Ao longo deste período, os militantes "de esquerda" temiam sofrer violências no espaço público caso se posicionassem socialmente.

**Figura 5.** CarnaLula em Copacabana.

Fonte: acervo dos autores.

**Figura 6.** CarnaLula em Copacabana.

Fonte: acervo dos autores.

**Figura 7.** CarnaLula em Copacabana.

Fonte: acervo dos autores.

**Figura 8.** CarnaLula em Copacabana.

Fonte: acervo dos autores.

**Figura 9.** CarnaLula em Copacabana.

Fonte: acervo dos autores.

Nesses dois momentos político-festivos chamou-nos a atenção o fato de que essas intervenções carnavalescas – em função da alta sensibilização coletiva que os corpos construíram no bairro de Copacabana e em outras localidades do país – tenham sido capazes de contribuir para a geração de uma "climatologia" caracterizada pelo afeto e pela alegria, como foi sugerido nos dizeres inscritos não só em bandeiras, mas também nas camisetas dos manifestantes, de maneira muito sugestiva. Como é possível identificar nas imagens apresentadas, nesses eventos encontramos frases emblemáticas, tais como: "Lula é Amor" (fig. 10); "o amor vencerá o ódio"; "por um país com menos armas e mais comida, paz e livros"; "acabou Bolsonaro, o amor venceu". E, ainda, chamou-nos a atenção uma proposta de renovação da bandeira nacional com a inscrição "índios, negros e pobres" (fig. 11).

**Figura 10.** CarnaLula em Copacabana.

Fonte: acervo dos autores.

**Figura 11.** CarnaLula em Copacabana.

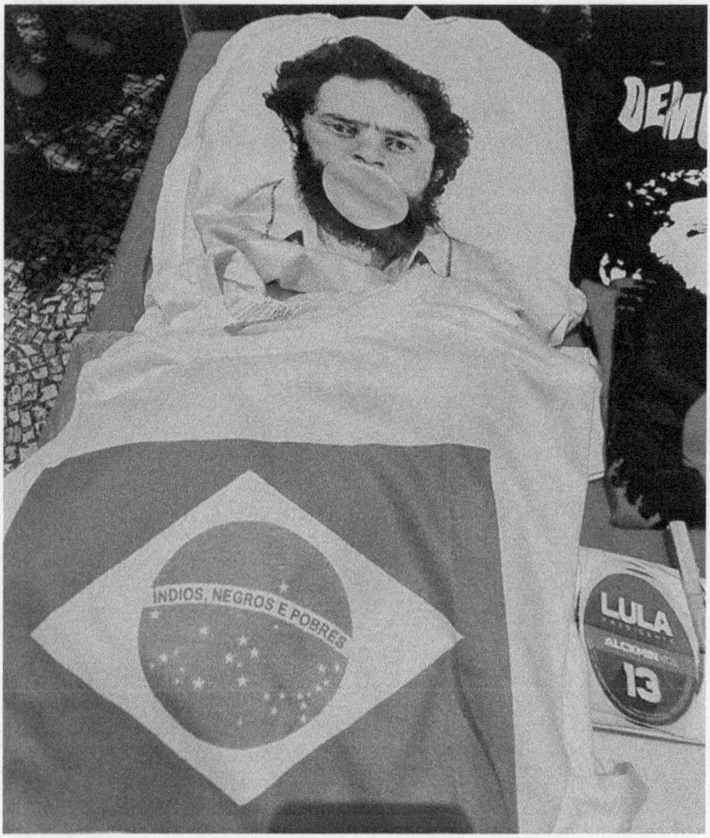


Fonte: acervo dos autores.

Gostaríamos ainda de sublinhar que as territorialidades geradas nesses cortejos produziram entre os manifestantes a sensação de acessar – ainda que precariamente – um "espaço seguro": isto é, foram vivenciados como uma ambiência ímpar, protegida e de esperança, na qual as pessoas se sentiram menos fragilizadas.

Nesse sentido, na efervescência dos dois dias de cortejo carnavalesco, o que predominou foi a alteridade dada a ver no amálgama de multiplicidades expressivas que ganharam visibilidade na presença de setores artísticos plurais, os quais se fizeram presentes em atividades circenses que protagonizaram essas manifestações com pernas de pau e malabares; em grupos de dança e instrumentos afro; ou mesmo agenciando a presença de discursos políticos que eram inseridos em músicas e em paródias de marchinhas de carnaval.

A festa carnavalesca de apoio ao então candidato Luís Inácio Lula da Silva agenciou espaços de pertencimento e de solidariedade, construindo "territorialidades sônico-musicais" (Herschmann; Fernandes, 2014) temporárias, de convívio seguro em tempos difíceis marcados pelas incertezas.

Gostaríamos de salientar justamente a relevância dos aspectos sônico-musicais, os quais foram fundamentais na ressignificação e potencialização dos conjuntos de ambiências e experiências vivenciadas no CarnaLula e mesmo depois, na internet, nas trocas de postagens entre os simpatizantes e militantes. Pode-se dizer que as músicas entoadas nessas manifestações foram fundamentais para que se produzissem vibrações zombeteiras, para que viessem à tona tonalidades jocosas, as quais tomaram as ruas naqueles cortejos.

Vários repertórios musicais se notabilizaram naqueles eventos, tornando-se emblemáticos nessas manifestações: pode-se dizer que em certo sentido invadiram o imaginário nacional, especialmente entre os eleitores mais progressistas.[37] Músicas com refrões como: "é preciso estar atento e forte/não temos tempo de temer a morte" (trecho da música "Divino Maravilhoso", de Caetano Veloso e Gal Costa); "andar com fé eu vou/porque a fé não costuma falhar" (trecho da música "Andar com fé", de Gilberto Gil); "tu vens/tu vens/já escuto teus sinais (trecho da música "Anunciação", de Alceu Valença); "ano passado eu morri/mas este ano eu não morro" (trecho da música "Sujeito de sorte", de Belchior) eram entoadas em êxtase pelo público presente no evento.[38]

As marchinhas de carnaval e as paródias musicais articuladas a certos repertórios de palavras de ordem – em geral frases como "fora Bolsonaro!" e "Bolsonaro, sua hora vai chegar" – também estavam frequentemente presentes e eram acionadas com muita ironia e humor pelos atores. Podemos mencionar ainda duas delas, a título de exemplo: "Bolsonaro é miliciano/

---

[37] Inclusive, várias dessas músicas e bordões foram amplificados nas redes sociais e na web, sendo associados em uma avalanche de vídeos, performances e memes, especialmente nas semanas que antecederam as eleições presidenciais.

[38] Parte dessas marchinhas, canções e palavras de ordem, as quais foram entoadas de maneira muito bem-humorada nessas manifestações, pode ser conferida nos vídeos disponibilizados pelos participantes e transeuntes na plataforma YouTube. Seguem links de acesso a alguns desses registros audiovisuais: https://www.youtube.com/watch?v=XE-AK_i3u1I (acesso em: 5 jan. 2025); https://www.youtube.com/watch?v=XE-AK_i3u1I&list=PLNVGym3VNemCZeWZ7xVe5n5z-ZuWixRoX&index=17 (acesso em: 4 jan. 2025); https://www.youtube.com/shorts/w3D-WtcAjrc (acesso em: 12 jan. 2025); https://www.youtube.com/shorts/AE-280aRw1U4 (acesso em: 6 jan. 2025).

doutor, não me engano/ele não sabe o que dizer e fazer" ou "Bolsonaro quem te ensinou a governar/foi o cursinho que tu fizeste/na ditadura militar".

Evidentemente, vale destacar que nem tudo foi tranquilo na vivência dessas experiências de levante: as tensões sociais também se fizeram presentes ao longo de nossas incursões corpográficas nessas festas. Um dos nossos percursos em direção ao local de concentração do cortejo na avenida Atlântica em frente à rua Siqueira Campos, em Copacabana, foi amedrontador, especialmente na primeira manifestação programada antes do primeiro turno eleitoral: pois ao longo do caminho grupos de bolsonaristas – vestidos de verde e amarelo ou com roupas de militares – passaram a agredir verbalmente os manifestantes pró-Lula que, com camisetas vermelhas e adereços que continham mensagens clamando pelo fim daquele ciclo de autoritarismo, assustados apertavam o passo em direção ao local de início do cortejo. Nós mesmos sofremos ameaças de um homem que gritou que retornaria com seu fuzil para matar a todos. Nesse momento, o grupo que aguardava conosco o sinal abrir para atravessar uma das ruas largas do bairro entreolhou-se num gesto de amor e solidariedade em que estava explícito que deveríamos seguir em frente apesar daquelas ameaças. Essa atmosfera de tensão acompanhou todo o trajeto até chegarmos à localidade de realização do cortejo.

Felizmente, a "ambiência de medo" foi ficando para trás quando os ritmistas e suas músicas, os militantes e suas bandeiras e estandartes, os artistas circenses e suas acrobacias foram recepcionando e envolvendo os participantes que chegavam àquela festa dionisíaca, ampliando os gestos em uma miríade de visualidades e sonoridades potentes.

Sonoridades que conduzem nossa análise e nossas reflexões no sentido de perceber a força do emprego do ruído como estratégia de luta política. Aliás, a nossa premissa inicial foi a de que esse tipo de sonoridade na cidade pode ser uma expressão disruptiva do *status quo*, como sugere Attali (1995), podendo gerar tensionamentos com a ordem estabelecida. Por sua vez, Johnson argumenta que, desde a Idade Média, o direito de impor o silêncio tem definido cada vez mais as relações de poder, e, portanto, "as disputas em torno do direito de fazer barulho representam uma forma útil de traçar essas relações" (Johnson, 2007, p. 116). Se, por outro lado, entendemos a cidade como um espaço físico no qual se assentam as relações sociais que constituem o urbano, é possível explicar que essas formas de ação sonora modificam a conformação material das cidades e que, ao suscitarem diversas experiências de escuta e de interação social mediada pelo som, dão lugar também a formas peculiares de subjetivação política entre seus habitantes (Bieletto-Bueno, 2021).

Diferentes estratégias sonoras nos últimos anos ajudaram os cidadãos em suas reivindicações cotidianas. Essas reinvindicações têm sido realizadas através do que Labelle (2022) chamou de "agenciamento sonoro": seja na forma de músicas, gritos, palavras de ordem e até panelaços. Sem querer sermos exaustivos, buscamos apresentar aqui alguns exemplos de repertórios sonoros que possibilitaram diferentes reivindicações sociais, em contextos híbridos, de festa e manifestação política. Quando empregamos "repertórios", consideramos esta noção como atos corporizados de "transferência de conhecimentos coletivos", os quais são utilizados para visibilizar histórias, memórias e lutas (Taylor, 2013).

Para finalizar as nossas reflexões sobre o CarnaLula, gostaríamos de salientar dois aspectos visuais, talvez um tanto quanto mais evidentes. Primeiramente, o uso do vermelho – cor tradicionalmente adotada pelos movimentos sociais de esquerda – e, ao mesmo tempo, a rejeição do verde e amarelo e de outros símbolos nacionais (apropriados pelos grupos de extrema direita e conservadores do país). Inclusive, isso levou alguns artistas a reinventarem a bandeira nacional (em uma versão mais compromissada com as questões sociais básicas), exibindo essa nova versão frequentemente nesse tipo de manifestação (Fig. 11). O segundo aspecto que essas imagens assinalam (e que gostaríamos de sublinhar de maneira enfática) é a constatação da força da imagem de Lula nesses cortejos: ele personifica positivamente a possibilidade de um *turning point* do país, a esperança de viver dias melhores. Isso pode ser percebido muito claramente nas cangas de praia, bandeiras, estandartes, camisetas, bottons e máscaras de carnaval presentes nessas festas. Ainda que muito conscientes das fragilidades do regime presidencialista brasileiro, a grande maioria seguiu apostando em Lula como único político na ocasião com capital simbólico suficiente capaz de vencer a extrema direita e o evidente uso abusivo e ilegal que foi feito da máquina pública naquelas eleições[39].

[39] Delgado, Malu. O uso da máquina num novo patamar na disputa pelo Planalto. *Nexo*, São Paulo, 8 set. 2022. Disponível em: https://www.nexojornal.com.br/expresso/2022/09/08/o-uso-da-maquina-num-novo-patamar-na-disputa-pelo-planalto. Acesso em: 5 jan. 2025.

## Referências


ATTALI, Jacques. *Ruídos*. México: Siglo Veintiuno, 1995.

BAKHTIN, Mikhail. *Cultura Popular na Idade Média e no Renascimento no Contexto de François Rabelais*. São Paulo: Hucitec, 2010.

BARROSO, Flávia M. *O que falam as festas*: éticas e estéticas das coabitações noturnas no Centro do Rio de Janeiro. 2022. Rio de Janeiro: Tese (Doutorado em Comunicação) – Programa de Pós-Graduação em Comunicação da UERJ, 2022.

BAYM, Nancy K. *Personal connections in the digital age*. Cambridge: Polity Press, 2011.

BIELETTO-BUENO, Natalia. *Ciudades Vibrantes*. Santiago: Ediciones UM, 2021.

BÖHME, Gernot; THIBAUD, Jean-Paul. *The aesthetics of atmospheres*. Nova York: Routledge, 2016.

BUTLER, Judith. *Corpos em aliança e a política das ruas*. Rio de Janeiro: Civilização Brasileira, 2018.

BUTLER, Judith. *Corpos que importam*. São Paulo: N-1 Edições, 2019.

CARERI, Francesco. *Walkscapes*. Barcelona: Gustavo Gili, 2013.

DAMATTA, Roberto. *Carnaval, malandros e heróis*. Rio de Janeiro: Rocco, 1979.

DE CERTEAU, Michel. *A invenção do cotidiano*. Petrópolis: Vozes, 1995.

DELEUZE, Gilles. *Lógica do sentido*. São Paulo: Perspectiva, 1974.

DIDI-HUBERMAN, Georges (org.). *Levantes*. São Paulo: SESC, 2017.

DUVIGNAUD, Jean. *Festas e civilizações*. Rio de Janeiro: Tempo Brasileiro, 1983.

ESTEVÃO, Andréa Almeida de M. *A potência comunicacional do carnaval de rua carioca*. Rio de Janeiro: Tese (Doutorado em Comunicação) – Universidade Federal do Rio de Janeiro, Rio de Janeiro, 2023.

FERNANDES, Cíntia *et al. Artivismos Urbanos*. Porto Alegre: Sulina, 2022.

FERNANDES, Cíntia S. Corpos femininos reinventando os espaços urbanos *In*: FERNANDES, Cíntia S.; REIA, Jess; GOMES, Patrícia. *Arte, comunicação e (trans)política*: as potências dos femininos nas cidades. Belo Horizonte: Fafich/Selo PPGCOM/UFMG, 2021, v.1, p. 63-90.

FERNANDES, Cíntia S. *A cidade-arquipélago*: músicas, sons e imagens construindo pontes e tecendo territorialidades. *In*: *O que é a cidade*? Disponível em: https://www.passeio.pt/galeria/passeario/. Acesso em: 25 maio 2023.

FERNANDES, Cíntia S.; BELART, Victor; BARROSO, Flávia M. Cidades-Arquipélagos: As metrópoles como sistemas abertos e um olhar a partir do Rio de Janeiro. *Revista Latinoamericana de Ciencias de la Comunicación*, v. 20, p.166-178, 2021.

FERNANDES, Cíntia S.; LA ROCCA, Fabio; BARROSO, Flávia M. Beco das Artes: Festas, imaginários e ambiências subversivas na cidade do Rio de Janeiro. *Revista Eco-Pós (on-line)*, v. 22, p. 140-65, 2019.

FERNANDES, Cíntia S.; BARROSO, Flávia M.; BELART, Victor. Cidade Ambulante: a climatologia da errância nos coletivos culturais do Rio de Janeiro. *Mediação*, v. 22, p. 15-35, 2019.

HERSCHMANN, Micael; FERNANDES, Cíntia S. *Música nas ruas do Rio de Janeiro*. São Paulo: Intercom, 2014.

HERSCHMANN, Micael; FERNANDES, Cíntia S. *A força movente da Música*. Porto Alegre: Sulina, 2023.

JACQUES, Paola B. *Elogio aos errantes*. Salvador: EDUFBA, 2012.

JOHNSON, Bruce. 9. Voice, Power and Modernity. *In*: DAMOUSI, Joy; DEACON, Desley (ed.) *Talking and listening in The age of Modernity*. Camberra: Australian National University Press, 2007.

KIFFER, Ana; GIORGI, Gabriel. *Ódios Políticos e Políticas do Ódio*. São Paulo: Bazar do Tempo, 2019.

LABELLE, Brandon. *Agência Sônica*. Rio de Janeiro: Numa Editora, 2022.

LA ROCCA, Fabio. *A cidade em todas as suas formas*. Porto Alegre: Sulina, 2018.

LATOUR, Bruno. *Reagregando o Social*. Salvador: EDUFBA, 2012.

LEFEBVRE, Henri. *O direito à cidade*. São Paulo: Centauro, 2001.

LEPECKI, André. Coreo-política e coreo-polícia. *Ilha Revista de Antropologia*, Florianópolis, v. 13, n. 1,2, p. 41-60, 2013. DOI: 10.5007/2175-8034.2011v13n1-2p41. Disponível em: https://periodicos.ufsc.br/index.php/ilha/article/view/2175-8034.2011v13n1-2p41. Acesso em: 3 fev. 2025.

LUCHIARI, Maria Tereza Duarte P. *A (re) significação da paisagem no período contemporâneo*. Rio de Janeiro: EDUERJ, 2001.

MAFFESOLI, Michel. *A contemplação do mundo*. Porto Alegre: Artes e Ofícios, 1998.

MARQUES, Márcio. A revitalização do carnaval de rua do Rio de Janeiro. *Revista Jovem de Museologia*. Rio de Janeiro: Museologia/UNIRIO, n. 1, janeiro de 2006.

MARTIN-BARBERO, Jesús. *Ofício de cartógrafo*. São Paulo: Editora Loyola, 2004.

MBEMBE, Achilles. *Necropolítica*. São Paulo: N-1 edições, 2018.

RANCIÈRE, Jacques. *Le temps du Paysage*. Paris : La Fabrique, 2020.

RANCIÈRE, Jacques. *Dissensus*: On Politics and Aesthetics. New York: Continuum, 2010.

SANTOS, Milton. *A natureza do espaço*. São Paulo: EDUSP, 2023.

SIMMEL, Georg. *Les grandes villes et la vie de l'esprit*. Paris: Payot, 2013.

SIMMEL, Georg. *A Filosofia da paisagem*. Covilhã: LusoSofia, 2009.

SUSCA, Vincenzo. *As Afinidades Conectivas*. Porto Alegre: Sulina, 2019.

TAYLOR, Diana. *O arquivo e o repertório*. Belo Horizonte: Ed. UFMG, 2013.

THIBAUD, Jean-Paul. *Regards en action*. Grenoble: A la Croisée, 2002.

THIBAUD, Jean-Paul. *En quête d'ambiances*. Paris: Metis Press, 2015.

# O Saci e a cidade: uma leitura simbólica das marcações do Saci Urbano

DOI: 10.29327/5568666.1-8

Andriolli de B. da Costa

## Introdução

O traçado daquele corpo, grafitado nos muros da cidade, é inteiramente preto. A cor chapada, sem volume, oferece à figura perfilada uma impressão de ser sombra. *Nossa sombra.* Distinguem-no outros dois elementos: a boina vermelha, fazendo as vezes de carapuça, e um único pé, que exibe um tênis igualmente encarnado. Na boca, um cachimbo está sempre aceso, assoprando a fumaça da queima. Dizeres ao seu lado anunciam: "È o...", com o acento agudo apontando para o lado oposto denotando a impostura e reticências quase nunca completando a frase. Não é preciso. O artista visual e grafiteiro Thiago Vaz, marcador de sua aparição, sabe que a imagem ressoa diretamente com a imaginação popular, preenchendo a lacuna necessária. Saci, um mito bem brasileiro (Queiroz, 1989), herói das matas e das capoeiras (Lobato, 2008, p. 274) também salta pelas metrópoles. E o personagem que acompanha Vaz, o *Saci Urbano*, não nos deixa esquecer disso.

Este trabalho se debruça sobre essa relação entre o Saci e a Cidade a partir da obra do grafiteiro baiano por nascimento, mas radicado no ABC Paulista. Na busca por investigar as subjetividades partilhadas por seu projeto artístico, empreendemos uma leitura simbólica a partir das *marcações* do saci pelos muros do Brasil e do mundo a partir do material compartilhado por ele no site eosaciurbano.art.br, além das declarações do próprio artista envolvendo seu trabalho e relação com o mito.

O estudo tem por heurística a Teoria Geral do Imaginário, preconizada pelo antropólogo e sociólogo francês Gilbert Durand a partir dos anos 1960 (Durand, 2012). Essa vertente teórica, de fundamento arquetípico, é orientada por um reposicionamento da Imagem e do Imaginário junto à centralidade dos processos de compreensão do real. Entendidos, no Ocidente, como sinônimo de engodo, falsidade, imprecisão, estes foram marginalizados dos processos intelectuais devido a um conjunto de movimentos iconoclastas que culminaram na ascensão da Razão científica como única forma de acesso ao real desde o século XVIII (Durand, 2011). Ao lançar os olhos sobre o sensível, o inefável e o invisível, a Teoria vai compreender o Imaginário e, por consequência, as formas simbólicas – em especial os mitos – como chaves de leitura fundamentais para a análise da sociedade e, por consequência, de um texto cultural em seus atravessamentos sincrônicos e diacrônicos.

Nosso elemento de suporte é o grafite, uma manifestação (folk)comunicacional fundamentalmente contestatória. De origem italiana, a palavra *graffiti* é plural de *graffito*, significando "escrita feita com carvão". Historicamente o termo já foi utilizado para se referir a uma série de representações pictóricas, que remetem até as paredes de Pompeia durante a Roma Antiga. No entanto, é com a emergência do movimento Hip Hop nos Estados Unidos em 1960, aliada às reivindicações dos movimentos sociais – como o Maio de 1968 na França – que o grafite vai ganhar suas características atuais de agregação identitária e reivindicação popular (Gándara, 2020).

Posicionado nesse interstício entre escrita e imagem, elementos tão próximos, mas tão distanciados pelo Ocidente, o grafite é um encontro de tensionamentos. É efêmero, como uma característica da própria antropia dinâmica peculiar às ruas; mas ultrapassa os limites do tempo, seja ao persistir em uma fotografia, seja – na eventualidade de sua persistência – ao reconfigurar o espaço oferecendo outras conotações aos acontecimentos que se desdobram no teatro social ao qual figura no cenário. Nada mais coerente, afinal, a cidade, esta "epiderme dos jogos de forças contrárias, está permanentemente exposta à intervenção comunicacional. E o grafite ocupa este espaço" (Souza; Mello, 2007, p. 197). Assim:

> Conscientemente ou não, junto ao bombardeio de mensagens de anúncios publicitários e vitrines que recebemos diariamente quando nos movemos pela cidade, percebemos também a presença dessas vozes surgidas na margem dos espaços legitimados para a expressão escrita: os grafites representam vozes sociais que se expressam em um espaço não designado para este fim, um espaço 'tomado' (Gándara, 2020, p. 11).

Em uma perspectiva sociológica, Souza e Mello vão compreender que existe uma relação dialética e de interdependência entre o grafiteiro e a cidade. "Enquanto seu ambiente físico é transformado, o imaginário do agente deste processo também é habitado por temas provenientes do mesmo ambiente que transformou" (2007, p. 198). Ou seja, a cidade afeta o humano que, por meio da expressão artística, afeta a cidade, e assim sucessivamente. Podemos complexificar essa equação da ambiência construída pelo espaço e sua mensagem, no entanto, pensando nos atravessamentos ancestrais evocados pelas imagens simbólicas manifestas neste processo comunicativo. E o Saci Urbano de Thiago Vaz se torna, assim, um exemplo paradigmático para investigação: reaviva o mito brasileiro, incorporando-o de uma fantástica própria que escalona suas mensagens contestatórias.

Ao organizar sua "mitodologia", Gilbert Durand aponta o equívoco de se construir uma receita pré-pronta de análise para aplicar aos objetos investigados pelos estudos do imaginário. Cada fenômeno vai exigir seu próprio percurso de compreensão, tendo o mito como chave de leitura. E, uma vez que o mito se repete para melhor impregnar, um caminho valioso é observar, de início, as suas redundâncias (ou metáboles). Invariavelmente vão existir elementos que se repetem na obra cultural, evocando sentidos que constelam em volta de um mesmo tema – e esta é a pista fundamental para o pesquisador. Durand sugere ainda que a análise considere mais as ações da narrativa do que o personagem que as vivencia. Ou seja, há uma primazia do *verbo* em relação ao *sujeito*. Isso porque, por vezes, um mito disfarça seu nome, mas não pode disfarçar suas ações. "É o esquema verbal que é o primeiro, que é arquetípico, pouco importando o nome da personagem que o encarna, pouco importando a 'voz ativa' ou 'passiva' que ele utiliza" (Durand, 1998, p. 253).

No entanto, ao recordarmos o mote filosófico: *nomem est omen*, "nome é presságio", reconhecemos no epíteto a primeira pista para reconhecer as redundâncias do mito na obra. Assim, neste trabalho, vamos empreender os seguintes movimentos: primeiramente explorar as narrativas tradicionais sobre o mito do saci e as imagens que frequentemente fecundam. Em seguida mergulhar na leitura do Saci Urbano de Thiago Vaz a partir dos nomes erigidos pelo artista tanto para o mito quanto para seu alter ego, reconhecendo ali as metáboles obsessivas que transitam entre violência e ludicidade, confronto e acolhimento.

## O "cânone" do mito

Objeto de inúmeras interpretações, o Mito é compreendido por Gilbert Durand a partir de uma definição operatória: a narrativa mitológica é um relato que dispõe em cena personagens, situações e cenários – geralmente divinos ou nãonaturais – onde está investida, necessariamente, uma crença (1985, p. 245). Este último elemento é incorporado de modo a distinguir o mito de outras manifestações da literatura oral, como uma fábula ou um conto. No entanto, e é importante ponderar, este credo não está, necessariamente, no personagem mitológico, e sim naquilo que sua narrativa comunica. No Verbo, não no Sujeito. Assim, comungamos do mito do saci sempre que evocamos sua constelação de sentidos.

Para Durand, é possível compreender as imagens simbólicas que constelam pelo mito ao observarmos as partes segmentáveis de sua narrativa. As menores unidades semânticas de um mito serão seus mitemas, e a aglutinação dos mitemas são seus mitologemas. Ocorre, no entanto, que um mito pode ter infinitas variantes – seja em nível local, seja até mesmo no nível pessoal, com interpretações individuais sobre um elemento coletivo.

Para que seja possível o estudo, metodologicamente, é estratégico identificar, de início, a narrativa canônica de um mito; aquela que congrega o maior número de mitologemas em comum. Esta não será sua interpretação definitiva nem sequer legítima. Trata-se da construção operacional de um "mito ideal", semelhante ao "tipo ideal" weberiano, mas "constituído pela síntese de todas as lições míticas reunidas sob um nome próprio" (Durand, 1985, p. 246). Essa imagem é construída tendo por base não apenas o senso comum, mas também a influência midiática, em um processo de retroalimentação no qual o texto cultural se torna mais coerente, menos irracional, e de mais fácil compartilhamento.

No caso do mito do saci, o cânone fala de um moleque negrinho, de uma perna só, que pratica todo o tipo de diabruras, mas sem nunca ser verdadeiramente mal. O saci carrega por vezes um cachimbo, veste carapuça vermelha – a fonte dos seus poderes mágicos – e se desloca por meio de um redemoinho. Esses elementos, todos, são mitemas partilhados de uma série de outras narrativas: a perna única e a relação com as matas e os segredos das ervas e chás dos orixás Ossain e Aroni; o domínio do assobio e a impostura de Exu; o nome e o ponto fraco do Yasy Yateré dos Guarani; a carapuça vermelha e a atuação doméstica dos duendes europeus (Costa, 2021).

Interessante notar que falar de saci é, imediatamente, falar em modos de sua captura. Mesmo hoje a grande atividade escolar de celebração do folclore costuma ser uma caça ao saci. Sobre a influência midiática, o *Sítio do Picapau Amarelo*, série infantil escrita por Lobato entre 1920 e 1947 – e que contou com inúmeras adaptações audiovisuais – institucionalizou um desses métodos de captura: o uso da peneira para contê-lo e o roubo da carapuça para desempoderá-lo. Aquele que toma a carapuça do saci ganha poder sobre ele, e, tendo-o preso, pode chantageá-lo para que realize os desejos de seu captor. "A força dele está na carapuça, como a força de Sansão estava nos cabelos. Quem consegue tomar e esconder a carapuça de um saci fica por toda vida *senhor de um pequeno escravo*" (Lobato, 2005, p. 18, grifo nosso).

Antes de escrever o Picapau Amarelo, Monteiro Lobato foi o responsável por organizar em 1917 o chamado "Inquérito sobre o Saci". A pesquisa, convocada a partir do chamamento do autor no jornal *O Estado de S. Paulo*, reuniu mais de 70 depoimentos enviados por carta de leitores de diversas regiões do Brasil – com prevalência, é claro, do Sudeste. A metodologia traz resultados valiosos, uma vez que a pluralidade de visões sobre o mesmo mito oferece uma profusão de interpretações sobre a narrativa que favorece a identificação das redundâncias.

Ainda que compilando 14 nomes diferentes para Saci entre os relatos, Lobato concorda com a interpretação de Manequinho Lopes. O nome viria do Tupi, *Çaa cy perereg*, olho mau saltitante, mas salienta que a etimologia não ficou comprovada. O nome, no caso, indicaria que o duende possui "olhos doentes" e, portanto, sempre vermelhos. Curioso é perceber que a visão, sempre ligada à percepção e à capacidade de discernir, é falha nesta interpretação do saci, fazendo com que as fronteiras entre certo e errado não fossem facilmente distinguíveis para ele.

A miopia, por outro lado, também prejudica a agência. Algo que não percebemos na etimologia proposta por Teodoro Sampaio. "Negrinho irrequieto e maléfico, tendo um dos olhos doente (ça-çy) e outro muito vivo e buliçoso (ça-pererê)" (Sampaio, 1901, p. 311.) Diferente do Pererê de Lopes, o Sapererê carregaria em si a dualidade do olho bom e do mau. Como as línguas indígenas são baseadas na oralidade, não na escrita, isso quer dizer que o texto escrito exige forma fixa, enquanto o oral permite que os vários entendimentos coexistam ao mesmo tempo e na mesma história.

Ao realizar uma análise mitocrítica da obra lobatiana em *Saci-Pererê – Resultado de um Inquérito*, Costa (2021) identifica sete mitologemas principais evocados pelos relatos de saci no livro: o Demônio, o Escravizado, o Indígena, a Ave, o Transgressor e o Herói. Muitos desses elementos são carregados de disputa e tensão dentro de si. O Saci é Demônio, segundo uma visão cristianizada que subalternaliza epistemologias nãocristãs sob o seu julgo; mas também teria recebido sua carapuça como presente de Deus justamente para escapar do inferno escondido dos olhos de Lúcifer. Mesmo nos registros que falam dele como diabrete, há uma proximidade afetiva que apenas o universo do profano da cultura popular é capaz de entender. O Saci é naturalmente imperfeito, como nós, e assim nos reconhecemos nele. Não é sem motivo que um dos depoentes prefere o auxílio do Saci e não dos Santos, uma vez que estes estariam ocupados demais com assuntos celestes (Lobato, 2008, p. 295).

Evidentemente há depoimentos racistas, em especial nas descrições do que cada carta compreende por beleza e feiura. No depoimento 59 temos exemplo explícito deste último caso para quem o assina: cara quadrada de preto velho, nariz chato, olhos vermelhos e embriagados, orelhas enormes, lábios grossos, boca torta de fumante (Lobato, 2008, p. 298). São as mobilizações do mitologema do Escravizado – em que constelam imagens ligadas à raça, à captura, à servidão forçada quando o símbolo de sua liberdade é tomado.

São enxertos como esse que farão com que certos autores compreendam a obra como uma domesticação estereotipada do mito. Em um trabalho pioneiro, Renato Queiroz comparou todos os adjetivos e qualificadores ligados ao saci no texto-fonte organizado por Lobato com uma pesquisa de campo que desenvolveu no interior de São Paulo cerca de 70 anos após a publicação do Inquérito. Levanta com isso o argumento para sua crítica introdutória: o Inquérito, enquanto campanha organizada por um veículo de imprensa, oferece um recorte elitista dos depoimentos. Para ele, o mito se ajustava perfeitamente aos interesses ideológicos de setores da classe dirigente da época no sentido de discriminar simultaneamente negros e caipiras. As referências ao Saci e suas ações reproduziriam a maior parte dos estereótipos depreciativos com os quais são definidos os negros na sociedade brasileira. A própria falta de perna indicaria essa deficiência como mais um elemento de desaforo (Queiroz, 1987, p. 70).

A narrativa canônica, vale lembrar, é sempre resultado de um período. É a síntese que redunda das narrativas durante o intervalo de tempo observado. Isso implica compreender que, pela própria dinâmica do social, é comum que transformações aconteçam. E, inegavelmente, a mídia é grande influenciadora nesse processo de influxo cultural que pode paulatinamente fazer o mito se afastar dos mitologemas originais, perdendo mitemas em um processo de esvaziamento e desbastamento. No nível máximo da estereotipia, temos apenas a casca do mito, um nome que nada mais diz, uma imagética sem lastro de sentido. Num momento anterior a este, quando apenas um mitema é valorado enquanto os demais são suprimidos, diz-se que o mito sofreu heresia – termo usado em seu sentido etimológico, como a "escolha de uma única visão" (Durand, 1998, p. 144). Ao restringir a compreensão do Saci no inquérito ao mitologema do Escravizado, Queiroz vai ignorar a potência da astúcia, da transformação e da liberdade que são evocadas pelos mitologemas do Herói e do Trickster Transgressor.

Ainda sobre as críticas, recentemente, grupos indígenas têm reivindicado o mito do saci como sendo uma deturpação do Yasy Yateré. Compreendem-no como sendo uma narrativa de um encantado Guarani que foi indevidamente apropriada por Lobato, distorcida e apagada pela ação midiática. Ao autor, notoriamente reconhecido por suas posturas racistas, imputam uma ação consciente de demonização do saci ao atribuir a ele características do negro. Rescaldo desse empreendimento seria a invisibilização da tradição indígena, que agora se busca resgatar negando todas as outras possibilidades de ser saci.

Reconhecemos esse processo como uma defesa política importante, que se justifica no reforço da episteme dos povos originários. No entanto, os estudos do imaginário vão tensionar a capacidade de tamanha agência por parte de qualquer indivíduo junto a um mito. "A formação de um mito não é compreensível, não se pode propriamente falar dela como uma invenção ou criação, mas antes como uma atualização" (Wunenburger, 2022, p. 10). É como o gesto autoral do qual falava Barthes (2004), que repete um mote ancestral, mas o presentifica pela performance. "Contar um mito é também fazer entrar nas determinações psicológicas pessoais uma história arquetípica que as transcende e que lhes dá mesmo um sentido geral de interpretação" (Wunenburger, 2022, p. 10). Um processo de interação que introduz a variância pelo próprio trajeto antropológico percorrido pela narrativa. Um saci apenas demônio, indígena ou escravizado permanece sendo resultado de uma heresia contra a complexidade do mito. Saci são todos, capaz de constelar mensagens de resistência e impostura, de caos e transformação, do enfrentamento pelo riso e da ginga como estratégia. Todos elementos que o Saci Urbano recupera na sua atualização metropolitana.

## A marca de um acidente colonial

**Figura 1.** Saci Urbano em Mauá/SP.

Fonte: Grupo "É o... Saci Urbano" no Facebook, 2023.

Thiago Vaz nasce em 1983 na cidade de Itagibá, na Bahia, mas se muda para Ribeirão Pires, no interior de São Paulo, aos 13 anos de idade. Foi em sua cidade natal, junto ao pé de laranja de sua avó, que viu e ouviu sua primeira história de saci. Mais tarde, os sacis o acompanham junto com suas memórias de infância para a região do Grande ABC Paulista. O grafite, junto com a arte de rua, passa a fazer parte de sua vida a partir de 1998 e foi só uma década depois, quando o artista somava 25 anos de idade, que a primeira "marcação" do Saci Urbano foi feita (Poranduba 31, 2019).

A distinção entre criação – e os verbos a ela relacionados – e marcação tem algo de sutil. Um grafiteiro pode usar canetas marcadoras, por exemplo, para delinear os detalhes da arte que planeja construir. Thiago, no entanto, sublinha esta ação de outra maneira. Recusa o lugar de autor, assumindo-se apenas o "marcador de aparições do Saci Urbano" pela cidade (Oliveira Jr.; Vaz, 2012, p. 14). Curioso pensar em como isso implica a existência de lugares em que o Saci está e *não está* presente. Em entrevista, o artista mencionou vezes em que foi convidado a fazer o Saci Urbano num muro, mas não conseguia vê-lo por lá. Assim, ofereceu outro trabalho, mas não o Saci, independentemente da verba oferecida. Uma resposta anticapitalista para sua relação com a arte mediada pelo mito.

> É por isso que eu falo, quando a gente faz a marcação da aparição do Saci Urbano, é porque eu o vi antes de marcar. E o que eu vi, às vezes são coisas que eu não pensei, entende? Eu acho que é uma força. Tem certas paredes e lugares que eu não vejo o Saci ali e não vou forçar nada. Aquela marcação institucional, só para dizer que o Saci está na cidade? Não, ele sempre vai trazer alguma mensagem. Ele tem que aparecer antes. Se não aparecer, eu não vi, não vou marcar, pronto. Mas quando aparece, aí, cara, é onde o bicho pega, porque eu não fico em paz enquanto eu não fizer aquela marcação (Thiago Vaz em Poranduba, 31, 2019).

Se Thiago já colocava a autoria de sua criação sobre o Saci Urbano em xeque, a questão é levada a outro nível a partir de 2013, quando o artista cria o heterônimo Iderê Dudu da Silva. Em sua narrativa pessoal, publicizada no site em que se comunica com o público e nas entrevistas que concedeu a partir de então, Thiago afirmava que já não tinha relação com o Saci Urbano.

Seria Iderê[40], cujo epíteto significa algo como "madeira escura da floresta", o novo herdeiro da missão de marcar as aparições do mito pela metrópole.

A inquietação de Thiago com a ideia de autoria dialoga diretamente com a discussão ventilada por Roland Barthes ao refletir sobre a morte do autor. O pensador aponta como a figura do autor é uma criação moderna que diz respeito à primazia do indivíduo – e do individualismo – que marca o Ocidente pós-Idade Média. Esse culto à genialidade individual, no entanto, seria mera ilusão. A criação textual não seria fruto de um único labor, mas sim a soma de diversas intertextualidades de produções que a antecederam. "O texto é um tecido de citações, oriundas dos mil focos da cultura" (2004, p. 62).

Ao artista caberia apenas repetir, imitar, um gesto criador sempre anterior, e não original. Isso, todavia, não diminui a dimensão do seu trabalho, apenas a reposiciona. E a inspiração para as conclusões barthesianas vem diretamente da observação dos povos originários. "Nas sociedades etnográficas, a narrativa nunca é assumida por uma pessoa, mas por um mediador, xamã ou recitante, de quem, a rigor, se pode admirar a performance (isto é, o domínio do código narrativo), mas nunca o 'gênio'" (Barthes, 2004, p. 58).

Thiago Vaz possui o domínio de seu próprio código narrativo; o grafite, a arte urbana. Da mesma maneira, não assume a autoria do Saci pois esta não é exatamente dele para que possa tomar. O mito é uma cocriação societal; um compósito de temas narrativos que, ao serem recontados, são introjetados de vida e variância. O mito é revivido pelo rito, e a ritualística de Thiago está em ver sua presença na cidade, traduzir sua mensagem política a partir do mito e assim fixá-la nos muros da metrópole.

Iderê, que também renuncia o espaço de autor, assume uma persona mais propositiva de Thiago. Assume-se não apenas marcador, mas quase um arauto do Mito. É assim que, em 2014, assina o manifesto manuscrito "Origem" (Silva, 2014). Em uma clara provocação à escrita intelectualizada, o documento falseia palavras em latim, incorporando termos de origem indígena e iorubá em construções livres e conceitos herméticos naquilo que

[40] Iderê, supostamente, é nome de origem Tupi e pode ser traduzido como "madeira". Dúdú é Iorubá, "preto, escuro". Silva, por fim, é sobrenome português de origem latina com o mesmo radical de "Selva", que pode ser entendido como "floresta" ou "bosque".

apresenta como uma *viagem temporal* para encontrar evidências da origem do Saci. É quase como se o heterônimo de Thiago atualizasse a discussão sobre a autoria a partir de Agamben, para quem o gesto do autor é justamente o que o permite transitar entre a ética e a trapaça. "Nós procuramos em vão decifrar, nos seus traços enigmáticos, os motivos e o sentido da obra (...) que pretende ironicamente deter o seu inconfessável segredo" (2007, p. 54).

No entanto, existe um subtexto poderoso que atravessa todo o documento e se expõe a partir do momento em que Thiago revela o nome do mito. "Saci Urbano" é seu atributo; mas o nome verdadeiro do mito é Tupi: *Çaa-cy Amerê*, sendo esta última palavra podendo ser traduzida por "Fumaça". O Saci Fumaça, que transita por entre o negrume dos escapamentos nas principais vias da cidade, é, na verdade, fruto de uma combustão que antecede e muito os motores a explosão da modernidade ocidental. Emerge das fogueiras que resultam da formação violenta do próprio país; consolidando-o como marca, substrato, deste "acidente colonial", como apontado na Figura 1.

> A forma que çaa-cy se manifestará será sempre por meio da atividade conexio entre astris e natureza e, por isso, se apropriará das formas do vento quando houver fumaça – resultado do iná que é a afirmação da morte da matéria para a extração positiva de spiritus abrigados no corpus. Essa população de spiritus adquire formas de diversas figuras, tais como a de seres com corpora estáticos e dinâmicos. Portanto, sabe-se que o Saci surgiu de terra toda em brasa, do brasil deixado pela gente exploradora que queimou o ybyra-pytã[41] de vitalitas local (Silva, 2014).

Na cosmogonia da obra de Thiago/Iderê, saci, mito tradicionalmente identificado com o vento – visto que se desloca em redemoinho – ganha as formas da fumaça quando ela existe. E existirá fumaça onde lá houver o fogo. Símbolo da destruição, quando descontrolado, o fogo é também energia, vitalidade e transformação, como nos lembra Gaston Bachelard. "Tudo o que muda velozmente se explica pelo fogo" (1994, p. 10). Para o pensador

[41] Ybyra-pytã é Tupi para "madeira vermelha". Mamoiguara é "guardião/protetor". Igba Imolé são seres ligados ao cosmos, mas destruídos por Olodumaré por mau comportamento.

francês, em sua *Psicanálise do Fogo*, dentre todos os fenômenos este é o único capaz de conter tão nitidamente a ambivalência bem e mal. Para ele, o fogo "sobe das profundezas da substância e se oferece como amor. Torna a descer a matéria e se oculta, latente, contido como o ódio e a vingança. [...] Ele brilha no Paraíso e abrasa no inferno" (Bachelard, 1994, p. 10). E o Saci Fumaça, despojo desta queima, carrega consigo a mesma dualidade.

> O Saci é um fenômeno imaterial, porque é a mistura de spiritus de diferentes povos e em diferentes tempus. É uma corrente cósmica com o aglomerado ìbamolè que, mesmo quando se materializa, sob sua forma intangível, não pode ser vista a olho nu, mas apenas quando a luz incandescente do brasil alumia o fim de uma fogueira esquecida pelos mamoygura de corpora secos[2] (Silva, 2014).

Com os olhos embaçados diante da opacidade, o humano não perceberia os contornos do mito. Para poder divisar sua mensagem, é preciso introjetar a luz contra a fumaça. Uma luz iluminada pela fogueira que surgiu do encontro violento que deu forma ao próprio país. Ou seja, para compreender o Saci Fumaça é preciso compreender o que o fez queimar; é preciso olhar para a própria constituição colonial de nosso país.

## Considerações finais

Substrato daquilo que alimenta o fogo transformador, a fumaça comunica uma infinidade de sentidos possíveis. Lembrança de um passado que permanece – indicador do território da combustão, ela também pode ser preditiva do futuro: quando a reação acabar, há de se ver as cinzas. Ligada à passagem de um estado físico da matéria para o outro, o ardor que carrega é representativo do desconforto da transição, a mudança repentina causada pelo fogo. Quando diante das fábricas, remete à industrialização e à técnica, uma iconografia da metrópole; o indício do controle da natureza pelo homem pelo fogo primordial.

Ao mesmo tempo, é ainda fumo do sacrifício, incenso defumador, a fumaça é a imagem das relações entre a terra e o céu. Estratégia de comunicação dos povos ancestrais, sinais de fumaça encurtavam distâncias. Diáfana, pode ser invisível, a menos que iluminada da maneira correta. Ao mesmo tempo, pode permitir que se enxergue a luz, separando os feixes iluminados que a atravessam.

Ao investigar o simbolismo do fogo, Chavalier e Gheerbrant reforçam a dualidade que o compõe. "Deve-se observar que seu fogo é a um só tempo celeste e subterrâneo, instrumento de demiurgo e de demônio" (1988, p. 441). Uma relação que só é ampliada quando se observa o simbólico da fumaça: "A razão de uma dualidade tão profunda é que o fogo está em nós e fora de nós, invisível e brilhante, espírito e fumaça" (Bachelard, 1994, p. 83).

Neste artigo pudemos apenas começar um movimento de aproximação diante da poderosa dimensão desta relação construída entre o mito e a metrópole, mediada pela relação do artista com o saci. Um saci que não permite que esqueçamos que o Brasil surge do fogo, da brasa. Mas que, ao mesmo tempo, zela pelos habitantes da metrópole que, assim como ele, resultaram deste acidente colonial; partilhando mensagens de reivindicação, luta e liberdade.

## Referências


AGAMBEN, Giorgio. *Profanações*. São Paulo: Boitempo, 2007.

BACHELARD, Gaston. *A psicanálise do fogo*. São Paulo: Martins Fontes, 1994.

BARTHES, Roland. A Morte do Autor. *In*: BARTHES, Roland. *O rumor da língua*. São Paulo: Martins Fontes, 2004.

CHEVALIER, Jean; GHEERBRANT, Alain. *Dicionário de símbolos*. São Paulo: José Olympio, 1988.

COSTA, Andriolli. O Saci centenário: uma análise mitocrítica de Saci Pererê – resultado de um inquérito. *Boitatá*, v. 31, n. 16, p. 26-36, 2021.

DURAND, Gilbert. Sobre a exploração do imaginário, seu vocabulário, métodos e aplicações transdisciplinares: mito, mitanálise e mitocrítica. *Revista da Faculdade de Educação*, v. 11, n. 1-2, p. 244-256, São Paulo, 1985.

DURAND, Gilbert. *Campos do imaginário*. Lisboa: Instituto Piaget, 1998.

DURAND, Gilbert. *O imaginário*: ensaio acerca das ciências e da filosofia da imagem. Rio de Janeiro: DIFEL, 2011.

DURAND, Gilbert. *As estruturas antropológicas do imaginário*. São Paulo: WMF Martins Fontes, 2012.

GÁNDARA, Lélia. *Graffiti*. Buenos Aires: Eudeba, 2020.

LOBATO, Monteiro. *O Saci*. São Paulo: Brasiliense, 2005.

LOBATO, Monteiro. *O Saci-Pererê* – Resultado de um inquérito. São Paulo: Globo, 2008.

OLIVEIRA JUNIOR, Jorge G.; VAZ, Thiago. Pegadas de Saci. Ensaio etno-rapsódico a quatro mãos sobre as representações de um mito. *Cadernos de Arte e Antropologia*, v. 1, n. 1, p. 9 -22, 2012.

PORANDUBA 31: *Saci Urbano*. Andriolli Costa. Rio Grande do Sul: Colecionador de Sacis. 28 fev. 2019. Podcast. Disponível em: https://colecionadordesacis.com.br/2019/02/28/poranduba31/. Acesso em: 30 ago. 2024.

QUEIROZ, Renato. *Um mito bem brasileiro*: estudo antropológico sobre o Saci. São Paulo: Polis, 1987vi.

SAMPAIO, Theodoro. *O Tupi na Geographia Nacional*. São Paulo: Typ. da Casa Eclética, 1901.

SILVA, Iderê Dudú da. Origem. S/L: È o... Saci Urbano. Disponível em: https://eosaciurbano.art.br/eo/origem. Acesso em: 30 jan. 2025.

SOUZA, Taís; MELLO, Lílian. O Folk virou Cult: O grafite como veículo de comunicação. *Revista de Estudos da Comunicação*, v. 8, n. 17, p. 195-202. set/dez. 2007.

WUNENBURGER, Jean-Jacques. O sentido do mito. *Esferas*, ano 12, v. 2, n. 24, p. 1-18, maio-ago. 2022.

# PARTE 2

## Imagens, memórias e experiências

# "Filmes de ficção são os melhores documentários": imagens do Recife no filme *Retratos fantasmas*

DOI: 10.29327/5568666.1-9

**Julieta Leite;**
**Marília Farias**

Este texto apresenta algumas reflexões que vêm sendo desenvolvidas nos nossos estudos urbanos, já há alguns anos, sobre as imagens e os imaginários da cidade. O filme *Retratos fantasmas* (Retratos, 2023) serve como lugar de problematização neste ensaio, em que as imagens e os imaginários são tomados como principais elementos de análise e compreensão da percepção e representação da cidade. O território do qual tratamos, apresentado no filme, é associado ao centro urbano e histórico do Recife (PE), um espaço de grande carga simbólica. Partimos do pressuposto de que o entendimento do espaço urbano – sua análise e compreensão – exige que consideremos as imagens produzidas e transmitidas sobre o território. Essa abordagem funda-se na ideia de que a arquitetura, em seu sentido primário, constitui-se como expressão simbólica da subjetividade.

A citação que intitula nosso texto – "Filmes de ficção são os melhores documentários" – serve de ponto de partida para reflexões. Em uma das tantas cenas intrigantes do filme, essa frase se enuncia quase como um segredo, sussurrada de dentro do Edifício Alfredo Fernandes, antiga sede das distribuidoras de filmes, no Bairro do Recife Antigo (Figura 1). A cena se passa num arquivo e é, na verdade, resgatada de outro filme[42]. A recuperação de imagens – fílmicas e fotográficas – é um artifício recorrente na montagem de *Retratos fantasmas* e na elaboração de um *set*[43] em que a cidade do Recife é apresentada em diferentes momentos históricos, como um cenário em transformação.

---

[42] Eisenstein. Direção de Leonardo Lacca, Raul Luna e Tião. Recife: 2006, 19min.

[43] O entendimento de *set* aqui empregado refere-se ao local onde acontecem as gravações de um filme.

**Figura 1.** "Filmes de ficção são os melhores documentários."

Fonte: Retratos, 2023.

A frase nos faz pensar sobre as nossas relações com as imagens e os imaginários, como algo que está entre o real, concreto, e o fictício, fantasioso. A imagem intriga pela sua capacidade de evocar algo que não está presente, mas que existe, ou existiu. Ela tem também algo de sentimental, e isso nos parece central na nossa relação com a imagem: ela conserva, fixa algo. A partir dessas funções, a imagem, tanto visual como verbal, pode ser compartilhada coletivamente. Quando associados aos elementos do espaço urbano, as imagens e os imaginários veiculam formas de perceber, sentir e desejar a cidade.

Na estrutura deste ensaio, trabalhamos, inicialmente, a dimensão imaginária da cidade e sua imaginação[44], a partir das imagens fílmicas e fotográficas em *Retratos fantasmas*, ponto de partida para a nossa discussão sobre as funções da imagem e dos imaginários. Em seguida, soma-se às nossas análises uma reflexão sobre os imaginários urbanos, resultante de um estudo realizado anteriormente pelas autoras sobre o caminhar fotográfico no bair-

[44] Imagem, imaginário e imaginação são conceitos muito próximos, que derivam da mesma raiz, *imago* / imagem. Como neste ensaio não discutimos conceitualmente a Imaginação, colocamos em nota que ela é entendida como uma elaboração intermediária entre a percepção e o pensamento simbólico. Ação da psique humana, a imaginação advém da dinâmica das imagens percebidas, experimentadas, combinadas e reelaboradas. É, portanto, uma ação essencial para a experiência do mundo e para a elaboração do imaginário.

ro de Santo Antônio, no Recife (Farias; Leite, 2023; Farias, 2022). Enquanto recifenses que vivem e habitam o Recife, os argumentos que apresentamos neste ensaio são igualmente permeados por nossas vivências pessoais.

## *Retratos fantasmas*

*Retratos fantasmas* é um filme-documentário dirigido por Kleber Mendonça Filho. Kleber é jornalista de formação, foi crítico de cinema do *Jornal do Commercio*, coordenador de cinema da Fundação Joaquim Nabuco (Fundaj), no Recife, e dirigiu filmes como *Bacurau* (2019), *Aquarius* (2016), *O som ao redor* (2012) e o curta *Recife frio* (2009, 24min.). A temática das cidades e da produção do espaço urbano, seja ele real ou imaginário, é presente nesses filmes, tomando um papel central nas produções de 2016, 2012 e 2009, bem como em *Retratos fantasmas*. Neste último filme, o diretor expõe sua paixão pela cidade do Recife, especialmente a partir das salas de cinema que ele frequentou na sua juventude (Figura 2).

**Figura 2.** "Essa minha relação com o centro [do Recife] passa pelos cinemas."

Fonte: Retratos, 2023.

Apresentado em primeira pessoa, o filme utiliza a voz *over*[45] como um importante instrumento narrativo. Conhece-se a identidade do narrador e a sua história, a qual, entre ficção e documentário, entremeia-se àquela do filme, que é muito autobiográfico. Quanto às imagens, o diretor recupera cenas de filmes anteriores (*Aquarius*, *O som ao redor*, *Recife frio*), bem como cenas gravadas do acervo pessoal, além de fotografias antigas de álbuns de família. É nesse contexto de imagens e narrativa que adentramos o apartamento habitado por ele, *set* de filmagem de antigos filmes, e das cenas iniciais de *Retratos fantasmas*.

A primeira parte do filme, "O apartamento de Setúbal", passa-se no apartamento em que viveu Kleber Mendonça, num bairro de classe média recifense (bairro de Setúbal, extensão do bairro de Boa Viagem). A narrativa tem como fio condutor as reformas do apartamento, enquanto cenário da vida dos seus moradores, e o desenvolvimento do bairro, lugar de várias experimentações cinematográficas.

A segunda parte do filme, "Os cinemas do centro do Recife", é aquela que de fato nos interessa aqui, pois é quando o diretor aborda as transformações urbanas do centro do Recife do século XX, tomando como elemento da narrativa o apogeu e a decadência dos cinemas de rua na cidade. O centro urbano e os cinemas são apresentados por meio de imagens tanto coloridas como em preto e branco, de diferentes naturezas e temporalidades. Como numa "manipulação do tempo", essas imagens provocam um constante contraponto de épocas, principalmente entre os anos 1970 – período de profundas transformações do centro urbano do Recife – e os dias atuais. Por meio de fotos, vídeos e relatos pessoais, as imagens do presente se entremeiam às imagens do passado, numa mistura de ficção e realidade, fantasmagoria e documentário.

Kleber Mendonça apresenta-nos também um profundo laço sentimental com os seus lugares de vida: do apartamento, passando pelo seu bairro, até a cidade. No seu relato, percebe-se como a relação, sentimental, com o espaço habitado é semelhante à relação afetiva entre sujeitos. A sua casa/casa de sua

[45] A voz *over*, comum na prática documental, é aquela gravada muitas vezes em estúdio, usando um texto de apoio, que é lido externo à ação da cena. Também chamado de narração, locução *off*, e também voz de Deus.

mãe como extensão da própria mãe e de sua infância. A cidade-sujeito como um ser amado, a quem é importante dizer que se ama (Figura 3).

**Figura 3.** Eu amo o centro do Recife.

Fonte: Retratos, 2023.

*Retratos fantasmas* nos leva, assim, a pensar a dimensão subjetiva da arquitetura. Identifica-se, na espacialidade habitada e narrada por Kleber, um quadro de vida e de existência, um lugar de constituição subjetiva, que participa da sua formação, a partir de vivências, memórias e emoções, tanto individuais como coletivas. A dimensão subjetiva da arquitetura é explorada, neste ensaio, por meio de um conjunto de imagens e dos imaginários que emergem do centro histórico do Recife, mais especificamente os bairros da Boa Vista e Santo Antônio, onde se localizavam os cinemas de rua dos quais trata o filme.

## Funções da imagem

Em *História natural*, Plínio, o Velho, refere-se à lenda da origem da pintura. No mito, a pintura é identificada com o retrato:

> Ao utilizar também a terra, o ceramista Butades de Sycione foi o primeiro a descobrir a arte de modelar os retratos em argila; passava-se isto em Corinto, e ele deveu a sua invenção à sua filha que se tinha enamorado por um rapaz; como este ia partir para o estrangeiro, ela contornou com uma linha a sombra do seu rosto projectada na parede pela luz de uma lanterna; o seu pai aplicou a argila sobre o esboço, e fez um relevo que pôs a endurecer ao fogo com o resto das suas cerâmicas, depois de o ter secado (Plínio, O velho, apud Bailly, 2009, p. 34, tradução nossa).

Esse mito é recuperado por Jean-François Bailly (2009) numa conferência sobre as imagens. O mito, publicado por volta dos anos 77 d.C., apresenta o aparecimento da pintura como imagem que se elabora a partir da ação de contornar a sombra de um rosto. Para nós, o interessante do mito é sugerir uma relação entre a criação da imagem, na pintura, e a história de amor. Diante da iminência da partida do seu namorado, ou seja, do seu desaparecimento, a filha do ceramista elabora uma imagem do seu rosto como tentativa de mantê-lo próximo e presente.

Sem dúvidas, uma das grandes funções da imagem parece ser "reter" o real. Se pensamos nas primeiras grandes produções de imagens fotográficas dos espaços urbanos, elas também atestam essa função, pois partem da necessidade de documentar uma paisagem urbana em transformação. Citamos como exemplo as fotografias das reformas urbanas de Paris do século XIX, feitas por Charles Marville (1813-1879), no *Album du Vieux Paris 1865-1868* (Kennel, 2013), assim como as imagens do fotógrafo Benício Dias (1914-1976), que registram as reformas que ocorreram nas áreas centrais do Recife nas décadas de 1930 e 1940 (Malta; De Araújo, 2015).

Essas imagens fotográficas são testemunhos de uma realidade urbana em transformação. Mas elas também serviram às exposições, ao encantamento do grande público, como nas exposições universais (Charpy, 2016), e foram reunidas em álbuns, como uma coleção, associadas à produção dos seus autores fotógrafos. Assim, essas imagens adquirem igualmente um caráter artístico.

Não pretendemos, aqui, adentrar a discussão ou categorização das imagens como elemento artístico. Buscamos, sobretudo, vê-las como um elemento de uma experiência subjetiva que é atravessada por encantamento, magia e, sobretudo, imaginação. Além disso, ao tomarmos as imagens fotográficas por imagens artísticas, adentramos numa categorização que nos permite associá-las às imagens do cinema, imagens da oitava e da sétima arte respectivamente, numa perspectiva de análise e compreensão do fenômeno urbano. Interessa-nos, nessa associação de imagens, discuti-las enquanto elementos de uma experiência subjetiva associada ao espaço, à arquitetura.

A componente sentimental é central na nossa relação com a imagem, e ela indica também uma relação com a memória. A imagem que fixa o mundo é algo do qual nos lembramos mais facilmente (Bailly, 2009). Trata-se, portanto, da imagem que se associa à função de conservar, fixar algo vivido, real, e, ao mesmo tempo, é vista como um elemento mágico. São imagens de uma elaboração da psique humana, dotadas de uma carga emocional, simbólica e cultural, da qual participam o espaço, o corpo e o outro, tal como a imagem criada pela filha do ceramista Butades, o retrato do seu namorado, na iminência de uma despedida. Ou como as imagens de *Retratos fantasmas*, reunidas por meio do mapa sentimental de Kleber Mendonça Filho do centro do Recife (Figura 4).

**Figura 4.** Mapa sentimental de Kleber Mendonça Filho do centro do Recife. Destacam-se os cinemas Moderno, Art-Palácio, Trianon e Veneza (desativados), São Luiz e do Teatro do Parque (sobreviventes).

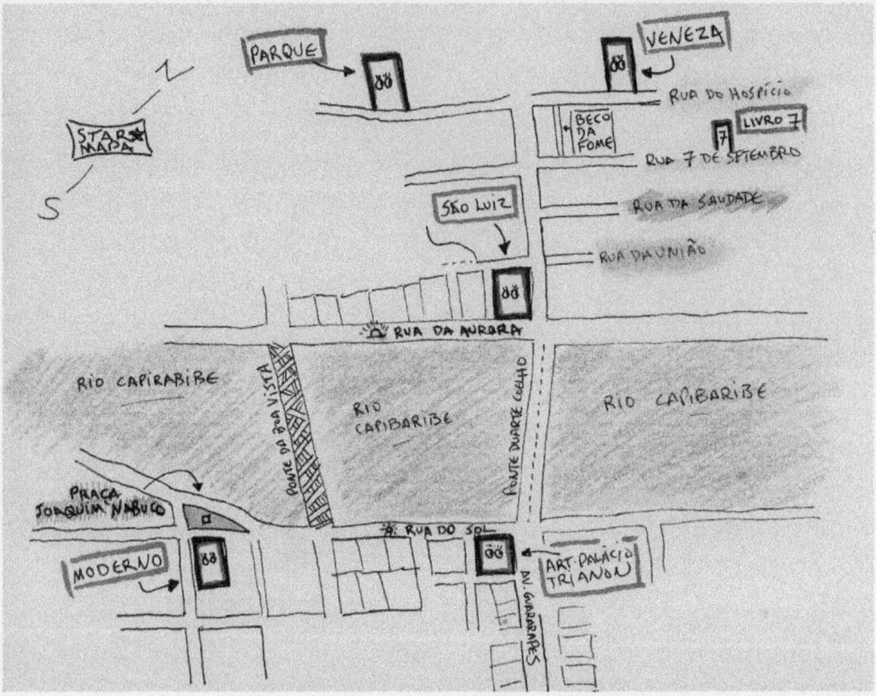


Fonte: Retratos, 2023.

## Imaginários urbanos

Retomamos aqui nossa proposta de um caminho de abordagem do espaço urbano considerando as imagens produzidas e compartilhadas sobre o território. Essa proposta não vem apenas do fato de que vivemos, hoje, imersos em imagens, de todos os tipos. Vem igualmente da constatação de que as imagens são algo que faz parte da vida humana. As imagens nascem da interação do homem com o ambiente que o rodeia, seja ele físico, natural e/ou cultural. Elas são constitutivas da nossa relação com o espaço, com o outro, e da nossa própria subjetividade. O homem, mesmo sem os meios técnicos que conhecemos hoje em dia, nunca viveu sem imagens.

Se, como coloca Bailly, "a imagem é algo que nos constitui no nosso universo" (2009, p. 12), o imaginário é esse importante substrato da vida mental da humanidade, que configura uma dimensão constitutiva das suas civilizações (Durand, 1994). Muito além de um "conjunto de imagens", o imaginário se constrói das imagens que ganham sentido simbólico, para além do que é percebido empiricamente (Wunenburger, 2003). O imaginário configura um campo cognitivo que estrutura nossos pensamentos e ações, no qual as imagens apresentam uma lógica própria. Esse "mundo de imagens", tanto visuais como linguísticas, participa dos processos de construção de sentido compartilhados no seio de uma coletividade.

Por isso, longe de ser algo ilusório ou irreal, o imaginário é uma camada estruturante da nossa subjetividade, através da qual nós vivemos, sentimos, pensamos e existimos. Ele está intimamente ligado ao nosso cotidiano, e sua interpretação prescinde de um entendimento do ambiente, assim como do contexto cultural e histórico do social ao qual se refere. Nessa perspectiva, a cidade é um campo bastante fértil para elaboração de imagens e para o imaginário.

O imaginário funciona como uma matriz cognitiva em que se estruturam as relações entre as imagens, oferecendo outra camada de leitura e interpretação das imagens. Os imaginários urbanos constituem, aqui, um campo que é, ao mesmo tempo, terreno de reflexão e espaço de experimentação. É nesse contexto que as imagens e os imaginários vêm integrando nossas pesquisas nos últimos anos, interessadas em investigar, pelo viés da subjetividade, diferentes fenômenos urbanos.

## Imaginários do Recife em *Retratos fantasmas*

As imagens de *Retratos fantasmas* nos fazem refletir e adentrar os imaginários do Recife, sobretudo aquele relacionado às transformações do centro histórico do Recife, ocorridas nas últimas décadas, quando o centro deixou de ser um importante espaço na dinâmica urbana – das salas de cinema, tema central do filme –, transformando-se num lugar de abandono e decadência. Kleber Mendonça chega a comentar: "O centro é o lugar que uma parte da cidade parece ter esquecido que existe. Tem o clima decadente de quem foi abandonado sem grandes explicações" (Retratos, 2023). Essas imagens, de abandono e decadência, integram um imaginário do centro do

Recife, sobretudo para uma população que não o habita. Esse imaginário é também veiculado pela mídia local, associado à violência e ao sentimento de medo. Trata-se, ainda, de um imaginário retinido em outras capitais brasileiras com relação aos seus centros históricos.

Em *Retratos fantasmas*, as imagens revelam um passado dinâmico do centro do Recife que não existe mais. As visões dos prédios e das fachadas onde se abrigavam as salas de cinema são marcadas pela ausência. Essa sensação é provocada pelo vai e vem entre imagens de diferentes temporalidades, em torno do movimento nas salas de cinema, das mensagens dos letreiros e dos filmes em exibição. Tal sobreposição de imagens reaviva aquelas da memória e integra, no seu conjunto, o imaginário coletivo do antigo centro da cidade.

Diante de uma narrativa permeada pela subjetividade, o filme provoca também um choque de imagens entre os diferentes sujeitos. As imagens de *Retratos fantasmas* nos fazem resgatar experiências pessoais, da nossa casa, do nosso bairro e da nossa cidade, seja ela o Recife ou outra capital brasileira. Dessa maneira, o filme ajuda a compor um imaginário urbano local, daqueles que vivem e viveram o Recife, e outro mais amplo, que se elabora por meio das imagens de uma "cidade fantasma", nunca vista e, agora, imaginada. O imaginário urbano do Recife torna-se, assim, partilhado.

## Recife imaginado

Segundo a narrativa de *Retratos fantasmas*, identificamos que o sentimento de nostalgia marca o imaginário do centro histórico do Recife e, mais precisamente, do bairro de Santo Antônio. Esse sentimento é provocado pelo contraponto de imagens entre cidade presente e passada, que nos leva a questionar a cidade futura, o lugar de nossas realizações e existência. Partindo da relação com a cidade-sujeito, não é apenas o futuro da cidade que é questionado, mas também nós mesmos. O sentimento de nostalgia emerge diante da constatação da incompletude de um projeto de cidade, uma incompletude que é, de fato, condição humana (Leitão, 2024). Segundo Wunenburger,

> As cidades são pontos de chegada para projetos técnicos, mas também pontos de partida para o imaginário. A cidade, passa-

> da ou futura, torna-se uma área de recepção para frustrações e sonhos em meio a uma nostalgia por algo irreversivelmente perdido. A cidade, objeto de impulsos contraditórios em direção às origens perdidas e em direção a um horizonte futuro inacessível, de fato constitui um mundo de transição entre o real e o irreal (Wunenburger, 2003, p. 4, tradução nossa).

O sentimento de nostalgia identificado em *Retratos fantasmas* foi também revelado pelas imagens fotográficas que produzimos na pesquisa intitulada "Travessias em Santo Antônio: a prática do caminhar fotográfico na apreensão de atmosferas e ambiências" (Farias, 2022), na qual registramos o bairro de Santo Antônio no período de 2019 a 2021. O objetivo desse estudo foi compreender como a prática do caminhar fotográfico pode auxiliar o arquiteto urbanista na apreensão de atmosferas e ambiências. O estudo baseou-se na realização de caminhadas fotográficas, na elaboração de Diários de Bordo das caminhadas e na construção de montagens fotográficas, observando principalmente como esses experimentos contribuem para a investigação do espaço.

Nesse estudo, a partir das imagens produzidas em campo, foram elaboradas algumas montagens. Trabalhamos com as montagens fotográficas, numa perspectiva warburguiana (Didi-Huberman, 2013), como um exercício de investigação das imagens considerando possíveis conjuntos e relações, compreendendo o ato de montar como um ato de pensar, de colocar as imagens em movimento e de friccioná-las entre si. Em uma dessas fotomontagens, construímos agrupamentos de imagens que revelaram sentimentos experienciados (e compartilhados) em relação ao bairro de Santo Antônio. Resgatando, para este ensaio, o conjunto de sentimentos vivenciados, percebemos a presença do sentimento de nostalgia e de saudade (Figura 5).

**Figura 5.** Nostalgia e Saudade: fotografia de um trecho da fotomontagem elaborada pela autora.

Fonte: acervo de Marília Farias, 2022.

A tomada das fotografias coincidiu com o período da pandemia de covid-19, momento em que houve uma intensificação do esvaziamento do centro da cidade, resultando, assim, em imagens que retratam o abandono e a decadência desse recorte do centro histórico recifense (Figuras 6 e 7), sentimento que temos também ao assistir ao filme.

**Figuras 6 e 7.** Fotografias do bairro de Santo Antônio.

Fonte: acervo de Marília Farias, 2022.

No entanto, muitas das imagens presentes no estudo revelaram um centro ainda vibrante, com suas cores, cheiros e sabores, povoado por pessoas, mercadorias, animais de rua (Figuras 8, 9 e 10). Além de moradores, registramos trabalhadores, vendedores, ambulantes, caminhantes que vão às compras, pessoas de passagem. As imagens testemunham o centro como lugar de sociabilidade, de atravessamentos cotidianos e de usos tradicionais da rua que não se observam em outros bairros do Recife, como jogar dominó, engraxar sapatos, vender discos de vinil. Na vivência do bairro, lembramos que uma vez por ano ele é palco do Carnaval, que ele é também lugar de protestos e manifestações e que abriga tradicionais procissões religiosas.

**Figuras 8 e 9.** Fotografias do bairro de Santo Antônio. Acima, vê-se, ao fundo, uma parede de tijolos vedando parte da fachada do antigo cinema Art Palácio.

Fonte: acervo de Marília Farias, 2022.

**Figura 10**. Fotografia do bairro de Santo Antônio.

Fonte: acervo de Marília Farias, 2022.

Essas imagens, reveladoras da sobrevivência do centro do Recife nos dias de hoje, ao invés de se contrapor àquelas que transmitem um estado de abandono, mescla-se a elas. A experiência das imagens do centro, mesmo num contexto de decadência, é marcada pelo retorno de imagens do seu passado pujante, por meio da memória, e pelo sobrevir das imagens de um presente ainda vivo.

Poderíamos pensar nas imagens do presente, sejam elas de abandono ou vitalidade, como imagens de sobrevivência, seguindo o pensamento warburguiano que considera a função memorativa das imagens (Didi-Huberman, 2013). Essa ideia compreende que as imagens elaboram a memória em um constante movimento de idas e vindas e de retomada dos tempos. Essa compreensão nos ajuda também a entender os processos de elaboração e partilha dos imaginários e a pensar o futuro.

É interessante apontar que, observando e resgatando as imagens fotográficas produzidas no trabalho de 2022, percebemos que algumas delas estão presentes também em *Retratos fantasmas*. As imagens (tanto do filme, quanto as nossas) colocam em evidência cenas de um cotidiano e de um tempo que parece fixado no passado; elas trazem um sentimento de saudade, do afeto que nos ata ao espaço, e revelam uma relação subjetiva com a cidade.

Destacamos, por exemplo, dentre as imagens presentes em *Retratos fantasmas* e no nosso estudo, as que registram a presença dos peixinhos à venda na Rua do Sol, à beira do rio Capibaribe. Essas imagens nos relembram as visitas que fazíamos ao centro, enquanto crianças, quando caminhávamos com nossos pais, ou íamos fazer compras acompanhando nossas mães, e parávamos para ver e comprar os peixinhos, num momento de pausa e contemplação (Figuras 11 e 12).

**Figuras 11 e 12.** Acima, frame do filme *Retratos fantasmas*.
Abaixo, fotografia do bairro de Santo Antônio.

Fontes: Retratos, 2023; e acervo de Marília Farias, 2022.

Outra imagem do nosso estudo que se repete no filme é a de um personagem (Figuras 13 e 14). Esse sujeito que trabalha e habita o cotidiano do lugar é representado, nesse caso, pelo vendedor de cocos. Nas imagens, trata-se do mesmo vendedor e do mesmo local. No entanto, enquanto personagem, essa é uma figura encontrada ocupando outros espaços do centro e que nos lembra da sensação de prazer e de frescor em matar a sede com a água doce e gelada após as caminhadas sob o sol quente de uma cidade litorânea como o Recife.

**Figuras 13 e 14.** À esquerda, frame do filme *Retratos Fantasmas*. À direita, fotografia do bairro de Santo Antônio.

Fontes: Retratos, 2023; e acervo de Marília Farias, 2022.

Por fim, outra repetição de imagens identificada tem como objeto uma mesma rua, esvaziada, captada quase do mesmo ângulo (Figuras 15 e 16) e que expressa a angústia que sentimos ao perceber um centro despovoado, de portas e janelas fechadas, fachadas sem mercadorias, como sinal de decadência.

**Figuras 15 e 16.** Acima, frame do filme *Retratos fantasmas*. Abaixo, fotografia do bairro de Santo Antônio.

Fontes: Retratos, 2023; e acervo de Marília Farias, 2022.

## Considerações finais

De um modo geral, a cidade e sua imagem, sua fisionomia, estão sempre em transformação, sob efeito dos ritmos de vida, de circulação e de concentração de pessoas, da diversificação de atividades e dos nossos desejos, sonhos e ambições. Essas transformações se estendem, de modo geral, aos imaginários urbanos, marcados por certa ambivalência, uma vez que a cidade é tomada como "molde cognitivo", estabelecendo relação entre as motivações e as maneiras de ser que não são nem exclusivamente racionais nem exclusivamente emocionais (Leite, 2011).

As imagens aqui analisadas elaboram facetas do imaginário urbano do Recife, sejam elas representativas de degradação ou sobrevivência. Nesse Recife imaginado, as imagens do presente se associam àquelas de tempos passados e de outros sujeitos, constituindo um imaginário socialmente partilhado, como foi observado por meio do filme *Retratos fantasmas*. Por meio da dinâmica das imagens, na qual elas se misturam e se conectam a partir da emoção e das memórias (individual e coletiva), identificamos a elaboração de um imaginário nostálgico do centro do Recife. Realizamos, desse modo, uma reflexão sobre a dinâmica de imagens dentro de um imaginário urbano do Recife, que nos faz sentir, desejar e, cotidianamente, transformar a cidade.

## Referências


AQUARIUS. Direção: Kleber Mendonça Filho. Recife: Vitrine Filmes, 2016.

BACURAU. Direção: Kleber Mendonça Filho e Juliano Dorneles. Recife: CinemaScópio, 2019.

BAILLY, Jean-François. *Le temps fixé*: Petite conférence sur les images. Montrouge: Bayard, 2009.

CHARPY, Manuel. Impossible quotidien? Les photographies de Paris au XIXe siècle. Entre passé et projets. *Histoire urbaine*, Paris, v. 2, n. 46, p. 31-64, 2016. Disponível em: https://doi.org/10.3917/rhu.046.0031. Acesso em: 25 jan. 2025.

DIDI-HUBERMAN, Georges. *A imagem sobrevivente*: história da arte e tempo dos fantasmas segundo Aby Warburg. Rio de Janeiro: Contraponto, 2013.

DURAND, Gilbert. *L'Imaginaire*: Essai sur les sciences et la philosophie de l'image. Paris: Hatier, 1994.

DURAND, Gilbert. As estruturas antropológicas do imaginário: introdução à arquetipologia geral. Tradução de Hélder Godinho. 4ª ed. São Paulo: WMF Martins Fontes, 2002.

FARIAS, Marília. *Travessias em Santo Antônio*: a prática do caminhar fotográfico na apreensão de atmosferas e ambiências. 2022. 248 f. Dissertação (Mestrado em Desenvolvimento Urbano) – Universidade Federal de Pernambuco, Recife, 2022.

FARIAS, Marília; LEITE, Julieta. The process of photography-wandering in the apprehension of urban ambiences and the creation of emotional cities. **Sociétés**, Paris, v. 1, n. 159, p . 51-61, 2003.

KENNEL, Sarah. *Charles Marville*: Photographer of Nineteenth-Century Paris. Chicago: University of Chicago Press, 2013.

LEITÃO, Lúcia. *O espaço das coisas primeiras*: arquitetura, cultura e psicanálise. São Paulo: Annablume, 2024.

LEITE, Julieta. A metrópole como espaço-tipo de uma experiência sensível. *Cadernos Metrópole*, São Paulo, v. 13, n. 26, p. 451-459, 2011.

MALTA, Albertina Otávia Lacerda; DE ARAÚJO, Rita de Cássia Barbosa (org.). *Benicio Dias*: fotografias. Recife: Editora Massangana; Cepe Editora, 2015.

O SOM ao redor. Direção: Kleber Mendonça Filho. Recife: CinemaScópio, 2012.

RECIFE frio. Direção: Kleber Mendonça Filho. Recife: CinemaScópio, 2009.

RETRATOS fantasmas. Direção: Kleber Mendonça Filho. Recife: CinemaScópio, 2023.

WUNENBURGER Jean-Jacques. The Urban Imaginary: an exploration of the possible or the originary? *In*: ***The City That Never Was***. Barcelona: Centre of Contemporary Culture Barcelona, 2003.

# O tecido urbano: fotografia, experiência e cidade na contemporaneidade

DOI: 10.29327/5568666.1-10

Victa de Carvalho

## Fotografia, experiência e cidade

Historicamente, a rua foi o lugar privilegiado do observador moderno, que, por meio de suas experiências ao caminhar pela nova paisagem da cidade, percebia e apreendia diariamente a vida urbana. Nesse novo espaço habitado pelas multidões, pelas novas velocidades agenciadas pelas máquinas, pelas mercadorias que passavam a circular tanto quanto o próprio capital, e pelas imagens que integravam esse amplo circuito de reprodutibilidades, a fotografia moderna encontrou um de seus maiores campos de atuação. A rua, como o lugar por excelência da *flânerie* e da busca pela experiência do sujeito moderno, instituiu-se como paisagem idealizada para as construções imagéticas do cotidiano moderno. No contexto da chamada *streetphotography*, ou fotografia de rua, a concepção de instantâneo fotográfico desempenhou um papel fundamental, não apenas pela agilidade e acuidade visual no registro das cenas e dos acontecimentos diários, mas também pela capacidade de apreensão e fixação desse instante único, privilegiado, sob a forma de películas e papéis fotossensíveis.

A fotografia na cidade se configura como um campo estratégico também para pensar a contemporaneidade, possibilitando diferentes abordagens em relação ao atual regime estético, bem como as possibilidades de produção de experiência nas cidades. No cenário atual, é possível identificar uma nova geração de artistas interessados no cotidiano das ruas das grandes metrópoles, produzindo obras fotográficas que retomam o debate sobre os nossos condicionamentos diários e as suas possibilidades de escape, de transgressão e de ruptura, ao mesmo tempo em que interrogam os limites da própria fotografia na contemporaneidade. São obras que apresentam, na maioria das vezes, paisagens muito simples, sem nenhum acontecimento marcante, em que pessoas comuns em situações rotineiras aparecem sem que haja um instante privilegiado, promovendo um instigante jogo entre o familiar e estranho, pela escolha da iluminação, da pose ou da disposição dos elementos da cena, ou ainda através de recursos narrativos e de montagem que aproximam a fotografia de outras artes como o cinema, o vídeo e a performance.

Não se trata, para essa nova geração de artistas, de utilizar a fotografia para capturar um instante único, tampouco de registrar uma performance espetacular de alguém, nem mesmo de enaltecer o extraordinário desempenho de uma máquina, mas de alcançar o habitual, o banal, o qualquer de cada dia, que transcorre em um tempo que passa de modo simultaneamente disjuntivo e poético, porém complexificado pelas estratégias artísticas dos dispositivos[46] utilizados pelos artistas. Observa-se nessas imagens uma qualidade de experiência específica, na qual o espectador é frequentemente convidado não mais a observar a imagem a certa distância e de determinado ponto de vista, mas é compelido a habitar a imagem, isto é, a experimentá-la de modo corpóreo, aproximado, íntimo, e talvez demasiado incômodo para um típico observador moderno. Desse modo, configura-se uma experiência que dispensa a razão, o discernimento e a clareza sobre quem ou o que está representado na imagem, privilegiando o sensível, e a possibilidade de experiência que ela convoca. São concepções estéticas que remetem aos restos de um cotidiano esquecido e aparentemente sem importância, propostas que se aproximam das brechas da vida urbana alienada e espetacularizada, dos vestígios de experiências vividas em um tempo perdido do cotidiano, e nessas fissuras fazem surgir outras formas de experiência inseparáveis da produção imagética contemporânea.

Na contramão de recentes abordagens que compreendem a contemporaneidade a partir da impossibilidade de traduzir os eventos do dia a dia em

---

[46] As questões que envolvem a noção de dispositivo no campo da arte estão apresentadas no meu livro: *O dispositivo na arte contemporânea: relações entre cinema, vídeo e novas mídias*. O emprego do termo dispositivo foi amplamente utilizado por diferentes pesquisadores do campo da filosofia, da fotografia, do cinema e do vídeo, ao longo das últimas 5 décadas, entre eles Gilles Deleuze, Jean François Lyotard, Foucault, Jean Louis Baudry, André Parente, Ismail Xavier, Jean Marie Schaffer, Arlindo Machado, Maurício Lissovksy, Philippe Dubois, Antonio Fatorelli, com abordagens diferenciadas, ora apontando o seu caráter disciplinarizante e assujeitador, ora privilegiando as possibilidades de escape ao seu funcionamento convencional e a invenção de novas subjetivações. Neste artigo, o dispositivo será abordado como um sistema de forças heterogêneas e assujeitadoras, mas jamais fechado em si mesmo, sempre produtor de suas próprias formas de escape e reinvenção.

experiência, trata-se aqui de uma aposta na experiência urbana através das imagens, e com as imagens. De acordo com Agamben, o homem contemporâneo está mergulhado em uma lógica de vida intolerável e, por isso, é expropriado de sua experiência, sem que seja necessária qualquer catástrofe ou acontecimento extraordinário para consumar tal impossibilidade, "[...] a pacífica existência cotidiana em uma grande cidade é, para esse fim, perfeitamente suficiente [...]" (Agamben, 2008, p. 141). Nota-se, por um lado, que a recusa de Agamben está baseada na impossibilidade de obter uma experiência nos moldes benjaminianos, a partir dos quais a experiência é sempre fundamentada na tradição e na autoridade adquirida. Por outro lado, Agamben aponta também para uma nova condição a partir da qual as experiências contemporâneas se caracterizam pela sua exterioridade, ou seja, para o autor, elas se efetuam cada vez mais fora do homem, nas tecnologias, por exemplo, nas fotografias.

A noção de experiência aqui empregada, tão cara à Benjamin em seus estudos sobre a modernidade do século XIX, prescinde de um sujeito que é ao mesmo tempo anterior e exterior à experiência, e que ao sofrê-la passa a obtê-la como sua, como propriedade e como autoridade. A vivência é sem dúvida um importante componente da experiência, mas não se reduz a ela. Ao contrário das vivências individuais e solitárias, a experiência benjaminiana está na ordem da tradição, acontece por um acúmulo de memória e pode ser narrada e compartilhada. Em Benjamin, a modernidade é marcada pelo empobrecimento dessa experiência diante de um cotidiano massificado e automatizado, sendo a sua incomunicabilidade a consequência mais radical da pobreza disseminada pelos meios de comunicação de massa. No entanto, de modo ambíguo, o pensamento de Walter Benjamin também abre espaço para uma aposta na retomada da experiência a partir de condições específicas nas Artes ou na Literatura, e parece contribuir para a ideia de que um novo modo de habitar e experienciar o mundo pode ser reinventado quando nos abrimos às potencialidades criativas de um cotidiano heterogêneo.

Em meio a uma superprodução de imagens do comum e do banal no campo da arte, as possibilidades de se obter uma experiência parecem, a princípio, tão precárias quanto as chances de uma experiência na vida cotidiana. No entanto, é possível reconhecer trabalhos fotográficos que atuam como resistência diante das crises políticas, estéticas, sociais, ambientais, econômicas da atualidade, e fazem refletir sobre a possibilidade afirmativa e transformadora do sensível na redistribuição dos lugares de fala e de experiência, no sentido atribuído às partilhas por Jacques Rancière (2000), abrindo caminho, destarte, para um pensamento que se desvia do racionalismo da eficácia, do determinismo tecnológico, e também do materialismo histórico, e recupera a experiência fotográfica do cotidiano como uma tática para a transformação e para a invenção de novos modos de vida para os sujeitos e para as imagens. Através de trabalhos fotográficos que abordam o cotidiano em vista das suas múltiplas temporalidades e espacialidades, das diferentes formas de estar e não estar imerso no cotidiano, e das relações que ele pode estabelecer entre diferentes formas de vida, é possível constatar como a experiência sobrevive (no sentido de insiste) na cidade contemporânea. Interessam seus espaços e tempos de sobrevivência, seus refúgios, seus modos de se transformar, persistir, e produzir relações.

Seja como repetição, como deriva, ou como espera, o cotidiano urbano oferece variadas oportunidades para a produção de experiências através da fotografia. Certamente, esses são modos potentes de experimentar o cotidiano das cidades que integram uma ampla cartografia da modernidade à contemporaneidade, presente na pintura, na fotografia, no cinema, no vídeo e na literatura, de modo a oferecer diferentes experiências do tempo, seja através da circularidade ensejada pela infinita repetição figurada no trabalho das linhas de montagem das fábricas, seja através de derivas, imaginativas ou corpóreas, dos caminhantes que não desejam chegar a lugar algum, pois trata-se da experiência mesmo do percurso, seja através da espera, na experiência de um tempo dilatado, sem linearidade ou finalidade, mas que em sua duração pode aludir a outras subjetivações. Do século XIX até hoje, cada uma a seu modo, essas imagens do cotidiano produziram e continuam produzindo uma complexa maquinaria do tempo, que permite tanto identificar os modelos estéticos e subjetivos hegemônicos, suas forças e seus assujeitamentos, quanto habitar as brechas, os intervalos, as lacunas que figuram como os restos potentes de um mundo por vir.

Há, no entanto, um outro modo possível de perceber o cotidiano que escapa aos principais estudos da cultura visual, e que eu gostaria de destacar aqui a partir da metáfora do tecido, o cotidiano como um tecido urbano, uma trama de relações, no sentido em que materializa as interconexões que produz. A experiência do cotidiano nas cidades pode, e deve, ser também pensada a partir das relações que produz entre diferentes formas de vida, entre diferentes temporalidades e espacialidades. Usualmente, a metáfora do tecido é utilizada para fazer referência às mais diversas relações entre ideias, pessoas e coisas. Tecemos relações, costuramos ideias, tramamos conversas. No campo da literatura, Tarama Kamenszain (2000) comparou o texto a um tecido, um relato a uma costura, um poema a um bordado. No campo da geografia urbana, expressões como tecido urbano ou malha viária fazem parte do vocabulário específico da morfologia das cidades, segundo Stael Costa (2007). No campo das artes visuais e audiovisuais, os procedimentos de montagem são frequentemente associados a modos diferentes de aproximar as imagens, a exemplo de Eisenstein (2002) e Didi-Huberman (2017). Para além das especificidades que definem esses diferentes campos, interessa destacar a ideia que permeia a metáfora dos tecidos, das tramas e das tessituras: a urgência em conceber relações capazes de configurar outros modos de ser e de estar no mundo. Pensar o cotidiano a partir da metáfora dos tecidos é, sobretudo, uma aposta teórico-metodológica nas relações como modo de experienciar mundos outros.

O tecido urbano torna-se, então, sob a lógica das relações, um modo de existência das imagens que privilegia as conexões, as interdependências e as zonas de contato entre diferentes procedimentos técnicos, meios artísticos e modos de ver. Colocadas em perspectiva, as propostas fotográficas aqui apresentadas dão a ver uma dimensão política na qual outros modos de perceber e experimentar o cotidiano das cidades são privilegiados.

O gesto experimental marca presença significativa no que hoje chamamos de fotografia contemporânea. São cada vez mais frequentes os trabalhos artísticos que assumem uma compreensão do atual regime de imagem como aquele em que predominam as passagens, as lacunas e os desvios à forma canônica, bem como o cada vez mais intenso diálogo entre os meios. A fotografia expandida ou experimental contemporânea conduz à necessidade de um outro olhar sobre as suas concepções modernas essencialistas, as suas teorizações por vezes reducionistas, orientadas a um conjunto específico de estratégias de um modelo de representação bidimensional, sempre associado à sua estaticidade. Fazem parte da produção fotográfica atual trabalhos que utilizam diferentes estratégias de captura e montagem das imagens, bem como dos mais variados materiais para criar essa trama de conexões espaciais e temporais: câmeras pinhole, sobreposições de imagens, longas exposições, fotografia bordadas e impressões em tecidos.

Ao compreender a fotografia sob uma perspectiva expandida, que permite recontar a sua história desde o ponto de vista relacional com as outras artes e mídias, foi possível contornar algumas das limitações e das determinações essencialistas frequentes na crítica modernista. Tal perspectiva, utilizada por alguns dos teóricos mais relevantes da fotografia no Brasil, destaca a "convergência dos meios" (Machado, 2007, p. 65) na produção contemporânea, com seus processos "inovadores de hibridização, de fusão das estruturas discretas" (Machado, 2007, p. 65), com ênfase "no processo de criação e nos procedimentos usados pelo artista" (Fernandes, 2006, p. 11), e privilegia o chamado "paradoxo da fotografia" (Fatorelli, 2016, p. 40), que se pode observar "nos diferentes modos de inscrição temporal nas imagens fotográficas" (Fatorelli, 2016, p. 40). Trata-se, portanto, de uma produção visual dissonante, que busca reinventar o dispositivo fotográfico e os modelos de subjetividade a ele associados ao longo da modernidade. Uma geração de artistas inquietos, que reviram o dispositivo fotográfico de modo a promover estratégias que escapam do seu modelo de funcionamento hegemônico e convocam a outras formas de experiência com a imagem.

## Fotografia e tecido

É notório o crescimento da arte têxtil no cenário artístico internacional mais recente, a partir de nomes como Ernesto Neto, Joana Vasconcelos, Sonia Gomes, Cecilia Vicuña, entre muitos outros, rompendo com a forte resistência que a prática têxtil ainda encontra no campo da arte. Designada como uma prática menor, segundo a socióloga brasileira Ana Paula Simioni (2010), a desvalorização das práticas têxteis remonta a construções sociais que remetem ao Renascimento, período em que se afirma a prática artística como uma prática prioritariamente intelectual executada pelas mãos, ancorada nas habilidades técnicas da pintura, da escultura e da arquitetura. É o período que caracteriza a distinção entre as artes puras e as artes inferiores, que mais tarde passam a ser chamadas artes aplicadas, e associadas a tarefas femininas, entre elas a arte têxtil. Segundo Siminoni (2010), essas modalidades artísticas foram sendo cada vez mais praticadas por mulheres impedidas de frequentar as Academias de Arte: "Gêneros outrora valorizados, como a tapeçaria e o bordado, centrais durante a Idade Média, passaram, ao longo da Idade Moderna, a comportar duas cargas simbólicas negativas: a do trabalho "feminino", logo inferior, e a do trabalho manual, a cada dia mais desqualificado", afirma Siminoni (Siminoni, 2010, p. 5). Trata-se, evidentemente, de um modo de experienciar o cotidiano ligado a uma certa tradição das mulheres, não apenas no Ocidente, aquelas que tiveram suas vidas marcadas pela obrigação da costura e do bordado como práticas específicas de uma educação social, mas também uma tradição de povos mais antigos como os andinos de tradição incaica.

Reapropriada durante o século XX, por iniciativa das artistas Gunta Stolztl e Anni Albers, a arte têxtil passa a integrar, a partir de 1920, o conjunto de disciplinas da escola de Arte Bauhaus, como parte de seu projeto de aproximação entre arte e as práticas artesanais pré-industriais. Mas foi preciso esperar até a década de 1960, quando aconteceu a primeira Bienal Internacional de Tapeçaria, em Lausanne, na Suíça, para que o têxtil encontrasse de fato um espaço no campo da arte. O uso do têxtil na produção de esculturas e instalações artísticas chamou a atenção para o potencial estético e político desse campo através dos trabalhos das artistas colombianas Olga Amaral, Graciela Samper e Marlene Hoffman, e das norte-americanas Sheila Hicks e Claire Zeisler, entre outras. A partir das décadas de 1960 e de 1970, é Sheila Hicks quem associa a produção artística têxtil a uma agenda feminista, frisando a urgência de promover uma revisão da história da arte que explicitasse o privilégio de determinadas práticas e materiais em detrimento de outras, reafirmado, com isso, sempre de modo conflitivo, a sua legitimidade no cenário da arte.

No contexto artístico latino-americano, o têxtil foi estratégia utilizada em diversas performances nas décadas de 1960 e 1970, por artistas como a chilena Cecilia Vicuña e seus inúmeros "Quipus", ou como as artistas brasileiras Lygia Clark, na performance "Baba Antropofágica" (1969), Ana Maria Maiolino, na fotografia "Por um fio" (1976), e Letícia Parente, no vídeo "Made in Brazil" (1975). Mais recentemente, o campo da arte assistiu a um renovado impulso de valorização da arte têxtil, a exemplo da 35ª. Bienal de Arte de São Paulo (2024), ou da retrospectiva "Cecilia Vicuña: sonhar a água, uma retrospectiva do futuro", na Pinacoteca de São Paulo (2024), artista que venceu o Leão de Ouro em Veneza em 2022. Em destaque estão também as novas relações entre fotografia e arte têxtil, através de diferentes obras, a exemplo de "Repleninshing" (2001), da cubana María Magdalena Campos Pons; das obras "Bastidores" (1997) e "Assentamento" (2013), da brasileira Rosana Paulino; da série "Linha vermelha" (2016), da brasileira Anna Dantas; da série "Ausências" (2017), da brasileira Nana Moraes, entre muitas outras. Essa lista é longa, e o objetivo aqui é apenas apontar a variedade e a forte presença do têxtil no trabalho de artistas no contexto da fotografia contemporânea latino-americana.

No campo das produções artísticas, o tecido tornou-se, portanto, uma importante metáfora para falar da relação de interdependência entre todos os seres. No campo da fotografia, o uso do têxtil vem sendo cada vez mais associados a modos de tecer relações entre as imagens e os meios, entre o presente e o passado, entre a razão e o sensível. São trabalhos artísticos que usam o têxtil não apenas para expandir os limites convencionais da fotografia e instaurar diálogos com outros campos artísticos, mas também para recontar histórias, produzir memórias, explicitar diferentes visões de mundo e construir novas relações sensíveis a partir do cotidiano. Ao ultrapassar os limites das especificidades que definem esses diferentes campos, esses trabalhos potencializam a ideia que permeia a metáfora dos tecidos, das tramas e das tessituras: a urgência em conceber relações capazes de configurar outros modos de ser e de estar em comum.

## Ana Teresa Barboza – "Brotos" (2013/2014)

Ao longo de sua carreira, a artista Ana Teresa Barboza vem desenvolvendo seu trabalho têxtil com tapeçarias e bordados, de modo a favorecer um diálogo entre as formas, as cores, os materiais que utiliza, e as comunidades tecelãs tradicionais que vivem em terras peruanas. De modo geral, as suas obras fazem alusão às paisagens características de seu país de origem, muitas vezes desérticas, nas quais as relações entre os ecossistemas são tão importantes para a sobrevivência quanto o seu valor simbólico aferido por aqueles que habitam essas localidades. Formada pela Universidade de Belas Artes de Lima, as principais técnicas de trabalho utilizadas por Ana Teresa Barboza foram aprendidas nas comunidades da zona de Junín Huancayo, Lambayeque, Ayacucho e Cuzco, para onde viaja com frequência e permanece por um tempo prolongado, o suficiente para aprender sobre a cultura, os modos de produção e tingimento dos fios, as técnicas de tecelagem e bordado e, sobretudo, para criar vínculos com essas comunidades guardiãs de saberes tradicionais. São esses vínculos que garantem que o trabalho da artista possa se dar em continuidade com esses saberes, e assim colocar em questão as noções de obra artística, autoria, autonomia, especificidade, e de seres viventes.

A série "Brotos" (2013/2014) integra um conjunto de trabalhos mais amplos que fazem uma crítica ao modelo de vida atual baseado no extrativismo e na destruição de regiões naturais de grande importância para o planeta e para as comunidades que habitam essas localidades. Segue, no entanto, uma via alternativa à explicitação da devastação e da distopia, que predomina nas produções mais recentes voltadas para as emergências climáticas, e se volta para a importância da construção de outros modos de sobreviver às catástrofes ambientais de dimensões planetárias. De modo geral, seus trabalhos artísticos dão vida a propostas que inventam mundos atravessados por diferentes modos de ser, criam uma linha de fuga no dispositivo capitalista neoliberal e propõem um campo de imanência, uma possibilidade de vida em meio à destruição. Desenvolvida a partir da fotografia e do bordado, a série em questão confere uma qualidade poética ao crescimento de pequenas plantas em lugares quaisquer de uma cidade. Em uma pequena fenda no asfalto, em um buraco no meio-fio, ou entre as pedras do calçamento de uma rua, surge, de modo inesperado, uma vegetação, uma forma de vida onde ninguém esperava. Como um "mato que cresce entre as pedras" – fazendo alusão ao título de exposição fotográfica curada por Nelson Brissac no Instituto Tomie Otake, em 2015 –, os fios bordados por Ana Teresa Barboza sobre o papel fotográfico atravessam a imagem, furam o papel e ultrapassam as bordas da própria fotografia, expandindo os seus limites para além da imagem capturada pela câmera.

**Figura 1.** Brotos. Bordado em fotografia, papel de algodão.

Fonte: Ana Teresa Barboza, 2013.

Para o pesquisador e curador Nelson Brissac (2015), é preciso inverter a máxima moderna de que a fotografia de rua se faz a partir de um ponto de vista privilegiado, e sustentar a prerrogativa de que, na atualidade, só se pode ver de dentro, do meio, implicado na cena e não de fora dela. Segundo ele, a chave conceitual utilizada: "como o mato que cresce entre as pedras" é inspirada numa frase, jamais publicada, que teria sido proferida pelo filósofo Gilles Deleuze em uma de suas aulas, referindo-se às formas botânicas que insistem em encontrar brechas entre as pedras das metrópoles, enfatizando a força de resistência daquilo que foi soterrado. Sob essa perspectiva, já não se trata, para Brissac, de ir às ruas buscar imagens que reflitam uma realidade, tampouco de buscar instantes privilegiados para cenas impactantes, pois a própria cidade já não nos oferece essa possibilidade. Trata-se, sobretudo, de mergulhar nas coisas, de percorrer os pontos de vista, de habitá-los. Tal proposição vai ao encontro dos brotos de Ana Teresa Barboza, que surgem em meio à imagem tanto de modo discursivo, nas fendas, nas rachaduras do chão da cidade, quanto de modo material, nas linhas que atravessam o papel fotográfico.

Olhar para o cotidiano a partir das insignificâncias foi a tarefa de Ana Teresa Barboza nesta série. Em vez de erguer o olhar para a paisagem da cidade, para os edifícios ou para as pessoas, a artista olha para o chão, seguindo, poderíamos dizer, a premissa de Michel de Certeau (1994) sobre a importância de deixar de lado a ilusão da cidade-panorama, e olhar embaixo, no limiar da visibilidade, onde "vivem os praticantes ordinários da cidade [...] eles são caminhantes, pedestres, *wandersmanner*, cujo corpo obedece aos cheios e vazios de um "texto" urbano que escrevem sem poder lê-lo" (De Certeau, 1994, p. 171). Segundo o autor, para além do que foi previsto em seu projeto urbanístico, a cidade não cessa de produzir suas contradições, produzindo suas próprias catástrofes e degradações. É nesse contexto que Michel de Certeau nos desafia a pensar fora da relação catástrofe-progresso, e aponta o caminho das práticas chamadas por ele de microbianas de um sistema urbanístico. Tais práticas microbianas reforçam a possibilidade de uma reprodução ilegítima que constitui "regulações cotidianas e criatividades sub-repticias" (1994, p. 175) e podem, segundo ele, ser comparadas às instrumentalidades menores descritas por Foucault, aos detalhes que permitem tanto a organização de um poder quanto as suas possibilidades de escape.

Além da mirada para o chão, Ana Teresa Barboza busca pelas brechas das calçadas, pelas rachaduras no cimento das ruas, através das quais seu bordado pode dar a ver outras organizações de vida. Não é por acaso que a artista, ao longo da série, desenvolve o seu bordado de modo a criar um extracampo para a imagem, um fora da imagem que convida a uma transposição de limites que constitui a sua própria transformação na direção de outras formas de vida. Ao atestar o fracasso de determinado modelo de vida na cidade, como é pressuposto em toda a sua obra artística, Ana Teresa

Barboza inscreve na própria imagem, com linhas multifacetadas, as possibilidades desse fora.

**Figura 2.** Brotos. Bordado em fotografia, papel de algodão.

Fonte: Ana Teresa Barboza, 2013.

Quase imperceptíveis a um olhar distraído, as linhas brancas bordadas na Figura 2 exigem do observador uma percepção aguçada, um tempo lento para a experiência, diferente do ritmo frenético das velocidades urbanas. Para ver esse extracampo, é preciso um olhar aproximado, comprometido com a imagem, capaz de percorrer todo o trajeto das linhas sobre o papel. Com uma estrutura de micélio, as linhas caóticas de Ana Teresa Barboza desfazem a ilusão fotográfica realista, baseada no modelo da Perspectiva unilocular, e criam outros rumos para fora da imagem. Trata-se de uma nova paisagem interconectada, tecida a partir da imagem fotográfica, que convoca a invenção de outros mundos possíveis.

Ainda que a paisagem possa ser compreendida como um gênero pictórico dentro da história da arte, é importante retomar as pesquisas da filósofa Anne Cauquelin (2007) para compreender a invenção da noção de paisagem como uma construção que se dá a partir do uso da perspectiva linear como método ideal de representação do mundo. A partir das leituras dos textos de Cassirer, Alberti e Panofsky, Cauquelin afirma que a Perspectiva é a forma simbólica subjacente à paisagem, que demarca o desejo de que a representação, como uma imagem ilusionista, possa se confundir com a realidade, adquirindo assim um status de realidade autônoma. Demarca, no entanto, uma dualidade que se apresenta não apenas nas concepções de janela, de *analogon* para a representação, mas também, e de modo paradoxal, a distância do real, à medida que se constitui sempre como um fragmento de uma totalidade. A ideia de fragmento é fundamental aqui, e se diferencia do detalhe através de sua função agregadora, ou seja, se destaca por seu potencial de analogia com o todo que repete. A pintura como fragmento do mundo na moldura passa a valer como natureza. Paisagem e natureza se associam, e configuram um modo singular de relacionar sujeito e mundo. Para Cauquelin, natureza não é paisagem, mas passou a ser compreendida assim a partir da consolidação dessa forma simbólica que preside a relação homem-natureza.

A discussão em torno do ideal de transparência atribuído à perspectiva linear reaparece no contexto do surgimento da fotografia no século XIX, e vai alimentar um conjunto de teorias ao longo do século XX que buscavam definir a fotografia como a tecnologia de produção de imagem ideal para a construção de um análogo perfeito da realidade, e o cinema como um dispositivo que daria continuidade a esse modelo de visão. A relação de transparência que permaneceu no ideário da fotografia moderna como uma possível continuação dos códigos naturalistas renascentistas baseou-se em convenções dominantes que restringiram a fotografia e o cinema a um conjunto de possibilidades técnicas. À medida que a obra de Ana Teresa Barboza mistura fotografia e bordados tradicionais, as teorias modernas da fotografia, baseadas em um regime de transparência e de analogia com o mundo, são claramente superadas. Da mesma forma, é superada a compreensão de paisagem natural que prevaleceu no Ocidente como parte de uma distante, caótica e inalcançável natureza, que só se pode conhecer excluindo variáveis incontroláveis, seccionando e dominando o que se pretende analisar. Ao aproximar fotografia e arte têxtil, a artista não apenas ultrapassa a concepção moderna da fotografia, desdobrada também ao longo do século XX em um gênero chamado fotografia de paisagem, mas também expõe as relações conflitivas que constituíram desde sempre os regimes de imagem e de conhecimento nos quais a fotografia e a arte têxtil se desenvolveram.

Os fios que compõem a paisagem das obras de Ana Teresa Barboza são produzidos a partir de animais e vegetais. Trata-se aqui de uma longa cadeia de procedimentos tradicionais de tecelagem que vão desde o cuidado com os animais, com as plantas, com as águas, até o seu desdobramento em relações entre diferentes espécies que ratificam a importância de cada uma dessas subjetividades, cada um desses seres, dessas vidas, que resultarão em fios e depois em tecidos compostos dessas múltiplas subjetividades. A ideia de um objeto sem vida, que se produz a partir de uma matéria-prima retirada de um lugar chamado natureza, é exatamente o que colapsa no trabalho de Ana Teresa Barboza. Sob a perspectiva dos povos andinos, os objetos são sempre tomados como seres viventes, são resultados de cocriações que comportam uma comunidade de seres transformados que garantirão, a partir dessa convivência entre seres heterogêneos, a materialidade da vida que se cria. Matéria, na epistemologia dos povos de língua quéchua e aimará, é sinônimo de ser vivo, que sente, tanto quanto qualquer outro ser vivo, as mudanças em seu corpo e em sua subjetividade de acordo com o modo como são cuidados. Nesse sentido, o que Ana Teresa Barboza faz é produzir outras possibilidades de vida compartilhadas, a partir dessa reunião de seres heterogêneos formados em uma cocriação de cuidados mútuos.

Ao marcar presença significativa no cenário que hoje chamamos de fotografia contemporânea, é fascinante que o gesto experimental tenha adquirido lugar de destaque. Se a fotografia de viés experimental se constituiu na contraposição a um modelo de dispositivo fotográfico que se tornou hegemônico ao longo do século XX, é importante perceber que a atual aproximação dos campos da arte e da fotografia é responsável não apenas por uma flexibilização das fronteiras entre os meios, mas por uma radicalização estética e política de suas linguagens. São cada vez mais frequentes os trabalhos artísticos que assumem uma compreensão do atual regime de imagem como aquele em que predominam as passagens, as lacunas e os desvios de regimes de imagem hegemônicos, bem como o cada vez mais intenso diálogo entre os meios. Adotar uma perspectiva experimental ou expandida para pensar a fotografia contemporânea demanda um outro olhar sobre as concepções modernas essencialistas, de viés universalista. Sob essa perspectiva, é importante evidenciar que as passagens entre as imagens (Bellour, 1997), os híbridos fotocinematográficos (Fatorelli, 2013) e os diferentes modos não convencionais de inscrição das imagens não são novidades, mas existem desde o advento da fotografia, ainda que tenham sido historicamente recalcados sob a denominação genérica de experimental, conforme apontou Antonio Fatorelli (2013, p. 10).

## Conclusões

Os termos "fotografia expandida" e "fotografia experimental" vêm sendo amplamente utilizados para se referir à fotografia contemporânea como aquela capaz de ultrapassar os limites técnicos e conceituais da fotografia moderna, incluindo as mais diversas formas de diálogo com outras artes e intervenções formais, seja como pré ou pós-produção. Ao compreender a fotografia sob uma perspectiva expandida ou experimental, que permite recontar a sua história desde o ponto de vista relacional com as outras artes e mídias, contornamos algumas das limitações e das determinações essencialistas frequentes na crítica modernista, e abrimos espaço para outras produções visuais formuladas sob diferentes bases epistemológicas.

No âmbito de uma fotografia expandida, trata-se aqui de perceber como a fotografia atravessada pelas práticas ancestrais de tecelagem, comumente associadas ao universo do trabalho artesanal feminino, pode funcionar como uma potente estratégia estético-política para a produção de outros modos de ser e de estar em comum. As fotoesculturas aqui apresentadas podem ser observadas como pequenos laboratórios experimentais, nos quais os diferentes métodos de conhecimento e de produção da vida se interpenetram, afetam-se e se criam mutuamente. Ao questionar os dualismos que sustentam as bases de nosso modo de produção de conhecimento, sujeito e objeto, natureza e cultura, Ana Teresa Barboza desafia tanto nosso modo de conhecer e de ver quanto os próprios parâmetros que estruturam o campo da arte, inserindo uma produção têxtil ancestral, qualificada no âmbito da cultura popular, para estabelecer novas relações com o campo artístico. Ao aproximar fotografia e arte têxtil, a obra de Ana Teresa Barboza coloca em relação não apenas os usos e os modos de produção da fotografia, da escultura e do têxtil, totalmente distintos dentro do campo da arte, mas também visões de mundo antagônicas, conflitantes, que problematizam as fronteiras entre os meios de produção de imagens, tanto quanto os limites da compreensão do papel da arte na atualidade. Trata-se de um modo experimental de ser da fotografia, que, aliada ao têxtil, convoca diferentes modos de criar, dialogar, pensar e agir em prol da pluralidade.

## Referências

BARTHES, Roland. A mensagem fotográfica. *In:* BARTHES, Roland. *O óbvio e o obtuso*. São Paulo: Edições 70, 1984.

BELLOUR, Raymond. *Entre-imagens*. São Paulo: Papirus, 1997.

BRISSAC, Nelson. "Ver do meio: como o mato que cresce entre as pedras". (catálogo). Disponível em: http://www.iconica.com.br/site/nelson-brissac-ver-do-meio-como-mato-que-cresce-entre-as-pedras/#_ftn4. Acesso em: 21 mar. 2025.

CARVALHO, Victa de. *O dispositivo na arte contemporânea*: relações entre cinema, vídeo e novas mídias. Porto Alegre: Sulina, 2020.

CAUQUELIN, Anne. *A invenção da paisagem*. São Paulo: Editora Martins Fontes, 2007.

CIAFARDO, Mariel. Las imágenes visuales latinoamericanas. El derecho a la Contemporaneidade. *Octante*, n. 1, p. 23-33, agosto 2016. Disponível em: http://papelcosido.fba.unlp.edu.ar/ojs/index.php/octante/article/view/162. Acesso em: 7 nov. 2023.

COSTA, Stael de Alvarenga Pereira. O estudo da forma urbana no Brasil. *Revista Vitruvius*. Arquitextos, ano 8, 2007.

DE CERTEAU, Michel. A invenção do cotidiano. 1. Artes de fazer. São Paulo: Ed. Vozes, 1994.

DIDI-HUBERMAN, Georges. Quando as imagens tomam posição: o olho da história. Belo Horizonte: Editora UFMG, 2017.

EISENTSTEIN, Sergei. *A forma do filme*. Rio de Janeiro: Jorge Zahar Editor, 2002.

FATORELLI, Antonio. Modalidades de inscrição temporal nas imagens fotográficas. *In:* FATORELLI, Antonio; CARVALHO, Victa de; PIMENTEL, Leandro (org.). *Fotografia contemporânea*. Desafios e Tendências. Rio de Janeiro: Mauad, 2016.

FATORELLI, Antonio. *Fotografia contemporânea*. Entre o cinema, o vídeo e as novas mídias. Rio de Janeiro: Senac Nacional, 2013.

FERNANDES JÚNIOR, Rubens. Processos de criação na fotografia: apontamentos para o entendimento de vetores e das variáveis da produção fotográfica. *Revista FACOM*, n. 16, p. 10-19, 2006. Disponível em: https: //www.faap.br/REVISTA _

FAAP/REVISTA _ FACOM/facom_16/rubens.pdf. Acesso em: 7 nov. 2023.

FOUCAULT, Michel. *As palavras e as coisas*. São Paulo: Editora Martins Fontes, 1999.

GARRAMUÑO, Florencia. *Mundos em comum*. Ensayos sobre la inespecificidad en el arte. Buenos Aires: Fondo de cultura económica de Argentina, 2015.

GIUNTA, Andrea. *Vanguardia, internacionalismo y política*: arte argentino en los años sesenta. Buenos Aires: Siglo XXI Editores Argentina, 2008.

GIUNTA, Andrea. *Contra el Canon*. El arte contemporâneo en un mundo sin centro. Buenos Aires: Siglo XXI Editores Argentina, 2020.

GIUNTA, Andrea. *Feminismo y Arte latinoamericano.* Historias de artistas que emanciparon el cuerpo. Buenos Aires: Siglo XXI Editores Argentina, 2020.

KAMENSZAIN, Tamara. Bordado y costura del texto. *In:* KAMENSZAIN, Tamara. *Historias de amor (y otros ensayos sobre poesía).* Buenos Aires: Paidós, 2000. p. 207-211.

KRAUSS, Rosalind. A escultura no campo ampliado. *In*: *Revista Arte e Ensaios*, v. 17, n. 17, p 128-137, 2008. Disponível em: https://revistas.ufrj.br/index.php/ae/article/view/52118. Acesso em: 21 mar. 2025.

MACHADO, Arlindo. *Arte e mídia.* Rio de Janeiro: Jorge Zahar, 2007.

SIMIONI, Ana Paula. Bordado e transgressão: questões de gênero na arte de Rosana Paulino e Rosana Palazyan. *Revista Proa*, n. 2, v. 1, 2010.

# Autorrepresentação como estratégia de imaginação política nas produções de fotógrafos populares do Rio de Janeiro

DOI: 10.29327/5568666.1-11

Fernando Gonçalves;
Yasmin Belo;
Maria Eduarda Rocha;
Fernanda Duarte

Este artigo aborda as estratégias de autorrepresentação de fotógrafos populares do Rio de Janeiro, que questionam, através de suas imagens, regimes de representação que historicamente desumanizam, apagam ou fixam seus corpos, territórios, memórias, conhecimentos e estilos de vida em uma posição de subalternização e exclusão. A produção e circulação dessas imagens serão aqui consideradas como uma forma de ativismo midiático que busca reconfigurar os imaginários estigmatizados de corpos, territórios e saberes racializados e considerados "menores".

No texto, propomos que essas imagens constituem narrativas que se articulam horizontalmente, estabelecendo e refletindo demandas coletivas, convergindo interesses, organizando ações conjuntas e buscando visibilidade social, a partir de interesses compartilhados. Conscientes da violência desses processos de estigmatização, estes fotógrafos discutem as marcas materiais e simbólicas deixadas em seus corpos e territórios pelo que Shoat e Stam (2006) chamaram de "fardo da representação". São essas marcas que eles buscam reverter através da criação de outras narrativas sobre seus corpos e territórios, por meio das quais tentam reposicioná-los material e simbolicamente.

Tais narrativas visuais têm por característica uma relação direta com sua própria experiência de corpo e território, das quais emergem. É graças a essa pertença e a essa implicação que estes fotógrafos irão produzir o que chamaremos aqui de "fotografia situada", a qual não constitui um novo gênero fotográfico, mas uma forma de fazer fotografia que surge dessas experiências de corpo e território, que permite a construção de formas singulares, afetivas e localizadas de autorrepresentação e autoinscrição através da fotografia.

Como veremos, a emergência dessas narrativas visuais de autoinscrição deve ser entendida como uma resposta a um fenômeno mais amplo e pervasivo, presente em nossas sociedades: a disseminação e naturalização daquilo que Patricia Collins (2002) chamou de "imagens de controle". Trata-se de representações dominantes em nossa cultura visual que foram definindo e fixando, ao longo de nossa história, determinados corpos em posição de subalternidade (hooks, 2019).

Nos estudos visuais contemporâneos, podemos associar a noção de imagens de controle à noção de "visualidade" de Nicholas Mirzoeff (2011), que não diz respeito àquilo que é visto, mas a uma política de visão que tem sido fundamental para a legitimação de formas de controle social através de técnicas de classificação, separação e estetização de determinados grupos. Mas Mirzoeff não se interessa apenas pelas políticas da visualidade, que incluem questões de poder e controle relacionadas à produção e à disseminação de representações dominantes, mas também pelas formas de resistência (chamadas por ele de contravisualidades) que exigem a distribuição da autoridade de representação em um processo que ele chamou de o direito de olhar.

É deste ponto de vista que consideramos as imagens desses fotógrafos como uma forma de contravisualidade. No contexto de países como o Brasil, a fotografia, como outras tecnologias da visão, contribuiu fortemente para as nossas formas de ver esses corpos e, portanto, para a constituição de estereótipos em torno deles, como a associação dos negros à selvageria, à irracionalidade, à desonestidade e à inferioridade intelectual e às favelas e áreas periféricas das grandes cidades como espaços associados apenas ao perigo, à miséria e ao tráfico de drogas.

Na atualidade, esses estigmas estão sendo questionados de diferentes maneiras, inclusive a partir da própria fotografia. A discussão da produção destes fotógrafos aqui nos permitirá abordar dois aspectos relativos a esses processos de contravisualidade: a contestação dos regimes coloniais de visão (Barriendos, 2011; Leon, 2019) e a recodificação visual de corpos e territórios através da criação de outras narrativas sobre eles, com as quais disputarão nossos imaginários colonizados e espaço na cultura visual contemporânea.

## Mapeando contranarrativas visuais

Atualmente, muitos artistas e fotógrafos se dedicam à discussão crítica sobre o papel das imagens na formação de uma cultura visual que reforça e é reforçada por imaginários que estigmatizam corpos racializados e territórios periféricos. Como forma de contraposição, muitos deles passam a produzir e disseminar suas próprias narrativas, a partir de um ponto de vista implicado.

Embora alguns destes artistas e fotógrafos tenham alcançado visibilidade e reconhecimento, muitos deles ainda são pouco conhecidos. Também não se tem deles uma dimensão das suas produções, das estratégias que utilizam ou das formas como circulam suas imagens. Pensando nisso, surgiu o interesse em mapear e dar visibilidade a fotógrafos do Rio de Janeiro que discutam os temas do corpo, do território, da memória e dos saberes tradicionais dentro de uma perspectiva contracolonial (Bispo, 2023).

Esse mapeamento foi iniciado em 2022, com apoio da Faperj, através do projeto Visus decoloniais, vinculado ao PPGCOM-UERJ[47]. Com uma busca ativa no Instagram, o projeto localiza esses fotógrafos e os convida a preencher um formulário de autodescrição para obter dados quantitativos e qualitativos sobre suas produções, de modo a identificar suas próprias visões sobre seu papel como produtores de imagem. Os resultados desse mapeamento, sempre em atualização, podem ser encontrados no perfil do projeto no Instagram e em um site com dados complementares[48]. Embora tenhamos localizado mais de duzentos fotógrafos ou grupos que atuam com esses temas, até o momento 59 fotógrafos preencheram o formulário e possuem um perfil na página do projeto no Instagram e no site.

O mapeamento mostra que a maioria das imagens desses fotógrafos registra o cotidiano das favelas, dos subúrbios do Rio de Janeiro e de sua região metropolitana. Mas também há imagens de editoriais de moda, de cultos de religiões afro-brasileiras, imagens da diáspora indígena em áreas urbanas e protestos feministas e LGBTQIAPN+. As análises dessas imagens

[47] O nome oficial do projeto é "Mapeamento da produção de fotógrafos contemporâneos do estado do Rio de Janeiro sobre questões de raça, gênero, sexualidade e ancestralidade", que teve apoio da FAPERJ entre 2022 e 2024.

[48] https://www.instagram.com/visusdecoloniaisrj/. Acesso em: 21 mar. 2025.

e a narrativa destes fotógrafos vêm permitindo perceber que essa produção não consiste apenas em simples registros; ela constrói e dá a ver corpos, territórios e conhecimentos normalmente apagados e estigmatizados como formas de presença política e resistência.

Nota-se nessa produção o predomínio do registro documental como principal técnica de produção de imagens, embora não seja a única. O predomínio das imagens documentais evidencia de alguma forma o que parece ser uma predileção pelo registro factual como método expressivo, principalmente em imagens que retratam o cotidiano das favelas, sua arquitetura e modos de vida. As análises dos dados qualitativos permitem perceber que tal escolha não é casual, e sim coerente com a intenção de muitos fotógrafos de criar contranarrativas visuais que rompam com estereótipos racistas e imaginários de perigo e miséria, geralmente associados a esses espaços e corpos racializados. É uma estratégia adotada intencionalmente e de forma refletida para ressignificar representações cristalizadas, reescrever memórias visuais e interferir na cultura visual dominante.

No mapeamento ainda percebemos que as formas de abordagem das questões raciais, dos territórios, da memória e dos saberes tradicionais afrodiaspóricos e indígenas são condizentes com o perfil da maioria desses fotógrafos e com sua inserção em movimentos sociais e populares, em favelas e periferias ou nas religiões afro-brasileiras. A maioria desses fotógrafos tem alguma formação em fotografia e atua profissionalmente. Alguns são também acadêmicos e artistas que trabalham com esses temas. É comum, ainda, que fotógrafos pertençam a vários desses universos ao mesmo tempo, embora nem todos morem em favelas ou sejam negros.

Esses aspectos de pertencimento e envolvimento podem ajudar a compreender os tipos de representação visual dos territórios, formados principalmente por cenas de rua, arquitetura e cotidiano nas periferias e favelas, nos quais é possível observar situações que buscam romper com estereótipos normalmente associados a esses espaços, como nas imagens abaixo (Figuras 1 e 2), que mostram paisagens que multiplicam olhares e perspectivas sobre esses espaços e os seus habitantes.

**Figura 1.** Sem título. Foto de Leo Lima.

Fonte: https://www.instagram.com/vishkaay/

**Figura 2.** Sem título. Foto de Selma Souza.

Fonte: https://www.instagram.com/selmasouzaphotos/

Nessas duas imagens, é perceptível que a escolha de situações, pontos de vista e recortes na imagem afirmam singularidades, evidenciando tanto a precariedade quanto o potencial da vida, sem idealizações. São olhares imersos na experiência racial e territorial de muitos desses fotógrafos, que conseguem assim criar um ponto de vista muito particular sobre o quotidiano desses espaços e dos seus residentes e, ao mesmo tempo, quebrar estigmas apresentando-os de um ponto de vista afetivo e humanizado.

Além das imagens dos territórios, observamos imagens dos corpos, principalmente negros, através de retratos, sejam espontâneos ou performados (Figuras 3 e 4), nos quais são mobilizados os olhares, as poses, o uso da luz e da cor como elementos visuais para construir narrativas de pertencimento e empoderamento. Falamos de construção justamente porque, embora a maioria das imagens tenha caráter documental, não se trata simplesmente de reproduzir o que se vê, mas de produzir uma certa imaginação com o que se vê, ou seja, de produzir estratégias de seleção, organização, circulação e visibilidade que cumprem propósitos específicos, como rejeitar e desmantelar estereótipos e criar novas perspectivas e narrativas sobre a sua própria experiência da cidade, do corpo, da identidade, como nas figuras a seguir, nas quais vemos a força do olhar de dois jovens negros que, em situações diferentes, enfrentam a câmera, embora na primeira isso se dê de forma espontânea e, na segunda, de forma performada.

**Figura 3.** Sem título. Foto de Fotogracria.

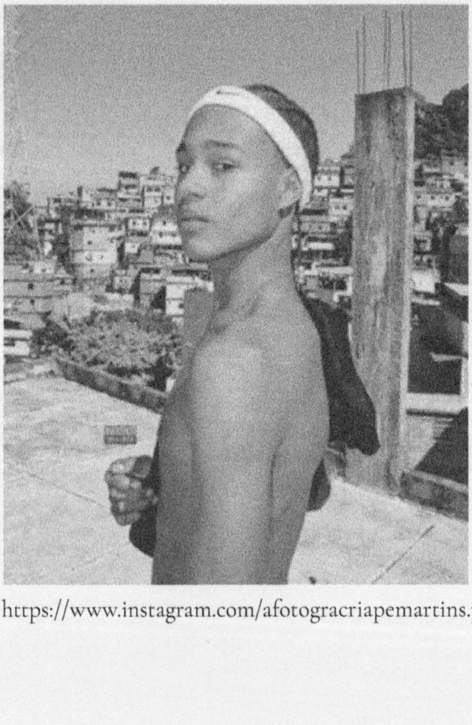

Fonte: https://www.instagram.com/afotogracriapemartins.photo/

**Figura 4.** Sem título. Foto de Pedro Martins.

Fonte: https://www.instagram.com/ afotogracriapemartins.photo/

Ao observar algumas dessas imagens, vemos que temas, pontos de vista, enquadramentos e uso da cor são elementos que parecem estar a serviço de narrativas que constroem uma visão complexa desses corpos, espaços e modos de vida. Uma visão que encena e afirma experiências e visões de seus mundos em seus próprios termos. Dessa forma, o conjunto de imagens desses fotógrafos parece evidenciar a importância das representações visuais do corpo e dos espaços com base em um vivido, para rejeitar os estereótipos criados pelo que Stuart Hall (2016) chamou de regimes racializados de representação, sistemas complexos de significação que moldam as percepções sociais sobre o Outro com base na noção de raça, afetando profundamente a forma como pessoas e espaços racializados são percebidos pela sociedade em geral.

Considerando que as fotografias não são espelhos que refletem o mundo e que participam da construção de significados sociais e políticos, pensadores como Ariella Azoulay (2015) concebem-na como o encontro entre sujeitos e mundos, e, portanto, como um espaço de conflitos e negociações, exatamente porque percebem as assimetrias de poder presentes nos diferentes lugares de enunciação que coexistem sob regimes racializados de representação. Azoulay vê então a fotografia não apenas como uma representação estática, mas como um evento que se desdobra em múltiplas dimensões, incluindo as relações entre fotógrafos, sujeitos e espectadores e seus contextos de produção e circulação.

É isso que buscamos perceber ao cruzar a observação das imagens com as narrativas autodescritivas dos fotógrafos e também a história de suas imagens, que são formas de marcar, afirmar e projetar diferenças ainda invisíveis em nossa cultura visual. Por meio deste cruzamento, percebemos claramente a intenção desses fotógrafos de questionar as representações visuais dominantes que pesam sobre seus corpos, territórios, culturas e modos de vida. Esse peso, que Ella Shoa e Robert Stam chamaram de fardo da representação (Shoa; Stam, 2006, p. 267), não se refere ao peso em si da produção e disseminação de estereótipos, mas à forma como tais projeções têm diferentes pesos e consequências para diferentes pessoas e grupos sociais, precisamente devido às assimetrias sociais e de poder entre eles. Ou seja, o efeito dos estereótipos (racistas, classistas ou de gênero) não tem o mesmo peso para todas as pessoas e depende se são brancos ou negros, homens ou mulheres, homens e mulheres heterossexuais cisgêneros ou LGBTQIAPN+, habitantes de áreas ricas ou favelas ou áreas periféricas. Confrontados com "o fardo da representação", muitos desses fotógrafos parecem reivindicar o direito à sua própria representação ou o direito a olhar, como preconiza Mirzoeff (2011), não apenas do ponto de vista de uma agenda identitária, mas como forma de lutar por direitos. Direito à vida, à cidade, à diversidade e ao reconhecimento.

## Autorrepresentação como forma de ativismo visual e imaginação política

A reivindicação ao direito à autorrepresentação deve ser entendida como parte de um processo de implicação que chamaremos aqui de "fotografia situada". O termo é inspirado na noção de conhecimento parcial ou localizado de Donna Haraway (2009), justamente porque não aspira nem a uma generalidade, nem a uma cristalização, nem a uma essencialização, mas a uma relação comprometida com a experiência de um lugar, de um grupo, experiência que está em constante movimento e atualização.

É claro que, de certo modo, qualquer fotografia corresponde a um contexto, a uma relação entre fotógrafo e fotografado, entre fotógrafo e espectador e, sobretudo, a uma determinada concepção do corpo, do território e de representação. Mas nosso argumento é que essas imagens são "situadas" porque constituem uma forma de conhecimento localizado construído a partir da própria experiência dos fotógrafos com os seus corpos e territórios. A partir dessas experiências criam-se perspectivas muito particulares de autorrepresentação, que não são generalizáveis e que, apesar de serem "realistas", não fixam corpos e espaços em significados estáveis. Pelo contrário, é uma experiência de representação que se abre aos percursos do mundo e aos confrontos que estes corpos e territórios são levados a travar, especialmente devido ao racismo, ao sexismo e ao epistemicídio. Nesse sentido, são formas de representações que de certa forma rompem com a dicotomia sujeito-objeto tão comum nas imaginações midiáticas produzidas em regimes de representação racializados e coloniais.

Desse ponto de vista, a produção desses fotógrafos pode ser considerada uma forma de imaginação política que recusa esses regimes de representação, desmantela estereótipos e cria outras perspectivas sobre corpos, identidades e modos de vida a partir da experiência de vida dos próprios fotógrafos, muitas vezes homens e mulheres negras, cisgêneros ou trans e que vivem em favelas, nos subúrbios e nas periferias do Rio de Janeiro.

Um fato interessante é que muitos desses fotógrafos se autodenominam fotógrafos populares, o que também demonstra uma forma de pertencimento contextual, geográfico e simbólico, em torno do qual se organizam seu olhar e suas produções. No Brasil, e particularmente no Rio de Janeiro, o termo "fotografia popular" surgiu, segundo Tambke (2023) e Barreto (2020), nos movimentos de comunicação popular da década de 1970, vinculados à luta pelos direitos humanos durante a Ditadura Militar. A partir dos anos 2000, a fotografia popular passou a ser considerada um campo dentro da fotografia documental realizada principalmente, embora não exclusivamente, por moradores de favelas e outros locais considerados periféricos. Contra a invisibilidade dos seus territórios, modos de vida e saberes locais, os fotógrafos populares reivindicam a valorização e o reconhecimento de seus corpos e territórios, em seus próprios termos. Por se construírem dentro da dinâmica de uma sociabilidade local, em que fotógrafo e fotografado muitas vezes se conhecem, há na produção dessas imagens toda uma ética de proximidade que faz inclusive com que alguns desses fotógrafos produzam imagens e as compartilhem com seus fotografados. É o caso de Vitória Corrêa, que explora em suas imagens a relação entre infância e favela, como vemos a seguir (Figura 5).

**Figura 5.** Sem título. Foto de Vitória Corrêa.

Fonte: https://www.instagram.com/fotosdecri_a/

Vitória é moradora do Complexo das Favelas da Maré, zona norte do Rio de Janeiro, onde se formou na Escola de Fotógrafos Populares[49], vinculada ao projeto Imagens do Povo, para o qual trabalha. Consciente de que muitas vezes as únicas imagens e memórias que as crianças guardam são as da violência policial e do tráfico de drogas, Vitória as fotografa nas suas brincadeiras diárias e festas de rua e depois entrega cópias impressas desses registos para que possam ter outros tipos de referência. São narrativas que incluem os olhares e perspectivas daqueles que sempre foram representados de forma estigmatizada e que lutam por reparação, desta vez no campo da representação.

Ao produzir suas imagens, Vitória constrói, de certa forma, o que a curadora de arte Beatriz Lemos (2020) chamou de "memórias de futuro", termo poético utilizado por ela para designar os trabalhos da artista maranhense Gê Viana, conhecida pela adulteração de imagens de arquivos da história oficial e da história da arte para inventar outras possibilidades de imaginar futuros desejados para os corpos negros já no presente. Embora o termo tenha sido utilizado no contexto específico das obras desta artista, o utilizamos aqui para postular que os registros documentais de Vitória Corrêa também parecem buscar reposicionar as maneiras pelas quais – aqueles de nós que não tiveram a experiência da infância na favela – imaginamos esses espaços e essas vidas, geralmente de um ponto de vista cristalizado e redutor, que os fixa apenas na pobreza e na violência. O que Vitória faz não é negar esses aspectos, que de fato também existem, mas sim realçar que existem outras realidades que não são visíveis ou conhecidas por quem não vive nesses espaços e não partilha seu quotidiano. O que Vitória produz é, nesse sentido, mais do que simples registro de crianças na favela: são imagens afetivas que criam e afirmam para essas crianças novas imagens e referências imaginativas do cotidiano e da existência, por meio da fotografia.

Esse aspecto afetivo das imagens de Vitória e de outros fotógrafos populares é importante porque tem um caráter essencialmente político. Contra a desumanização das representações que inferiorizam e fixam os corpos

---

[49] Muitos dos fotógrafos mapeados pelo projeto formaram-se nesta escola, o que pode explicar a adoção do termo fotógrafos populares por eles.

negros e pobres numa posição de subalternidade, as imagens que os recodificam de outras formas e em outras circunstâncias trabalham para reposicioná-los em nossos imaginários e para quebrar estigmas. Esse aspecto afetivo das imagens já foi discutido por pesquisadores da fotografia como Tina Campt (2017), que enfatiza a dimensão afetiva no seu exame das imagens. Isso envolve considerar as formas como os corpos, objetos e lugares são representados nas fotografias e como os espectadores, por sua vez, vivenciam e interpretam essas representações a nível sensorial e emocional, ou seja, envolve considerar as suas ressonâncias emocionais e as experiências sensoriais que evocam. Para Campt, as imagens podem não apenas representar visualmente uma história, mas também transmitir afetos. Isso requer prestar atenção às respostas emocionais que as imagens provocam e considerar as formas como o afeto influencia a interpretação dos materiais visuais.

Neste sentido, a imagem de Vitória Corrêa (Figura 5) é particularmente interessante porque, como contou a fotógrafa, em um dos encontros realizados na Uerj com fotógrafos do Projeto Visus, ela representa o dia em que as crianças da favela da Rocinha, uma das maiores do país e próxima a um bairro de classe média-alta do Rio de Janeiro, foram convidadas a conhecer um importante centro cultural localizado na região, o Instituto Moreira Salles. Tão perto e ao mesmo tempo tão longe, favela e centro cultural são dois territórios que normalmente não coexistem. O que Vitória faz então é registar o momento em que as crianças brincam no jardim e na piscina do centro cultural, que normalmente não é utilizada para recreação, mas como elemento paisagístico. Em nosso encontro, Vitória falou com muita satisfação daquele dia em que os espaços do centro foram abertos especialmente para as crianças da Rocinha e ocupados por elas.

Imagens como as de Vitória demonstram a existência de diferentes perspectivas que não são consideradas centrais pelos sistemas coloniais de imaginação e que agora competem por espaço e visibilidade em nossa cultura visual e pelo direito à existência e circulação e, consequentemente, pelo direito a uma multiplicidade de perspectivas e narrativas. É a partir dessas "outras centralidades" na produção de imagens que podemos compreender como elas funcionam como gestos que reposicionam determinados signos culturais, códigos visuais e lógicas de representação e que, portanto, também podem ser vistos como parte de uma estratégia de resistência que recusa a colonização de nossa cultura visual.

É importante lembrar que, no contexto dos regimes coloniais de produção e circulação de imagens, as representações estereotipadas dos corpos negros e dos territórios periféricos são quase sempre realizadas por fotógrafos brancos e de classe média que geralmente não pertencem nem partilham dessas experiências de racialização ou de violência e que, portanto, tendem a fixar e reiterar (conscientemente ou não) discursos e visões do Outro que o aprisionam em imaginações reducionistas e essencialistas. Por isso, a partir dessas reflexões, consideramos que a produção das imagens desses fotógrafos pode ser concebida como uma forma de contravisualidade que tem na autorrepresentação uma estratégia de reinscrição desses sujeitos e espaços em nossa cultura visual. Uma autoinscrição por meio da qual buscam reposicionar-se, em seus próprios termos, através da construção de narrativas e pontos de vista ancorados na experiência e traduzidos na forma de imagem.

Finalmente, é importante observar que, no conjunto das produções desses fotógrafos, os olhares sobre os corpos e territórios minorizados apresentam, por um lado, marcadores visuais que permitem localizar elementos materiais e simbólicos que se tornaram reconhecíveis em relação a esses corpos e espaços na cultura visual dominante. Mas, por outro lado, as narrativas construídas por essas documentações expressam diferentes perspectivas sobre elas, precisamente porque, embora haja certa partilha de experiências e identificações, há também a afirmação das singularidades. São essas singularidades que constroem a pluralidade de olhares sobre corpos, territórios, saberes e modos de vida que observamos nas imagens desses fotógrafos. Como todas as fotografias, essas imagens têm suas histórias. Sua particularidade está em contá-las a partir de uma perspectiva implicada e situada, corporificada e plural.

## Considerações finais

Ao abordar algumas das produções de fotógrafos populares que participam do projeto "Visus decoloniais"[50], no Rio de Janeiro, e ao situá-las como formas de contestação aos regimes raciais e coloniais de representação, procuramos destacar como constituem espaços políticos de resistência e de tomada de um certo controle sobre a sua representação. Essas imagens constituem contravisualidades que buscam, por meio da autorrepresentação, reposicionar e ressignificar experiências de cidade, de corpo, de cultura e de identidade que não têm espaço ou reconhecimento em nossa cultura visual e em nossa sociedade.

Nesse sentido, tais imagens constituem estratégias de autorreparação e de autoinscrição de territórios e sujeitos e, por isso mesmo, devem ser consideradas não como simples formas de registro ou de representação visual, mas como tentativa de afirmação de uma pluralidade de abordagens e formas visuais para corpos, territórios e culturas que são marginalizados e invisibilizados em nosso presente.

Por fim, consideramos que esses olhares situados, implicados e corporificados, mesmo com os limites das suas formas de intervenção, podem ser vistos como formas de imaginação política que, ao ocuparem e alcançarem cada vez mais visibilidade, podem potencialmente contribuir para a implosão de lógicas representacionais que insistem em reduzir corpos, territórios e saberes a perspectivas únicas, desumanizantes e excludentes.

## Referências

AZOULAY, Ariella. *Civil Imagination*: a political ontology of photography. London and New York: Verso, 2015.

BARRETO, Monara. *A fotografia como documento e informação e o papel dos fotógrafos populares na construção da memória de favelas*. Dissertação (Mestrado em Comunicação) – Instituto Brasileiro de Ciência e Tecnologia, Universidade Federal do Rio de Janeiro, Rio de Janeiro, 2020.

[50] https://www.instagram.com/visusdecoloniaisrj/. Acesso em: 25 mar. 2024.

BARRIENDOS, Joaquin. La colonialidad del ver. Hacia un nuevo diálogo visual inter--epistémico. *Nómadas*, n. 35, p. 13-29, 2011.

CAMPT, Tina. *Listening to images*. Duke University Press: Durham and London, 2017.

COLLINS, Patricia Hill. *Black feminist thought*: Knowledge, consciousness, and the politics of empowerment. New York: Routledge, 2002.

HALL, Stuart. *Cultura e representação*. Trad. Daniel Miranda e William Oliveira. Rio de Janeiro: Ed. PUC- Rio/Apicuri, 2016.

HARAWAY, Donna. Saberes localizados: a questão da ciência para o feminismo e o privilégio da perspectiva parcial. *Cadernos Pagu*, 2009. Disponível em: https://periodicos.sbu.unicamp.br/ojs/index.php/cadpagu/article/view/1773. Acesso em: 3 jan. 2025.

HOOKS, bell. *Olhares negros*: raça e representação. São Paulo: Elefante, 2019.

LEMOS, Beatriz. *Herança de capelobo é fazer brotar árvore no umbigo*. Catálogo do Prêmio PIPA 2020. Disponível em: https://www.premiopipa.com/2020/11/ocupacao-finalistas--2020-ge-viana/. Acesso em: 10 jan. 2025.

LEON, Christian. Imagem, mídias e telecolonialidade: rumo a uma crítica decolonial dos estudos visuais. *Epistemologias do Sul*, 2019. Disponível em: https://revistas.unila.edu.br/epistemologiasdosul/article/view/2437. Acesso em: 9 jan. 2025.

MIRZOEFF, Nicholas. *The right to look*: a counterhistory of visuality. Durhan & London: Duke University Press, 2011.

SHOHAT, Ella; STAM, Robert. *Crítica da imagem eurocêntrica*: multiculturalismo e representação. São Paulo: Cozac & Naify, 2006.

# Transporte, aceleração e hiperstição: novos paradigmas espaço-temporais

DOI: 10.29327/5568666.1-12

Claudia Attimonelli

**Nossas extensões elétricas ignoram o espaço e o tempo.**
**(Marshall Mcluhan, *Understanding media*, 1964)**

## Estender o tempo no espaço

McLuhan, renomado estudioso canadense das mídias e autor de inúmeras obras, incluindo *Understanding media*, que celebrou seu sexagésimo aniversário em 2024, imaginou visionariamente em 1964 que, com o advento de meios de transporte como o automóvel e o avião, o espaço urbano, conforme entendido pelos cidadãos e urbanistas, se tornaria irrelevante e geraria perplexidade e confusão:

> O espaço urbano é igualmente irrelevante para o telefone, o telégrafo, o rádio e a televisão. O que os urbanistas chamam de "escala humana", ao discutir os espaços urbanos, está desligado dessas formas elétricas. Nossas extensões elétricas ignoram o espaço e o tempo e criam problemas de engajamento e organização sem precedentes (McLuhan, 2011, p. 109, tradução nossa).

Um paradigma, o espaço-temporal, na base dos valores da Idade Moderna e do Humanismo, que com essas considerações são irreversivelmente varridos para longe, desestabilizando certezas seculares ligadas às culturas ocidentais. No colapso do espaço-tempo que, como seres humanos do novo Milênio, exploramos há várias décadas, emergem áreas periféricas de possibilidades inéditas, onde proliferam probabilidades e não certezas, pois, desaparecida a unidade do tempo e da ação, engendram-se complexidade e relativismo na restituição de fatos que não podemos deixar de tomar consciência.

*Understanding Media*, obra fundamental de Marshall H. McLuhan, republicada pela *Saggiatore* em 2011, com um título duplo, aquele com o qual apareceu em 1967 pela primeira vez traduzido para o italiano, *Gli strumenti del comunicare*[51], e o recente, *Capire i media*[52] (tradução literal do original), é mais comumente lembrado com o primeiro título da primeira tradução, embora muito distante do significado original: foi traduzido dessa forma porque os termos *medium* e seu plural *media*, embora de origem latina, ainda não haviam entrado no léxico comum nos anos 1960; de fato, na Itália, o termo *media* foi recuperado da aula anglófona, especificamente daquela canadense-americana.

Nessa coletânea de ensaios do autor, o grande estudioso aborda de forma inédita e absolutamente original os fenômenos que emergem na sociedade de massas, olhando-os através da lente das próprias mídias. Há um parágrafo, na segunda parte do volume *Understanding Media* intitulado *Roads and Paper Routes* (Estradas e rotas de papel) que abre assim: "Foi só com o advento do telégrafo que as mensagens puderam viajar mais rápido do que um mensageiro" [53].

Como frequentemente acontece nos escritos de McLuhan (2011, p. 97), questões complexas são levantadas a partir de afirmações aparentemente banais; neste caso, se é tão óbvio agora como era na década de 1960 – quando o telégrafo já estava em uso estável havia algum tempo, tanto que foi amplamente suplantado pelo telefone – que uma mensagem era capaz de viajar mais rápido que seu portador, o mensageiro, também é claro que tal afirmação implica a redefinição de uma gama razoável de crenças, até mesmo de paradigmas, que logo formariam o coração pulsante do debate sobre o *aceleracionismo*, que McLuhan inevitavelmente prefigura aqui, a partir de uma simples observação.

> Foi somente com o advento do telégrafo que as mensagens puderam viajar mais rápido que o mensageiro. Antes existia uma relação próxima entre as ruas e a palavra escrita. Com o telégrafo,

[51] "Os instrumentos do comunicar" (McLuhan, 2011, tradução nossa).

[52] "Entender as mídias" (McLuhan, 2011, tradução nossa).

[53] Texto original : "Fu solo con l'avvento del telegrafo che i messaggi poterono viaggiare più in fretta del messaggero" (McLuhan, 2011, p. 97).

> a informação foi separada de matérias sólidas como a pedra e o papiro, do mesmo modo que o dinheiro havia se separado das peles, lingotes e metais, para se tornar papel. O termo comunicação foi amplamente utilizado para se referir a estradas, pontes, rotas de navegação, rios e canais, antes de ser transformado com a era eletrônica em "movimento de informação". Talvez não haja maneira mais adequada de definir o caráter da era elétrica do que estudar primeiro a ideia de transporte como comunicação e, depois, a passagem para a ideia de informação por meio da eletricidade (McLuhan, 2011, p. 97).

Investigando um pouco mais no capítulo sobre a falta de "homogeneidade na velocidade do movimento da informação" (McLuhan, 2011, p. 98), notamos que as categorias a serem colocadas em questão pelo midiólogo são o espaço e o tempo, em razão do aumento de poder e velocidade, como efeitos de tecnologias entendidas como extensões do humano, pois, entre as várias consequências, há uma realmente inquietante e que diz respeito aos processos de opacidade e controle que afetam a própria informação. Essa consequência chega misteriosamente do ponto A ao ponto B, sem, no entanto, seguir o mesmo caminho físico que permitiria ao mensageiro X transportar a mesma informação Y, para chegar a B a partir de A.

Partindo dessa incongruência gerada pelo advento da eletricidade, na era eletrônica, se a informação viaja em um espaço e tempo que não coincidem com os canais de comunicação, entre as inúmeras consequências, uma nos parece de extrema relevância e é a que insiste na incerteza e imprevisibilidade do que acontece na transferência (*metàferein*) de Y, de A para B, já que "[...] esta aceleração implica um controle muito maior, em distâncias muito maiores"[54] (McLuhan, 2011, p. 97, tradução nossa).

Nessa proliferação de centros controlados a distância, "que alguns economistas chamam de estrutura centro-marginal", posto que "a velocidade elétrica cria centros em todos os lugares", o que acontece com o sigilo e o controle sobre as informações, uma vez que ela não fica mais nas mãos do mensageiro, que garantiu a continuidade do seu transporte? O que acontece

[54] Texto original: "[...] questa accelerazione implica un controllo assai più grande a distanze molto maggiori" (McLuhan, 2011, p. 97).

com Y, na sua viagem de A para B, já que ela acontece em um lugar e de maneiras imperceptíveis, ou seja, no éter, como o espaço era misteriosamente definido.

De fato, parece que a comunicação telegráfica, depois telefônica e, portanto, digital, não garantiria mais o sigilo em favor do controle e da transparência. Georg Simmel, em *O segredo e a sociedade secreta* (Simmel, 1992), considera que todas as relações humanas são de alguma forma caracterizadas por um certo grau de segredo – que se configura como elemento constitutivo das relações, sobretudo no que se refere à formação de determinados grupos sociais. Ele aborda vários aspectos, um dos quais estuda o segredo em relação à escrita e, em particular, a carta, como fenômeno sociológico.

Nas cartas, argumenta Simmel, encontra-se uma união muito particular de subjetividade e objetividade, uma vez que uma subjetividade extrema, como pensamentos, emoções, é inevitavelmente unida por uma objetividade radical dada pelo meio (*medium*), a escrita, que é a primeira forma de midiatização, de distanciamento, quando alguém transfere seus pensamentos para o papel, que permanecerá naquele lugar, até que aquela superfície seja eliminada.

Na carta há uma objetivação do subjetivo, tanto que ela é considerada por Simmel o meio-termo perfeito entre a comunicação oral (subjetividade absoluta) e o tratado (objetividade absoluta). A carta viveria desse dualismo como sua principal característica.

Considerando a carta em relação ao raciocínio sobre o transporte das comunicações, pense no tempo que uma diligência do século XVIII levava para transportar uma missiva de amor ou uma proclamação política de Berlim (ponto A) a Istambul (B), e compare esse trajeto à velocidade com que hoje, ao contrário, uma notícia, uma mensagem ou um e-mail percorrem um espaço e um tempo que, não coincidindo com os caminhos físicos da comunicação, interrompem a homogeneidade sobre a qual McLuhan escreve e implementam fases de forte aceleração durante as quais o relativismo, a interpretação, a multiplicidade de sentidos, a probabilidade, a verossimilhança abrem espaço para si mesmos, despedaçando certezas. Essa incerteza na era eletrônica se dá evidente em conversas de bate-papo, na interpretação de reações e comentários e, especialmente, nas *deepfakes* – que, por exemplo, têm efeitos nefastos imediatos, mesmo que sejam desmentidos posteriormente.

As probabilidades desencadeadas por eixos espaço-temporais diferentes do paradigma tradicional, ao qual o ser humano ocidental está acostumado desde a Idade Moderna, tornam-se ainda mais evidentes, se observadas sob a lente da digitalização de nossas existências: "O homem ocidental está prestes a ser desocidentalizado por esta nova aceleração" (McLuhan, 2011, p. 99), que não pode deixar de produzir como primeiro efeito, depois do entusiasmo inicial e duradouro pelas novas possibilidades oferecidas por essas tecnologias, a confusão que o novo Milênio está atravessando em todos os níveis; a distinção entre realidade e ficção, a ofuscação das diferentes camadas entre público e privado, íntimo e coletivo, juntamente com o colapso da História, em sua progressão linear em direção ao futuro, constituem o abismo no qual o indivíduo, não mais indivisível, implacavelmente desliza.

## Remember / Dismember

A representação do tempo é baseada em um eixo espaço-temporal linear e progressivo da evolução da humanidade, desde a Pré-História até a História, até os dias atuais. Esse eixo é uma linha reta, na qual o fluxo do tempo no espaço é traçado por eras, milênios, séculos, décadas e assim por diante. Similarmente, a concepção cristã-católica que se desenvolve concebe a história como um caminho linear, que termina com a Cidade de Deus.

No entanto, apesar de ter mais de mil anos, essa representação do tempo na linha espacial, no decorrer do século XX, atingiu o ponto de saturação graças a uma ruptura epistemológica irreversível, que atravessou vários campos do conhecimento desde o advento da era eletrônica – conforme definido pelo grande midiólogo canadense Marshall McLuhan, cuja poderosa imagem de que as vias da comunicação estão desconectadas dos meios de comunicação continua a ressoar.

> A aceleração da era eletrônica é tão chocante para o homem ocidental, letrado e linear, quanto as "estradas de papel" romanas foram para os habitantes das aldeias tribais. Não se trata, de fato, de uma explosão lenta do centro para as margens, mas de uma

implosão repentina e de uma fusão entre espaço e funções. Nossa civilização especializada e fragmentada, com uma estrutura centro-marginal, vê repentina e espontaneamente todos os seus fragmentos mecanizados se reorganizarem em um todo orgânico. Este é o novo mundo da aldeia global (McLuhan, p. 99, 100).

Aqui McLuhan qualifica o homem ocidental como letrado e linear: imerso no ciberespaço – ou no *Black Mirror*, para retomar o imaginário da famosa série de televisão inglesa. Essa linearidade, tal como concebida nas culturas antropocêntricas e humanistas, está sujeita a uma quantidade não pequena de interferências, devido às tecnologias que tornaram evidente a catástrofe do tempo subdividido em muitos fragmentos monádicos, com uma lógica completa, como aconteceu na fotografia e no cinema, desde suas origens.

Basta pensar que foi somente a partir do advento da fotografia, no século XIX, e do século seguinte, que os seres humanos puderam vivenciar a representação do eu exteriorizada em uma imagem; ou seja, viu-se fora de si mesmo e em um contexto social impresso em um suporte de papel. Tal condição de reprodutibilidade infinita, tanto do sujeito fotografado quanto da performance cinematográfica de atuação para imagens em movimento, que ocorreu pela primeira vez há pouco mais de um século, é vista por Walter Benjamin como a possibilidade de que a autoimagem possa "ser destacada de si mesma" (Benjamin, 2011, p. 21); nesse processo, ela se autodetermina e ganha uma autonomia em relação ao próprio sujeito que, no entanto e apesar de si mesmo, leva a uma alienação inevitável e inelutável a ser entendida em termos marxianos, devido às dinâmicas que intervêm no sujeito diante da lente ou da câmera, pois, ao capturar a performance da atuação, esses dispositivos são capazes de reproduzi-la infinitas vezes no tempo e no espaço, mesmo *post mortem* do ator e da atriz da vez, e de propagá-la, ainda que em contextos imprevisíveis, como acontece nas exibições de filmes não recentes, cujo elenco já não está vivo, em salas de cinema espalhadas por todos os cantos do planeta.

A experiência fotográfica na história multimilenar da humanidade é bastante curta, datando de pouco mais de um século; igualmente recente é a evolução da construção da identidade do indivíduo através da difusão da documentação fotográfica familiar e pessoal, que começou há cerca de um século, de forma capilar e, com a aceleração dos processos de digitalização, já está evoluindo rapidamente para outra coisa.

Nesse sentido, é suficiente observar a comparação entre as últimas gerações do álbum de família tradicional, que era uma coleção de fotografias de diversos formatos e filmagens, onde os registros pessoais tinham uma "ancoragem"[55] (Barthes, 2001, tradução nossa) especificamente para o disparo fotográfico que havia fixado a beleza do instante rendendo-o eterno e intrinsecamente conectado ao suporte de papel, uma verdadeira máquina do tempo capaz de ativar o processo de memória.

Não só a maneira de lembrar e pensar sobre si mesmo ao longo do tempo é bastante jovem, se considerada em termos fotográficos, mas também é preciso notar que o sujeito fotografado se manifesta por meio de porções de si mesmo e se fragmenta em fetiches do corpo – o rosto, o tronco, as mãos, os olhos, a cabeça e os ombros – que são recompostos por meio de tomadas de fases da vida desde a infância, passando por aniversários, viagens de férias, encontros com amigos, histórias de amor e inúmeros rituais pontualmente celebrados graças a uma fotografia.

O sujeito representado principalmente por fotografias do rosto, hoje substituídas por *selfies*, é típico da história da humanidade no século XX. Essa forma de subjetivação, cúmplice da construção da identidade individual, desenvolve-se e se manifesta ao longo de um hipotético eixo temporal, que parte dos primeiros momentos da vida (pense em álbuns de fotos de nascimento) e continua documentando suas etapas e seus intervalos. Essa forma fotográfica de estar no mundo, típica do século passado, facilitou a integração radical da percepção historicista do tempo no indivíduo ocidental, porque transfere a memória do sujeito para o eixo temporal linear das memórias fotográficas e, ao fazê-lo, acelerou o lento processo de externalização do eu, cujo resultado mais marcante é a perda progressiva do senso de intimidade, de privacidade, de uma identidade firmemente enraizada na fortaleza do próprio espírito moderno e humanista.

---

[55] Texto original: "*ancoraggio*" (Barthes, 2001).

As memórias pessoais, de fato, não são mais (ou são cada vez menos) armazenadas na própria memória porque são confiadas a memórias externas – não é por acaso que o disco rígido (*hard disk*) de armazenamento é assim chamado – nos dispositivos de armazenamento, provocando um esvaziamento progressivo da capacidade individual – e inteiramente humana – de acumular memórias capazes de construir camadas de identidade, que, ao contrário, fluida e fragmentada, encontra-se em condição de crise.

Antes do final do século XIX, a memória não se baseava em recordações fotográficas sistematizadas por idade e dias significativos. Por milhares de anos, os seres humanos confiaram na oralidade como uma tecnologia narrativa constituinte da memória familiar, pertencente a grupos cuja identidade e memórias dependiam da capacidade de serem narradas e, portanto, lembradas; a aristocracia, graças ao seu estatuto, podia usufruir de retratos de família encomendados a pintores, para expressar o conforto ostentoso que a distinguia, como bem definiu Thorstein Veblen (2007).

A primeira consequência trazida pelo advento do *medium* fotográfico foi a quase simultaneidade da verificação do eu fora do eu, isto é, observado em uma imagem que representa as características físicas, a fim de notar, por exemplo, as mudanças ao longo do tempo. Com as *Polaroids* primeiro e depois com a fotografia digital no século XXI, foi acrescentada a possibilidade de retorno à imagem, como acontece com os protagonistas do episódio aterrorizante de *Black Mirror*, *The Entire History of You – Ricordi Pericolosi* (E3S1), curiosamente traduzido na versão francesa *Retour sur l'Image* – Retorno à Imagem.

Outra consequência do retorno à imagem do corpo-registrado (Attimonelli, 2020) é a possibilidade de fotografar novamente, retocando e manipulando a imagem, caso não goste do resultado obtido com o clique. As implicações inerentes a essa radical "tecnologia do eu" (Foucault, 1992) são complexas e envolvem filosofia, física quântica e midialogia: com a fotografia digital vivenciamos um tempo que não é mais linear, posto que desconstruído, quando, ao adiar seu futuro por instantes infinitesimais, tem efeitos na simultaneidade de duas realidades, a de carne e osso e a representada e compartilhada com outros sujeitos nas telas em que se manifesta. Experimenta-se, assim, uma temporalidade digital que faz com que os acontecimentos duplos e múltiplos tenham uma copresença, em diferentes níveis. Além disso, existe a possibilidade de modificar a realidade representada para torná-la mais consoante ao desejado, intervindo no espaço-tempo fotográfico graças à máquina do tempo mais banal que já existiu: o *medium* foto e cinematográfico.

Christopher Nolan dirige *Tenet* em 2020, um filme de ficção científica em que o fluxo do tempo é invertido na linha do espaço, segundo os princípios da física quântica. A intenção fílmica de Nolan é concretizada por uma estratégia enunciativa que prevê, como representação do tempo fluindo ao contrário, o que o próprio cinema inventou, ou seja, o *rewind*, fazendo uma ação voltar: na verdade o que vemos é o movimento dos personagens que avançam, mas em marcha à ré, ao lado de outros que se movem na direção certa. O que surpreende é justamente a adoção da modalidade fílmica, e, se pensarmos bem, o único realisticamente possível no regime da linguagem cinematográfica.

O tempo que pode voltar é um tempo fílmico em que cada quadro ou porção digital pode se estender para frente ou para trás no espaço. Esse *exemplum* de Nolan, aparentemente simples, mas na realidade genial, não faz nada além de explicitar a radicalização da percepção atual dos acontecimentos após o advento do ciberespaço e a consequente midiatização da existência (Susca, 2016): a percepção de uma série de presentes puros desconectados do eixo espaço-temporal tradicional, onde emerge uma cultura a-histórica, como teriam prefigurado afrofuturistas como Kodwo Eshun (2021) e marcada por interferências antimnemônicas, segundo as quais o tempo é dividido em microporções digitais.

É aí que se produzem os fenômenos de aceleração e hiperstição (Fisher, 2017): vestígios do futuro capazes de operar já no presente a ponto de modificá-lo, uma espécie de profecia autorrealizável, que fica clara tanto nas análises preditivas e na caracterização de sujeitos em rede quanto na capacidade que o *Big Data* tem de "se ativar", a partir do que se define como espaço latente, tomando emprestado o termo da psicanálise, quando convocado para uma pesquisa ou uma pergunta e assumir uma ou mais formas, imprevisíveis, apenas alguns momentos antes.

## Hiperstição, para concluir e recomeçar

> A Londres punk ainda era uma cidade bombardeada, cheia de vazios, cavernas, espaços que podiam ser temporariamente ocupados e habitados. Uma vez que esses espaços são privatizados, praticamente toda a energia da cidade é gasta no pagamento da hipoteca ou do aluguel. Não há mais tempo para experimentar, para viajar sem saber com antecedência onde você vai chegar... Londres se torna uma cidade de *workaholics* de rostos magérrimos conectados aos seus iPods (Mark Fisher, *Espectros da minha vida*)[56].

Hiperstição é um termo cunhado no final da década de 1990, a partir da fusão de Hiper + superstição, dentro da Unidade de Pesquisa de Cultura Cibernética (CCRU)[57], da Universidade de Warwick, Sadie Plant, Nick Land, Kodwo Eshun, Simon Reynolds. Em seu significado mais simples, a palavra hiperstição se refere a um processo pelo qual ficções se tornam realidade. A CCRU define-a da seguinte forma: "Elemento da cultura que se torna real, através de doses de ficção que abrem potenciais viagens no tempo. A hiperstição atua como um intensificador de correspondência, dando origem a um chamado aos Antigos".

Vamos tentar dizer de outra maneira. A questão sobre o futuro, sobre as previsões – *predictive analytics* – sobre o progresso, sobre a evolução, sobre a *futurabilidade* tal como definida por Franco Berardi Bifo (2019), tem sido premente especialmente desde o final do século passado, em particular desde a década de 1980, mas está mal colocada. Não deveríamos tentar nos perguntar que futuro nos espera, mas sim qual é o passado que nos espera.

Para Mark Fisher, teórico inglês falecido prematuramente em 2017, o imaginário dos anos 2000 é literalmente habitado por uma sensação de fracasso em relação ao futuro e por uma obsessão pelo passado que

---

[56] Título original: *Spettri della mia vita* (Fisher, 2020).

[57] Texto original: *Cybernetic Culture Research Unit* (CCRU).

retorna sem a possibilidade de imaginar o novo que virá, esse apego nostálgico aos fetiches de um passado impetuosamente varrido para longe pela revolução digital, mas que hesitamos em arquivar como único modelo interpretativo da realidade.

Desse modo, há um retorno do que já foi não só em termos de estilos passados – bem expresso através do conceito de *Retromania* (Reynolds, 2010) –, mas também de hipóteses políticas e ideológicas baseadas em teorias e paradigmas com mais de um século, no descompasso com os tempos em que vivemos, intensificando aquela crise profunda que, no final dos anos 1970, resumia-se no slogan punk NO FUTURE e que hoje coloca as nossas sociedades de joelhos, silenciadas pela retórica neoliberal do realismo capitalista e da *precorporação* como modalidade mais insidiosa, segundo a qual *There Is No Alternative* ao capitalismo.

Se pensarmos bem, haveria alternativas se pudéssemos habitar e compreender um espaço-tempo circular, não linear, curvo, em espiral, de onde pescar fragmentos e pérolas[58], a exemplo das culturas não ocidentais, como o afrofuturismo (Attimonelli, 2018; Fernandes e Herschmann *et al.*, 2022), o sinofuturismo, para o qual o que se encontra adiante naquela linha histórica e progressiva não é novo, mas é novo o que ainda não foi revelado ou encontrado do passado.

Séries de televisão como *Black Mirror*, *Devs*, filmes do calibre de *Minority Report*, *Inception*, *Interstellar*, *Tenet*, ou *The Arrival*, precedidos pelas narrativas de P. K. Dick, pretendem a hiperstição como indício de um futuro já em andamento no presente, a ponto de modificar sua evolução: exemplo disso é a ficção científica dos anos 1980, sobretudo *Blade Runner* de Ridely Scott (1982), que inventou um *retro-futuro* de luz azulada ambientado em nossos anos 2000, o que, no entanto, nunca aconteceu nesses termos.

Um futuro ao qual confiamos sonhos e visões, percebendo no final do milênio a amarga sensação de fracasso que bandas seminais, mas duradouras, como Sex Pistols, Joy Division e Nirvana celebraram em seus versos memoráveis. A entropia dos anos 1970 dissolve-se na depressão alienante dos anos 1980 subsequentes, até chegar ao "réquiem para uma cultura jovem

[58] Dessa forma, "pescador de pérolas", Hannah Arendt definiu a estética do fragmento de Walter Benjamin.

destinada ao fracasso"[59] (Fisher, 2020, p. 85, tradução nossa), dos sombrios anos 1990, quando o hedonismo e o fracasso se entrelaçam.

Os conteúdos audiovisuais do fim do milênio, do cinema aos videoclipes, graças ao princípio da citação e da amostragem de cunho pós-moderno, ainda hoje refluem em bacias capazes de produzir imaginários de intensificação de processos, que fazem emergir, não tanto o novo quanto o inesperado, para escapar do *loop* de futuros que nunca aconteceram e para regenerar no espanto aquela sensação de pressentimento de um futuro do qual seremos para sempre excluídos, em favor de gestos que visam a salvação de "um planeta infectado", como nas palavras de Donna Haraway (2019).

Por outro lado, guardar e arquivar são atividades que praticamos constantemente ao longo da nossa vida eletrônica lançadas numa progressiva estetização do mal-estar (Attimonelli, 2021). O próprio verbo, "salvar", devolve uma dimensão espiritual ao ato, ligada à salvação da alma, que denota o gesto quase desesperado de salvar o outro/a, ou pelo menos sua representação, do esquecimento e da dissipação de seu ser na internet.

Salvar imagens, resguardá-las da perda e da dispersão constituem-se, no cotidiano banal do sistema dos nossos dispositivos, procedimentos que visam evitar o desaparecimento do eu, fazendo da internet um lugar povoado por todos os espectros das nossas vidas. Se refletirmos finalmente sobre o fato de que a superfície estendida da tela é o lugar com a concentração mais densa de conteúdos sedimentados na forma de imagens – já que é assim que os percebemos nas telas –, então deveríamos aceitar a ideia midialógica, segundo a qual a fase mais recente da evolução humana se dá nas superfícies que escondem a profundidade de nossa época, seu abismo.

## Referências


ATTIMONELLI, Claudia. Techno, Afrofuturismo e ficção científica black. *In*: FERNANDES, Cíntia S.; HERSCHMANN, Micael *et al.* (org.). *Artivismos Urbanos*. Porto Alegre: Sulina, 2022.

ATTIMONELLI, Claudia. *Estetica del malessere*. Bologna: DeriveApprodi, 2021.


[59] Texto original: "*requiem per una cultura giovanile destinata al fallimento*" (Fisher, 2020, p. 85).

ATTIMONELLI, Claudia. *Techno.* Ritmi afrofuturisti. Milano: Meltemi, 2018.

ATTIMONELLI, Claudia; SUSCA, Vincenzo. *Un oscuro riflettere.* Black Mirror e l'aurora digitale. Milano: Mimesis, 2020.

BARTHES, Roland. *L'ovvio e l'ottuso.* Saggi critici III. San Dorligo della Valle: Einaudi, 2001.

BENJAMIN, Walter. *L'opera d'arte nell'epoca della sua riproducibilità tecnica.* San Dorligo della Valle: Einaudi, 2011.

BERARDI, Franco Bifo. *Futurabilità.* Roma: Nero, 2019.

ESHUN, Kodwo. *Più brillante del sole.* Avventure nella fantasonica. Roma: Nero, 2021.

FOUCAULT, Michel. *Tecnologie del sé.* Torino: Bollati Boringhieri, 1992.

FISHER, Mark. *Spettri della mia vita.* Roma: Minimum Fax, 2020.

FISHER, Mark. *Realismo capitalista.* Roma: Nero, 2017.

GOETHE, Johannes *W. Faust* – Urfaust. Milano: Garzanti, 1990.

HARAWAY, Donna. *Chtulucene.* Sopravvivere su un pianeta infetto. Roma: Nero, 2019.

MCLUHAN, Herbert Marshall. *Capire i media.* Gli strumenti del comunicare. Milano: Il saggiatore, 2011.

REYNOLDS, Simone. *Retromania.* Roma: Minimum Fax, 2010.

SIMMEL, George. Il segreto e la società segreta. Milano: SugarCo., 1992.

SUSCA, Vincenzo. *Les affinités connectives: sociologie de la culture numérique.* Paris: Les Éditions du Cerf, 2016.

VEBLEN, Thorstein. *La Teoria della classe agiata.* San Dorligo della Valle: Einaudi, 2007.

# A arte da subvivência: habitar embaixo como poesia do cotidiano

DOI: 10.29327/5568666.1-13

Vincenzo Susca

> Hoje, somos forçados não a fechar os olhos, mas a baixá-los, não por timidez, mas, ao contrário, por coragem de encarar, não o Fim da História, mas essa "superfície de apoio" cujo limite terrestre está visivelmente *abaixo de nós*, no HUMUS de uma estática que nos carrega desde o início dos tempos
> (Virilio, *L'Art à perte de vue*, 2005).

> Sempre me acostumei com tudo, ou melhor,
> não é que me acostumasse, mas quase voluntariamente
> concordava em suportar tudo
> (Fëdor Dostoievski, *Memórias do subsolo*).

> Tudo ao seu redor, os restos dos
> sonhos se estendiam abaixo da superfície
> da realidade como praias sem fim
> (James Ballard, *O mundo submerso*).

A marcha triunfal da história ocidental tropeçou em si mesma. Depois de um poderoso salto para além do tempo e do espaço, estamos na implosão. A sua e a nossa. A fita de *2001: Uma odisseia no Espaço* (Kubrick, 1968) está, portanto, rebobinando, em uma espécie de viagem de retorno inesperada, dentro de um cenário distópico sombrio. Eis o osso-arma empunhado com fúria e excitação por um primata, no famoso filme do gênio americano, que mais tarde se tornou uma nave espacial, retornando com virulência e caindo sobre nós, pós-humanos com emoções humanas, demasiado humanas.

As luzes elétricas que iluminaram os últimos séculos da nossa história já não resplandecem mais, confusas na aurora digital; emanam, pelo contrário, raios obscuros e intermitentes. Efeitos perversos.

Ao longo da modernidade, acariciamos o mito segundo o qual o progresso nos daria, na esteira de um plano racional, a emancipação de toda escravidão, bem-estar e felicidade. Entretanto, séculos de produção desenfreada, acumulação e consumo lançaram-nos num presente tenebroso em que, enganchados nas malhas das redes digitais, sobrecarregados pelo sistema dos objetos e atingidos pelas crises sanitárias, catástrofes ambientais e guerras atrozes sem precedentes, a alienação e a depressão reinam soberanas, o *burnout* e as demissões, sinais de uma vulnerabilidade generalizada, da qual irradia um espectro inquietante: o fim do mundo.

Estudiosas, artistas, ativistas, escritoras e economistas tentam insistentemente indicar perspectivas de salvação dos riscos mais ruinosos da situação em andamento, encorajando a adoção de uma postura diferente em relação à história, ao agir humano e, de modo mais geral, ao comportamento social, na trilha de princípios como resiliência, sobriedade e sustentabilidade.

Trata-se, para citar duas notáveis publicações contemporâneas, de atualizar o imaginário da "sobrevivência". É o que dizem os subtítulos do último ensaio de Donna Haraway (2016), *Chthulucene*, e do estudo internacional organizado por Cíntia Sanmartin Fernandes, Micael Herschmann, Rose de Melo Rocha e Simone Luci Pereira, *A(r)tivismos urbanos* (Fernandes *et al.*, 2022): respectivamente, *Sobreviver em um Planeta Infectado* e *(Sobre)vivendo em Tempos de Urgências.*

Em uma fase de passagem tão traumática e radical, talvez seja oportuno rediscutir o sentido do nosso habitar, a partir da reelaboração das palavras que atribuímos e com as quais interpretamos o nosso papel no mundo. Dando um passo além do humanismo, ainda é correto utilizar a fórmula da "sobrevivência"? Não deveríamos nos esforçar por uma atitude cultural, psicológica e sociolinguística diferente? Ainda estamos em condições de "sobreviver", isto é, de "viver sobre" e "estar acima de"? Existe realmente alguém que sobrevive, ou estamos todos "subvivendo"? Afinal, não estamos na situação grotesca e periférica da subfamília, que vive nos porões e debaixo da mesa, no filme *Parasita*, de Bong Joon Ho (2019)?

Trata-se de uma comunidade invisível, embora atual, capaz de influenciar as tramas do cotidiano, a ponto de perturbar sua ordem e falsa harmonia. Por outro lado, na direção oposta, os moradores abastados da luxuosa vila em que esse núcleo periférico está escondido com divertida astúcia também "subvivem", ou seja, não estão à altura de uma existência digna.

Desconforto facultoso *versus* conforto desfavorecido. Para onde foi a dignidade? Na típica sequência das ficções contemporâneas na vida cotidiana, Lee Sun-kyun, o protagonista do filme do lado da família rica, se suicidou brutalmente em seu carro, em um estacionamento de Seul, após um escândalo com matizes ferozes e moralistas relacionado ao consumo de substâncias entorpecentes. Até mesmo a arquitetura do "sobre" tem bases frágeis e desmorona facilmente, devorado por sua própria ideologia.

Quem são os grandes artistas da subvivência e o que é isso? Como se expressa?

Viver abaixo: abaixo das expectativas, sob tensão, sob a ameaça de exclusão, de obsolescência, se não, de extinção. Estamos abaixo, permanecemos "sob": sob os efeitos de substâncias psicotrópicas, antidepressivos, drogas digitais e outros. Constritos e constrangidos em correntes sem fios. Abaixo, onde não temos mais a capacidade de controlar e direcionar, mas somos controlados e direcionados.

Chegou a hora de acionar uma crítica severa ao "sobre", começando pelas raízes, de baixo, do embaixo. O homem moderno – e especialmente o branco, heterossexual e burguês – concedeu a si mesmo um privilégio, ensanguentou e devastou o planeta para dominá-lo de cima a baixo, separando-se dos outros e do resto do mundo, de modo "soberbo": do latim *superbus*, derivado de super, sobre.

Em nome de Deus, "aquele grande paranoico", como Baudelaire o chamava, Moisés escala o Monte Sinai, para receber as tábuas da Lei, enquanto seu povo se entrega à devassidão dos ritos orgiásticos em torno do Bezerro de Ouro.

Michelangelo cristaliza, com a obra-prima da *Capela Sistina,* como Deus forjou o homem, de cima para baixo, passando-lhe o bastão da criação e depois continuando a zelar por ele com o olhar medieval, que atravessa todas as fronteiras, mais tarde se tornando o olho profano do *panopticon*, aquele da psicanálise (Bentham, 2001), portanto, da Polícia do Pensamento, do cinema, da televisão, das redes sociais, das videotelecâmeras de vigilância e de *Black Mirror* (Brooker, 2011-) em todas as suas declinações (Attimonelli; Susca, 2020). Olhos aos quais se submeter e se sujeitar, olhos aos quais se rebelar, olhos aos quais escapar e cegar, olhos aos quais se esconder, destruir e apagar – de cima para baixo, do centro para as periferias.

Esta é, afinal, a genealogia das contraculturas e subculturas (Canevacci, 2020), até o tempo das tribos, isto é, a época em que os marginais, os dissidentes, os desviantes, os desgraçados e todos os outros sujeitos periféricos deixaram de se organizar contra algo ou alguém, elaborando formas poéticas de habitar o mundo aqui e agora, em um instante eterno (Maffesoli, 2003), raspando assim o prazer e a liberdade entre as pregas e pragas da vida cotidiana, no *underground*, no subterrâneo, entre os interstícios.

A subcultura contemporânea, não mais se referindo ao que se abate sobre ela, desinteressada em derrubar o sobre, esperneia e prolifera, como toda raiz que se preze em seu impulso para o céu, em miríades de declinações e derivações, não mais com o seu olhar voltado para o alto, mas através de um perfil baixo, dançando entre as terras que habita e os imaginários de outros lugares, tecidos no âmbito de múltiplas afinidades conectivas (Susca, 2016). Acabamos por "subviver" até mesmo "acima", como acontece em muitas favelas do Rio de Janeiro.

## Clandestinos

Somos todos dissidentes da realidade,
na maior parte do tempo, clandestinos
(Jean Baudrillard, *Violência do virtual e realidade integral*)[60]

Aqueles que buscam o conflito nos sindicatos, partidos, praças ou associações estão hoje decepcionados ou frustrados, invocando com desprezo o espectro da passividade das massas ou de sua deserção da política. As periferias do mundo, na realidade, são poderosas em seu ser pulsante e invisível, fragmentadas e fragmentárias. Não tomam a palavra, quando muito a perdem: subvivem em voz baixa, ou sem voz, entre os BPM (batimentos por minuto) das festas techno (Attimonelli, 2018) ou funk (Herschmann, 2015) e das noites tóxicas (Petrilli, 2020). Estão consagradas e condenadas à mu-

[60] Título original: *Violenza del virtuale e realtà integrale* (Baudrillard, 2005).

tação, vivem como derivas de carne para além da organização de um corpo ou de um Estado. Carne, ossos, bit, plástico, flores, lama, carne estetizada pronta para doação e o sacrifício, ou melhor, para o "sicrifício", ou sacrifício de si.

A subvivência é uma cessão permanente do eu, um presente extasiado, um prazer extremo embebido de dor – alegria trágica – como uma espécie de *body art* do corpo social que se desfaz do próprio corpo, no tumulto da carne. Eis, então, as periferias encenando uma performance artística generalizada, nos moldes daquela proposta por David Cronenberg, em seu filme *Crimes of the future* (Cronenberg, 2022): doar-se, tornar-se uma obra sem obra, recuar. São e somos todas e todos Orlan, no Only Fans, Tinder, Grinder, Instagram e Snapchat.

Toda fuga, devassidão e volúpia que a indústria cultural e o sistema de objetos inspiram remetem à exaltação alucinante e lasciva desencadeada pelas drogas e outras substâncias estimulantes modernas e contemporâneas. Uma sombra paira, assustadora e fascinante, sobre todos os consumos excessivos de ontem ou de hoje, bem como sobre os transes festivos de implicações ambíguas, na dúvida entre o politicamente correto e o socialmente disfuncional: a sombra de Dionísio, o fantasma da perdição.

Por essa razão, os armazéns das noites eletrônicas, as fábricas abandonadas onde explodem, de repente, as festas rave, mas também as festas oficiais e outras celebrações de fundo carnavalesco, onde se dá vazão aos instintos mais oníricos e ao mesmo tempo triviais do corpo social, são constantemente vigiados, com olhares desconfiados, pelos sistemas de poder, que alternam, contra a "piração", repressões severas e campanhas de conscientização, reduções de danos e dispositivos preventivos, aptos a preservar a ordem do sistema, a saúde e a boa conduta de cidadania. A violência incubada em tais encontros é, portanto, domada ou diretamente censurada, tornando-se aparente e superficialmente inofensiva. Na realidade, o rasteiro se traduz em arte da subvivência.

A tecnomagia contemporânea é movida justamente pela descentralização extasiada do ser humano (Susca, 2022), ao mesmo tempo forçado a depender do outro a partir de si, acorrentado em laços sem fios, em estado de embriaguez, no arrepio do devir.

Os ritos que informam tais transmutações avassaladoras, impregnadas de substâncias arcaicas e projetadas em imaginários futuristas, entre o sagrado, o horrorífico e a ficção científica, além e aquém da utopia e da distopia, são desencadeados por alterações psicossensoriais, que fazem o indivíduo ceder perante o próximo, empático com o estranho, fértil na imaginação, predisposto a dançar, exatamente como acontece no estrondo das festas techno e funk, sob o efeito de substâncias psicotrópicas, quando o corpo dançante, em uma exausta alegria cósmica, sente-se parte do todo, no qual está envolto, sem mais reconhecer seus limites e articulações.

Os nós que brotam, como tantas flores fúlgidas e contaminadas, em todo cenário subterrâneo desse tipo, na euforia festiva e na decadência, entre as redes digitais, as paisagens pós-urbanas, a realidade aumentada dos MMORPG, as favelas do Rio de Janeiro e a extensão salgada do deserto de Black Rock, no estado de Nevada, onde acontece o festival com o título emblemático *Burning Man* – entre as ruínas da modernidade e do progresso –, recolocam em circulação, com uma atitude interseccional de humores marginalizados e estigmatizados pelo Ocidente, sustentando hibridizações, diásporas e sincretismos, em nome de um bem comum estendido para além da sociedade, da comunidade e até mesmo da humanidade.

A droga funciona então como um poderoso dispositivo metafórico e farmacológico para uma definitiva dissipação e confusão do eu, em uma espécie de "tecnograça"[61] – calma e beatitude após convulsões e espasmos – mesmo que seja apenas uma ilusão, ou uma alucinação. Aqui estão as faíscas obscuras que inflamam, da inferioridade, a tecnomagia.

Se é verdade que já vivemos em um mundo tóxico (Haraway, 2016) – intoxicados pela tecnologia e pela política, pelas guerras e pelo neoliberalismo, pelo excesso de plástico e das trilhas químicas, pelo derretimento do Pergelissolo e por outras catástrofes ambientais – e que nos tornamos tóxicos, o fio vermelho que nos liga sempre e de novo uns aos outros, partindo do princípio da simpoiese, das afinidades eletivas e conectivas, numa

[61] O autor propõe, em italiano, o neologismo "*tecnograzia*", que reúne as palavras "tecno" e "graça". A "tecnograça" indica uma beatitude provocada pela atmosfera da música techno sob efeito das drogas, mas pode também sugerir, metaforicamente, uma subversão aos controles da "tecnocracia", de modo a encontrar outra "graça", na força da tecnologia, em um mundo tecnocrata (N.T.).

espécie de *ordo amoris*, consiste em todas essas cadeias mágicas dotadas de uma aura, que nos seduz e nos comove enquanto estamos possuídos e reificados. Elas são a base do nosso enraizamento dinâmico (Maffesoli, 2007) e, portanto, da errância que cadencia a nossa vida cotidiana entre a volúpia do *carpe diem*, aqui e agora, e o anseio pelo novo, mesmo quando se trata de uma novidade sem progresso.

Então, drogados pelo Instagram e pelo ecstasy, pelo Xanax e pelo Tik Tok, pelo 3 CMC, pelo MDMA, pelo Ghb e pelos jogos de azar, pelo Grindr, Tinder e OnlyFans e pelas especulações do Bit Coin, pela vertigem do NFT e dos memes, os indivíduos perdem-se e encontram-se em toda a alteridade que os rodeia, no quadro de uma iniciação em um mundo mais vasto que o do sujeito, onde, subterrâneo e submerso, tudo se une e se comove, move-se junto. Em consonância com a estética da magia antiga, tais uniões surgem de fórmulas e práticas capazes de associar elementos banais, assustadores e efêmeros a outros sensuais, oníricos e de intensa pregnância simbólica.

Os tecnomagos contemporâneos, que desafiam ao mesmo tempo em que se submetem às leis do Estado e da política, da economia e das religiões, em nome de um só e de múltiplos mistérios iniciáticos – a partir de afetos, estilos, totens e imaginários capazes de fundir diferentes pessoas em um corpo único e diferente a cada vez – não correspondem aos ícones narrados pelas lendas ou descritos pelos etnólogos da primeira metade do século XX, não exibem longas barbas e rostos desfigurados, não misturam poções de mel e sangue para preparar o Hidromel adorado pelo deus germânico Odin, não transmutam, como a feiticeira Circe, os homens em porcos: são as mestras de cerimônia e xamãs de todos os novos ritos que reencantam a existência e reúnem o que até então estava separado no tempo e no espaço: sujeitos e objetos, cultura e natureza, corpo e espírito, arte e vida cotidiana, orgânico e inorgânico.

Eles cresceram com a saga de *Harry Potter*, graças à qual aprenderam a relativizar o princípio da realidade trouxa, voando em direção a uma dimensão fantástica e perigosa, grávida de desafios mortais e ritos de passagem. Eles maratonaram a série *Stranger Things*, devorando-a, atraídos pelo caráter alienígena de Eleven, na companhia de adolescentes extravagantes e ousados, assustados pelo Demogorgon, explorando as múltiplas dimensões "de ponta-cabeça" daquele mundo mais real que a realidade, uma metáfora do imaginário coletivo contemporâneo.

Eles se expressam com emojis, figurinhas e mensagens de voz, em vez de escrever em linguagem alfabética, porque não se reconhecem na Galáxia de Gutenberg, fundada no princípio da abstração, da razão e do indivíduo. Acostumados ao tempo real, à cultura da ubiquidade e à lógica da realidade aumentada, eles estão constantemente aqui e em outro lugar, sozinhos e juntos, ativos e passivos, ou melhor, interpassivos. Eles têm o mundo à disposição e estão à disposição do mundo. Eles foram confinados em suas casas e forçados ao distanciamento social, em *lockdown*, durante a pandemia de covid-19.

Atrás das telas, eles compensaram a falta de laços sociais físicos com comunhões eletrônicas, para então sacrificar o espaço privado em deferência a uma troca simbólica e afetiva. Depois de dois anos de reclusão nas prisões eletrônicas, pendurados pelos fios da rede, aprenderam a estar disponíveis para seus próprios contatos e para a rede, a saltar rapidamente de um espaço-tempo para outro, até mesmo a desaparecer através do *ghosting*, talvez esquecendo para sempre como permanecer por um longo tempo, na profundidade e na concentração, aqui e agora.

Eles agora habitam – entre *banners* e *bots*, algoritmos e avatares, inteligências artificiais e *deep fakes* – prevalentemente, as paisagens midiáticas e vivenciam o espaço físico e o próprio corpo como uma extensão de si mesmos. São traficantes e clientes de substâncias viciantes que geram dependência, despertam sonhos extraordinários, estabelecem tele-empatias e favorecem abraços sensuais; mercadorias e artistas de produtos tão inebriantes quanto efêmeros; sujeitos e objetos de alterações psicossensoriais, que aumentam sua existência no exato momento em que deixam de existir nas formas individuais, orgânicas e racionais prefiguradas ao longo da modernidade. Depois que a tempestade do progresso passa, em meio a seus resíduos e ruínas, atravessam a aurora digital em um passo de dança, um passo além do humanismo.

## Ética do subsolo

Até meados do século passado, fomos levados pelo vento da história, dirigidos para os paraísos celestes e terrestres, enquanto agora nos encontramos, como o Angelus novus de Paul Klee descrito por Walter Benjamin (2014) e o angelus novissimus recentemente proposto por uma peça teatral de Alain Béhar (2015) e por Karin Andersen, em uma exposição na Traffic Gallery em Bergamo (2016), encurralados entre as ruínas do progresso, envoltos nos escombros da modernidade, presos nas correntes sem fios das matrizes digitais, arrebatados pelas flamejantes substâncias contaminadas – drogas, espetáculos, medicamentos e informações – das plantações industriais e pós-industriais. Nas areias movediças e magmáticas do pós-humanismo.

Deixemos para lá as vertigens da verticalidade, ensinam as periferias centrais do nosso tempo. Deixemo-nos perder no subsolo, no porão, entre os abismos marinhos sonorizados por Drexciya na Detroit dos anos 1990 (Attimonelli, 2018) e desenhadas nas mesas afrofuturistas de Abu Qadim (Attimonelli; Haqq, 2019), no *underground* urbano e nas lamas das festas rave, onde vigora o critério da reciprocidade e da reversibilidade, o corpo a corpo, a co-determinação, ou seja, o próprio sal do "conhecimento": nascer com. Essa é a aula magna que insurge das táticas dos últimos e das subalternas, da ignorância erudita das pessoas dominadas, da sabedoria das periferias: submeter-se raspando, roubando e inventando com fantasia e astúcia, para além de todo princípio dialético, liberdade e prazeres, onde não há nenhuma liberdade e qualquer prazer.

Acima, está Deus, estão os altos escalões do poder, as elites, os laboratórios científicos, as ideologias, os intelectuais, Prometeu, a primeira classe, os cidadãos. Abaixo, porém, vingam as entranhas quentes e tumultuadas da terra, as catacumbas, Dionísio, o *genius loci*, os refugiados, os aquíferos, as geleiras, as divindades locais, os restos, os objetos obsoletos, as parentelas inéditas entre detritos plásticos e corpos vivos: nós e eles, eles e nós, juntos. A arte da subvivência é um gesto punk generalizado pelo desconforto facultoso, que induz prazeres indizíveis e extremos: "Estéticas do mal-estar", segundo Claudia Attimonelli. "O cenário dos gloriosos subúrbios explorados pelos punks sugere a ideia de uma integração irrefreável ao corpo societal e ao tecido urbano, bem como às práticas do cotidiano, do mal e suas inevitáveis estetizações"[62] (Attimonelli, 2020, tradução nossa).

[62] Texto original: "Lo scenario dei gloriosi bassifondi esplorato dai punk suggerisce l'idea di un'inarrestabile integrazione nel corpo societale e nel tessuto urbano, nonché nelle pratiche del quotidiano, del male e delle sue inevitabili estetizzazioni" (Attimonelli, 2020).

Talvez tenha chegado o momento de "subviver" e exaltar o *húmus*, a terra, que compõe o ser humano, impondo-lhe a humildade, para depois enxertá-la, como ensinam os punks, com tudo o que transcende a ordem do bios e da natureza. Não mais, portanto, vivendo acima dos próprios meios, pisoteando a alteridade, mas sob os meios dos outros, nas garras do outro, descobrindo aí, para além de todo paradigma imunitário (Esposito, 2020), novas margens e morfologias inéditas, para uma vida em comum. Para os modernos, segundo Jean-Paul Sartre, "*l'enfer c'est l'autre*", o inferno são os outros (Sartre, 1947).

Para nós, porém, não resta nada além daquele inferno – um inferno com os outros – grudados com toda a alteridade que tentamos afastar ou dominar até agora, fungando em nosso cangote. Infernais são, por outro lado, as temperaturas meteorológicas e sociais que nos aguardam nos próximos anos. Somos convocados para uma prova de fogo, para a vingança dos condenados da terra, para a ira das águas e dos mares. Queimados pelo sol, invadidos por bárbaros, submersos pelas ondas, náufragos em oceanos digitais. Não nos iludamos achando que ainda podemos controlar a ordem das coisas e nos libertar das correntes. Lá embaixo, entre o Zion da ficção científica, o avesso de *Stranger Things* (Duffer; Duffer, 2016-), o mundo submerso de James Ballard, que já virou realidade em Porto Alegre, os totens das sociedades tradicionais e os novos fetiches da tecnomagia, insurge o paradigma da dança.

As periferias dançam. Seguindo a intuição de Paul Valéry, trata-se do conjunto de movimentos voluntários sem propósito e sem nenhuma utilidade: não servem para conquistar o espaço, mas para decorar o tempo (Valéry, 2023). Dançar entre as ruínas, com as ruínas. Ruínas de ruínas. A tecnomagia impôs uma lógica de separação. Controlada de cima, ela nos separou do mundo a ponto de nos arrancar de toda a alteridade que nos cerca e envolve, arrancando nossa alma, para nos oferecer um corpo sem órgãos. A tecnomagia contemporânea é, porém, recomposição, concatenação, dependência. Encadeamento mágico de inferioridades. Êxtase no coração da distopia. Pratiquemos o subviver, viver sob, ficar sob, permanecer sob, extraindo a linfa vital, até mesmo e exatamente daquilo que está nos esmagando e nos sufoca. Talvez, de lá de baixo, brotem flores. Quem sabe serão elas a nos colherem um dia?

## Referências

ATTIMONELLI, Claudia. *Estetica del malessere*. Il nero, il punk, il teschio nei paesaggi mediatici contemporanei. Bologna: DeriveApprodi, 2020.

ATTIMONELLI, Claudia; SUSCA, Vincenzo. *Un oscuro riflettere. Black Mirror* e l'aurora digitale. Milano: Mimesis, 2020.

ATTIMONELLI, Claudia; HAQQ, Abu Qadim. *A brilliant blackness emerging from the deep Sea:* an ancient story of slavery told to repair the future. Bologna: Roots-Routes, 2019.

ATTIMONELLI, Claudia. *Techno*: Ritmi afrofuturisti. Milano: Meltemi, 2018.

BAUDRILLARD, Jean. *Violenza del virtuale e realtà integrale*. Firenze: Le Monnier, 2005.

BENJAMIN, Walter. *Angelus Novus*. Saggi e frammenti. San Dorligo della Valle: Einaudi, 2014.

BENTHAM, Jeremy. *Panopticon*. Pádua: Marsilio Editore, 2001.

BORRIAUD, Nicolas. *Inclusions*. Esthétique du capitalocène. Presses Universitaires de France, 2019; trad.it. *Inclusioni. Estetica del capitalocene*. Milano: Postmedia Books, 2020.

CANEVACCI, Massimo. *Culture eXtreme, Mutazioni giovanili tra i corpi della metropoli*. Bologna: DeriveApprodi, 2020.

ESPOSITO, Roberto. *Immunitas. Protezione e negazione della vita*. San Dorligo della Valle: Einaudi, 2020.

FERNANDES, Cíntia S.; HERSCHMANN, Micael; MELO, Rose de; ROCHA, Simone; PEREIRA, Luci. *A(r)tivismos urbanos*: (Sobre)vivendo em Tempos de Urgências. Porto Alegre: Sulina, 2022.

FISHER, *Mark. Capitalist Realism*: Is There No Alternative?. Zero Books, 2009.

FOUCAULT, Michel. *Follia e Psichiatria*. Milano: Raffaello Cortina Editore, 2006.

HARAWAY, Donna. *Staying with the Trouble*: Making Kin in the Chthulucene. Duke University Press, 2016; trad.it. *Chthulucene*. Sopravvivere su un pianeta infetto. Roma: Nero, 2019.

HERSCHMANN, Micael. *O funk e o hip-hop invadem a cena*. Rio de Janeiro: Editora UFRJ, 2015.

LOVECRAFT, Howard Philips. *The Call of Cthulhu*. Weird Tales, 1928; trad.it. *Il Richiamo di Cthulhu*. Milano: Mondadori, 2023.

MAFFESOLI, Michel. *Du Nomadisme*. Vagabondages Initiatiques. LGF, 2000; trad.it. *Il Nomadismo. Per una sociologia dell'erranza*. Milano: Franco Angeli, 2007.

MAFFESOLI, Michel. *L'istante eterno*. Ritorno del tragico nel postmoderno. Roma: Luca Sossella Editore, 2003.

PETRILLI, Enrico. *Notti tossiche*: Socialità, droghe e musica elettronica per resistere attraverso il piacere. Milano: Meltemi, 2020.

SARTRE, Jean Paul. *Huis clos*. Paris: Gallimard, 1947.

SUSCA, Vincenzo. *Les affinités connectives*. Paris: Cerf éditions, 2016.

SUSCA, Vincenzo. *Tecnomagia.* Milano: Mimesis, 2022.

VALÉRY, Paul, *Philosophie de la danse*. Paris: Éditions Allia, 2023.

VIRILIO, Paul. *L'Art à perte de vue*. Paris: Galilée, 2005.

## Filmografia e séries de TV

BAKANOV, Ivan; ZELENS'KYJ, Volodymyr. *Servitore del popolo*. 2015-2019.

BROOKER, Charlie. *Black Mirror*. 2011- Em andamento.

CRONENBERG, David. *Videodrome,* 1983.

CRONENBERG, David. *Crash,* 1996.

CRONENBERG, David. *eXistenZ,* 1999.

CRONENBERG, David. *Crimes of the Future*, 2022.

DUCOURNAU, Julia. *Titane*, 1983.

DUFFER Matt; DUFFER, Ross. *Stranger Things*, *2016* - Em andamento.

HO, Bong Joon. *Parasite,* 2019.

KUBRICK, Stanley. 2001: A Space Odissey, 1968.

LINKLATER, Richard. *A Scanner Darkly*, 2006.

TSUKAMOTO, Shin'ya. *Tetsuo*, 1989.

## Exposições

ANDERSEN, Karin. *Nous autres*. ATTIMONELLI, Claudia; SUSCA, Vincenzo (org.). Bergamo: Traffic Gallery, 2016.

## Teatro

BÉHAR, Alain (direção); BÉHAR, Alain; SUSCA, Vincenzo (texto). *Angelus novissimus*. Compagnie quasi, 2015.

# "Corpos telânicos e afetos midiatizados": reflexões sobre elos em ambiências do século XXI

DOI: 10.29327/5568666.1-14

Renata Rezende Ribeiro

## Introdução

No universo das tecnologias da comunicação, o corpo humano é prolongado por diferentes próteses, o que inclui as telas digitais, que não apenas o reproduzem, como também engendram infinitas composições. A cultura digital está associada ao jogo dos possíveis, ampliando a plasticidade da experiência corporal pela potência imagética, mas também pelo aspecto imaterial que tem transformado, cada vez mais, os vínculos sociais. As diversas telas cotidianas mudaram profundamente a forma como nos conectamos e interagimos. Se, por um lado, o acesso e a conectividade foram facilitados, e o tempo e o espaço flexibilizados, por outro, a falta de materialidade trouxe superficialidade às relações, devido à substituição do contato físico na socialização e à impossibilidade de captar uma linguagem corporal mais profunda. O corpo mediado pela tecnologia não apenas utiliza telas para se conectar e interagir com o mundo, mas também é parte integrante dessas interações, redefinindo presença, identidade e subjetividade: trata-se de um "corpo-tela".

Segundo Le Breton (2019, p. 10), "os homens sentem afetivamente os acontecimentos de sua existência por intermédio de diferentes repertórios culturais". No território informacional do século XXI, as emoções e as afetações, ou as "atrações-repulsas", como afirma Maffesoli (2014), passaram a substituir a lógica da razão, tornando-se o substrato dos elos sociais. Com o acentuado desenvolvimento das tecnologias de imagem, de informação e de comunicação, incluindo processos de *machine learning* (IA), nossos corpos foram conduzidos a vivenciar afetações mais sensíveis do que racionais. Há uma ambiência constituída pela ideia de emocionalidade, na qual o elemento essencial se relaciona às expressões nervosas, descontroladas e intensas, e paradoxalmente os vínculos parecem cada vez mais rasos.

Nessa conjuntura, nossa abordagem visa explorar os "corpos telânicos" como formas comunicativas do século XXI, investigando as emoções como "moções/comoções" (Didi-Huberman, 2016), que amplificam as atmosferas percebidas e sentidas em diferentes tensões, entre elas, a exigência da performance permanente e o imperativo da visibilidade.

Tomando esse corpo imaterial como o centro da experiência sensível e a base da subjetividade (Merleau-Ponty, 2018), em um contexto de sociedade midiatizada, a proposta é discutir a "instagramação da experiência" (La Rocca, 2023) sobre os vínculos estabelecidos na espacialidade telânica digital, com ênfase nas redes sociais, em que a vida cotidiana é transformada em um espaço de autoexpressão e prazer estético (Lipovetsky; Serroy, 2015), e as noções de comunidade e pertencimento passaram a ter outros contornos.

De forma ensaística e a partir de uma trilha bibliográfica interdisciplinar, o texto reflete de maneira crítica a noção de "corpo-tela", considerando os processos e as relações informacionais que permeiam as interações humanas da vida cotidiana deste início de século XXI.

## Corpo-Emoção

A ideia de corpo sempre esteve em constante transformação ao longo da história. Particularmente neste início de século XXI, no qual "estar na imagem é existir", experienciamos uma forma de sociabilidade marcada pela *performance*, pela produção de impressões. Nesse cenário, o que pode ser a experiência do corpo?

Entre as características definidoras de uma sociedade pautada pelas imagens, a ideia de mobilidade ocupa um papel central, refletindo, na contemporaneidade, uma aceleração crescente do tempo. Richard Sennett (1997), ao reconstruir a história do corpo, destaca que o homem moderno é, acima de tudo, um ser humano móvel. O sociólogo desenvolve essa reflexão a partir da revolução científica de William Harvey, que transformou a compreensão do corpo, coincidindo historicamente com o advento do capitalismo moderno e resultando em uma concepção de liberdade intrinsicamente ligada ao movimento.

Sennett (1997) demonstra como no século XX as pessoas começaram a se deslocar rapidamente, impulsionadas pelo que ele chama de 'movimento total', condensado na tecnologia do automóvel. A partir da experiência corporal, o autor busca construir uma espécie de história da noção de cidade, traçando um percurso que vai de Atenas a Nova York. Com esse estudo, ele argumenta que "a ágora só existe na aparência [...] a cidade acabou por realizar o ideal iluminista do corpo em movimento" (Sennett, 1997, p. 214). Essa arquitetura do "fluxo" tem repercussões profundas na construção da imagem do corpo contemporâneo. Com a introdução das mídias digitais, especialmente as redes sociais, os corpos passaram a se manifestar em espaços cada vez mais imateriais, onde o sentido de reconhecimento e de vínculo é pressionado pela própria aceleração do tempo, transformando-se constantemente em uma fachada provisória.

A mobilidade proporcionada pelos *smartphones*, por exemplo, promete liberdade de movimento, conectividade ininterrupta e dissolução de fronteiras entre o físico e o digital. No entanto, essa mesma mobilidade opera como um regime de captura e modulação, inserindo o corpo em uma rede de controle. A mobilidade deixa de ser apenas uma experiência sensorial e passa a ser também uma métrica, um dado de consumo, um traço algorítmico que antecipa desejos, disciplinando gostos e afetos.

Em um contexto de plasticidade absoluta, o corpo, como uma "espécie de marca", apresenta o modelo de ser o espectro possível de uma sociedade imagética, na qual a prevalência são as imagens para o consumo. É na condição de implosão dessa sociedade que as telas digitais emergem como uma ilusão da forma, por meio da qual o corpo pode ser experimentado (e também experienciar) como um "corpo-emoção", em que a materialidade e a afetividade se entrelaçam na dinâmica imaterial do digital.

Se para constituir-se o corpo precisa da forma do outro (alteridade), em uma construção que é sempre simbólica, histórica, contingente, na sociedade midiatizada esse aspecto se intensifica, particularmente no ambiente digital, onde a espetacularização das emoções se torna um recurso tanto comunicacional quanto mercadológico. O território digital é arrebatado pelo fluxo incessante de produção e descarte, numa era em que se fundem tecnologia e capital.

Didi-Huberman (2016) afirma que a emoção é algo que transborda e se reinventa constantemente, sendo também uma ferramenta de manipulação midiática. "As imagens emocionais operam como dispositivos de poder, moldando percepções e comportamentos" (Di-Huberman, 2016, p. 112). Nesse contexto, esse "corpo-emoção" composto de e a partir de imagens não é mero registro da realidade, mas uma construção afetiva que atua como catalisador de experiências sensoriais e cognitivas, capaz de mobilizar massas, influenciar indivíduos e moldar identidades coletivas.

Ao operar na interface entre o sensível e o político, o "corpo-emoção" revela a dimensão performativa das próprias imagens, que não apenas demonstram, mas produzem realidades afetivas. A mídia, ao explorar essa potência, direciona fluxos emocionais que podem tanto emancipar quanto capturar subjetividades, criando comunidades de afetos e de afetações. O impacto das imagens, muitas vezes imperceptível em sua dimensão imediata, reverbera na forma como indivíduos se identificam e se posicionam diante dos acontecimentos cotidianos. Segundo Didi-Huberman (2010, p. 30-p.35), "[...] a visão se choca sempre com o inelutável volume dos corpos [...]", mas "o que é um volume portador, mostrador de vazio? Como mostrar um vazio? E como fazer desse ato uma forma que nos olha"? Essas questões nos remetem à imaterialidade-material do "corpo-tela".

Citado por Didi-Huberman, Merleau-Ponty (2018) oferece uma base fenomenológica para entender como a percepção do corpo se dá na relação com o mundo, e, em nossa compreensão, no contexto digital essa associação ganha novos contornos, pois a presença se torna difusa e os afetos são codificados em fluxos de dados. "O corpo é nossa ancoragem no mundo, mas também uma estrutura aberta às influências externas" (Merleau-Ponty, 2018, p. 90). Nesse sentido, os "corpos telânicos" representam uma abertura radical, pois não apenas se relacionam com o meio físico, mas também com estruturas midiáticas que os reconfiguram nessa mesma ambiência.

Em uma sociedade saturada por informações audiovisuais, a eficácia de uma mensagem depende menos da sua veracidade factual e mais da intensidade emocional que consegue evocar. Esse fenômeno é particularmente evidente nas redes sociais, onde imagens virais se propagam não pela lógica do argumento, mas pela força do impacto emocional que geram. A midiatização se estabelece na habilidade de criar "corpos narrativos" que ressoem afetivamente com o público, transformando as emoções em importantes instrumentos de comunicação e também de controle.

Desenha-se uma primeira ambivalência: ao mesmo tempo em que potencializa conexões e amplia o alcance no espaço digital, o "corpo-tela" – que é puro fluxo – também impõe novas formas de dominação. A promessa de fluidez e de conectividade intensifica uma paradoxal imobilidade subjetiva. Se, por um lado, há uma movimentação constante proporcionada pelas múltiplas imagens possíveis, por outro, cristaliza-se uma relação de dependência, na qual se estabelece a necessidade de estar sempre disponível, além da prevalência de um consumo ininterrupto de informações que transformam a fluidez em uma fixidez contida. Mesmo em deslocamento, há uma ancoragem no dispositivo: nossos olhos presos à tela, nossos dedos em gestos automáticos, nossos pensamentos embebidos pelos sons de novas mensagens. O "corpo-tela" parece aprisionado em um circuito contínuo de produção e consumo de informações.

Nessa conjuntura, as emoções se tornam experiências moduladas segundo elementos estratégicos de engajamento digital. O "corpo-tela" é, portanto, um corpo-emoção condicionado por fluxos que o atravessam e o tornam simultaneamente agente e produto da lógica da midiatização. Trata-se de um corpo que é induzido a sentir de formas específicas: a ansiedade da mensagem não respondida, a euforia da validação social, o esgotamento provocado pelo excesso de estímulos. Cada vez mais, a tecnologia parece regular a economia dos afetos, mantendo os indivíduos imersos em um circuito de produção emocional que gera vínculos, ao mesmo tempo em que reforça dinâmicas de aprisionamento.

A midiatização das emoções é um dos fenômenos mais marcantes da contemporaneidade, segundo Le Breton (2019). O autor aborda a antropologia das emoções, destacando como elas são construídas culturalmente: "a emoção não é apenas uma experiência individual, mas um fenômeno social e culturalmente compartilhado" (Le Breton, 2019, p. 45). As plataformas digitais amplificaram a visibilidade das sensações, transformando sentimentos em performances públicas. Indignação, empatia, felicidade, medo e todo tipo de ódio são frequentemente instrumentalizados, seja para mobilizações políticas, seja para estratégias de *marketing*. O fenômeno das "emoções virais" demonstra como os afetos podem se espalhar rapidamente, criando ondas de engajamento coletivo que atravessam fronteiras geográficas e culturais.

Os movimentos *#MeToo*[63] e *#BlackLivesMatter*[64] ilustram esse processo. A campanha *#MeToo* emergiu como denúncia contra assédios e violências sexuais e rapidamente se tornou um símbolo global de mobilização. Os relatos pessoais de milhões de mulheres nas redes sociais digitais ganharam força em 2017, transformando-se em um movimento político de grandes proporções. A *hashtag* se espalhou viralmente e provocou debates públicos, mudanças institucionais e até processos judiciais contra figuras influentes. Já a campanha #BlackLivesMatter ganhou destaque global após o assassinato de George Floyd, nos Estados Unidos, em 2020. A indignação e a revolta contra a violência policial e contra o racismo sistêmico foram aumentadas pelas redes sociais, onde vídeos, relatos e manifestações de apoio se espalharam rapidamente, gerando protestos em diversos países. Esses casos indicam como as emoções podem ser alargadas digitalmente, transcender fronteiras e gerar impacto, tanto no comportamento social quanto nas estruturas de poder.

Além do engajamento coletivo, o fenômeno de midiatização das emoções tem significativo efeito no comportamento individual. Essas "afetações virais" têm o poder de moldar atitudes e ações, de maneira consciente ou inconsciente, através da contaminação emocional, que pode alterar a percepção de um indivíduo e suas decisões em resposta ao coletivo.

No Brasil, um caso[65] trágico foi o de Lucas Santos, filho da cantora Walkyria Santos, que cometeu suicídio aos 16 anos, em 2021, após ser alvo de

---

[63] Embora tenha viralizado em 2017, o termo *Me Too* foi originalmente criado em 2006 pela ativista Tarana Burke, com o objetivo de apoiar sobreviventes de violência sexual. Ver mais em: https://www.bbc.com/portuguese/articles/cwyjzjvyx1go Acesso em: 1º dez. 2024.

[64] Movimento ativista iniciado em 2013, nos EUA, após a absolvição de George Zimmerman pelo assassinato do jovem Trayvon Martin. Utiliza as redes sociais para reivindicar justiça e mudanças estruturais. Ganhou força global em 2020, com os protestos contra a morte de George Floyd. Ver mais em: https://www1.folha.uol.com.br/mundo/2022/02/entenda-como-assassinato-de-jovem-negro-ha-10-anos-resultou-no-black-lives-matter.shtml. Acesso em: 5 dez. 2024.

[65] Ver mais em: https://www.cartacapital.com.br/diversidade/os-alertas-deixados-pelo-suicidio-de-lucas-um-adolescente-vitima-do-odio-e-da-lgbtfobia-no-tiktok/ Acesso em: 1º dez. 2024.

ataques nas redes sociais. Na época, o jovem havia postado um vídeo brincando com um amigo na rede digital TikTok, mas recebeu uma enxurrada de comentários homofóbicos. A pressão e os ataques virtuais afetaram sua saúde mental. A mãe de Lucas usou sua visibilidade para alertar sobre os perigos do *cyberbullying* e sobre a importância do acompanhamento psicológico para jovens expostos a discursos de ódio na internet. Esse caso explana como a toxicidade nas redes sociais pode ter consequências irreversíveis e reforça a necessidade de um debate sério sobre responsabilidade digital.

Nesse cenário, a midiatização das emoções revela mais um paradoxo: ao mesmo tempo em que promove a conexão e o engajamento entre indivíduos, organizando coletividades, também pode gerar um esvaziamento da experiência emocional, reduzindo-a a signos rápidos, superficiais e, muitas vezes, danosos. O desafio contemporâneo, portanto, está em compreender como as mídias configuram nossos modos de sentir e de nos relacionar, influenciando tanto a subjetividade quanto as dinâmicas sociais mais amplas.

Observamos que há um deslocamento da emoção do campo estritamente privado e subjetivo, posicionando-a como um processo coletivo, moldado por normas, valores e contextos sociais. Le Breton (2019) argumenta que o compartilhamento de emoções em ambientes digitais configura uma forma de sociabilidade, em que a exposição da intimidade e a busca por validação emocional se tornaram práticas comuns.

Nessa perspectiva, os "corpos telânicos" podem ser compreendidos como uma manifestação do entrelaçamento entre a corporeidade física e a virtualidade digital. As emoções, mediadas pelas tecnologias, não são menos autênticas, mas operam segundo novas lógicas e gramáticas. Nas redes sociais, esse corpo atua como um dispositivo de gestão afetiva, criando atmosferas emocionais com objetivo de engajar, fidelizar e, em certo sentido, "vincular" indivíduos. Mas que tipos de vínculo seriam esses?

## Vínculo-Mídia

Comunicar, em seu sentido originário, denota "agir em comum" ou "deixar agir o comum", o que envolve vincular, relacionar, concatenar, organizar ou permitir ser organizado pela dimensão constitutiva, intensiva e pré-subjetiva do ordenamento simbólico do mundo (Sodré, 2014, p. 9). Desta forma, comunicação e vínculo estão intrinsecamente conectados, pois a maneira como nos comunicamos tem um papel fundamental na construção e na manutenção das relações humanas. No contexto da midiatização, os elos podem ser pensados a partir da noção de "vínculo-mídia", que abarca a ideia de engajamento emocional. As mídias sociais, especialmente as redes digitais de sociabilidade, estimulam reações afetivas que influenciam atitudes e comportamentos. Sonia Livingstone (2004) observou que o vínculo com as plataformas digitais pode ter implicações profundas no desenvolvimento social e psicológico, já que as interações *on-line* oferecem uma sensação de pertencimento e aceitação, mas também podem ser fontes de isolamento e alienação. Essa dualidade é central para entender os impactos desses dispositivos, principalmente na vida dos jovens, uma vez que essas plataformas são, ao mesmo tempo, espaços de socialização e de construção de identidade, mas também podem ser fontes de desafios emocionais e sociais.

Esse vínculo digital pode oferecer um espaço seguro para indivíduos que, por diversas razões, se sentem marginalizados ou incompreendidos em determinados ambientes físicos. O compartilhamento de ideias, fotos, vídeos e opiniões ajuda na construção de uma identidade que é reconhecida e validada por outros. Nesse sentido, o "corpo telânico" funciona como um palco onde os jovens podem performar e afirmar sua identidade, recebendo *feedbacks* quase instantaneamente de amigos, seguidores ou até mesmo de grupos mais amplos.

No entanto, esse mesmo tipo de vinculação digital também pode apresentar traços negativos, principalmente por gerar um ciclo de validação baseado em métricas superficiais, como curtidas, comentários e compartilhamentos. A constante busca por aprovação *on-line* pode ser exaustiva e causar ansiedade, especialmente quando o jovem percebe que não está recebendo a mesma quantidade de atenção ou aceitação que outros sujeitos em sua rede social. Essa lógica de comparação contínua exacerba a insegurança e, em casos mais severos, pode levar à depressão e à solidão, ou até a casos mais graves, como o de Lucas Santos, citado anteriormente, vítima de *cyberbullying* nas redes digitais.

Nessa circunstância, a mediação por telas enfraquece as conexões humanas mais profundas, inclusive pela perda da presença física, já que a comunicação não verbal é responsável por uma parte importante do processo de compartilhamento e convívio social[66]. Mesmo com a constante troca de mensagens, fotos e vídeos, a intensidade emocional e a autenticidade são diferentes das interações presenciais. Os jovens acabam substituindo interações face a face por uma comunicação mais superficial, o que, paradoxalmente, pode gerar um afastamento real dos outros, em vez de uma aproximação.

Livingstone (2004) destaca que esse distanciamento também está relacionado ao fenômeno da alienação digital, no qual o uso excessivo de mídias sociais pode levar ao isolamento. Ao buscar mais validação nas redes digitais, os jovens se distanciam de seus contextos físicos, levando a um enfraquecimento das conexões *offline*. A constante exposição nas mídias sociais tende a criar uma pressão para que os jovens exibam uma versão idealizada de si mesmos, criando um descompasso entre a identidade numérica e a física. Esse fenômeno de "performance digital" pode resultar em um conflito interno entre o que o jovem realmente é e o que ele sente que precisa ser para ser aceito pelos outros. Em um processo de "exposição controlada" desenvolve-se uma sensação de distanciamento da própria essência, alimentando sentimentos de inadequação ou de falta de autenticidade.

Em nossa pesquisa sobre juventude e narrativas de tentativas de suicídio na internet (Rezende Ribeiro, 2023), observamos que as mídias sociais digitais são um importante espaço para os jovens falarem de histórias de sofrimento, em uma espécie de rede terapêutica, de solidariedade e de escuta. Por outro lado, os mesmos ambientes promovem práticas consideradas "tóxicas", como o *bullying*, o cancelamento e o *porn revenge* (pornografia de vingança). Percebemos uma crescente necessidade de reconhecimento da própria existência vinculada às redes sociais digitais, dentro de uma cultura de telas que fomenta a noção de "extimidade", especialmente com a profusão da cultura audiovisual, neste início de século XXI.

[66] Estudos indicam que a comunicação não verbal (que inclui gestos, expressões faciais e posturas corporais) é responsável por grande parte da interação humana. Ray L. Birdwhistell (1970), por exemplo, concluiu que apenas 35% do significado social de qualquer interação corresponde às palavras pronunciadas, enfatizando a importância dos elementos não verbais na comunicação.

Introduzida por Lacan ([1985] 2003) para descrever a contraditória relação entre o íntimo e o exterior, a "extimidade" refere-se à forma como o mais interno do indivíduo não é apenas da ordem do privado, do particular, mas é atravessado ordinariamente pelo olhar do outro e pelas dinâmicas da sociabilidade das telas. Na contemporaneidade midiatizada, essa noção alcança ainda mais relevância, em virtude do excesso de exposição da intimidade nas redes sociais, tornando-se um modo de existência. Baudrillard (1991) fala sobre a hiper-realidade, em que o íntimo se dissolve na lógica da visibilidade ininterrupta. O que antes era do regime do privado se torna espetáculo, redefinindo a relação do sujeito consigo próprio e com o mundo. Nesse quadro, a "extimidade" não implica apenas a possível perda de privacidade, mas um novo modo de subjetivação em que a autoexposição se torna uma forma de construção identitária e de reconhecimento social. Ao ser compartilhada publicamente em diversas redes de sociabilidade digitais, a experiência íntima não é mais um mero reflexo da vida privada, mas um constante espaço de negociação simbólica e performática.

Como destaca Birman (2013, p. 49), "a condição do ver e do ser visto foi transformada em um verdadeiro critério ontológico para a existência do sujeito contemporâneo". A presença e a visibilidade tornaram-se valores centrais, enquanto a intimidade passou a desempenhar um papel essencial na era da midiatização, em que a ambivalência é intensificada por fluxos de afetos e afetações.

Nessa conjuntura, a construção identitária passa a depender diretamente da exposição pública, aclamada cada vez pelo olhar do outro, também "telânico". As redes sociais digitais potencializaram essa lógica, promovendo a performance ordinária e convertendo a intimidade em um espetáculo consumível. O 'eu' é mediado por filtros e narrativas construídas para gerar emoção e engajamento.

Essa reflexão traz à tona a complexidade da interação digital no contexto atual, especialmente no que diz respeito ao desenvolvimento social e psicológico. A noção de "instagramação da experiência" (La Rocca, 2023) coloca uma nova camada para a análise. Em termos gerais, a ideia se refere a uma cultura excessiva da imagem que busca constantemente uma representação idealizada da vida, na qual a aparência e o "brilho" das experiências se tornam mais importantes do que sua substância. O Instagram[67], em particular, se tornou um espaço onde a vida cotidiana é muitas vezes encenada e editada para se alinhar a um padrão estético, gerando uma pressão para apresentar uma vida "perfeita" ou, ao menos, visualmente atraente.

O processo de "instagramação da experiência" pode ser entendido como a intensificação de uma dinâmica de performance digital, na qual os indivíduos – especialmente os jovens – buscam aprovação não apenas por interações genuínas, mas pela incessante busca por curtidas, comentários e compartilhamentos. Essa forma de comunicação baseada em imagem e ratificação social desenvolve um espaço onde as pessoas se sentem pressionadas a construir e manter uma versão filtrada/editada de si mesmas, moldada por expectativas e normas de cada plataforma.

Esse panorama reflete uma dupla face das interações digitais: de um lado há pertencimento e aceitação, e de outro uma fonte de isolamento e alienação. A busca por legitimação através de padrões estéticos, muitas vezes inalcançáveis, alimenta um ciclo de comparação social, no qual os indivíduos se veem obrigados a se medir com os outros, criando uma sensação constante de desajustamento.

São fantasias de superação dos limites corporais, da ubiquidade das subjetividades tecnológicas e da digitalização do *self*, que apontam para um desejo de fuga do tempo e do espaço presentes, mas apontam também para o desejo de manipulação da realidade, do controle do corpo e do domínio sobre si. Lipovetsky e Serroy (2015) argumentam que o capitalismo contemporâneo explora as emoções para potencializar o consumo e o engajamento, transformando a experiência estética em produtos. Para os autores, há um processo de estetização da vida ordinária, na qual a sensibilidade e o prazer visual são explorados para criar conexões afetivas como marcas, o que inclui o próprio corpo, transformado em objeto de sedução. Assim, os vínculos também estariam entrelaçados em uma relação de consumo-utili-

[67] Rede social e plataforma de compartilhamento de fotos e vídeos, lançada em 2010 por Kevin Systrom e Mike Krieger. Inicialmente, era focada em fotos com filtros, mas evoluiu para incluir diversos formatos de conteúdo, especialmente visuais e audiovisuais. Com mais de 2 bilhões de usuários ativos mensais no mundo e 130 milhões no Brasil, em 2024, o Instagram pertence à empresa Meta (Facebook) desde 2012. Ver mais em: https://epocanegocios.globo.com/tecnologia/noticia/2024/08/quem-criou-o-instagram-gd2024.ghtml. Acesso em: 5 dez. 2024.

dade. Mais uma vez, estabelece-se um paradoxo da representação: à medida que exacerba a relação especular ao se apresentar como um duplo na tela, o corpo digital se divide, tornando-se, simultaneamente, um outro figurado. O que caracteriza a imagem digital do próprio corpo é, antagonicamente, a negação da semelhança por meio de seu desdobramento. A imagem que se poderia considerar a do "próprio corpo" torna-se autônoma graças à sua "objetividade". O "corpo-tela" não oferece exatamente "um outro corpo", mas o transforma em um objeto-imagem de submissão.

Nesse quadro, os vínculos estabelecidos tornam-se mais efêmeros, configurando relações fracas, no sentido de laços menos duradouros e mais utilitários. As redes de sociabilidade digitais, ao mesmo tempo em que oferecem novas possibilidades de conexão, reforçam a lógica da circulação e do consumo simbólico, em que os indivíduos transitam entre elos de pertencimento provisórios, negociando constantemente suas identidades em um fluxo comunicacional dinâmico e descentralizado. O desenraizamento é potencializado pela própria lógica da conectividade digital, que desloca as interações do espaço físico para a ambiência telânica. De acordo com Birman (2013), a midiatização intensifica esse movimento, pois a necessidade de performance contínua e visibilidade nas redes sociais redefine os vínculos e as formas de reconhecimento. As conexões deixam de se basear em laços físicos e comunitários sólidos, tornando-se cada vez mais voláteis. O sujeito da era digital encontra-se imerso em um cenário no qual as referências de enraizamento – como família, cultura e território – se transformaram, muitas vezes gerando sentimentos de desamparo e precariedade subjetiva. Desprovido de referências seguras, ele busca novas formas de pertencimento no ambiente digital, onde as relações tendem a ser transitórias, evidenciando a ambivalência entre a liberdade da mobilidade e a fragilidade dos tipos de laço.

Destarte, a necessidade de enraizamento coloca-se como um desafio fundamental para se pensar os vínculos dessa era midiatizada.

## Considerações finais

Nesse percurso reflexivo, o pensamento de Simone Weil (2022) se mostra atual e relevante para a problematização das sociedades contemporaneas. Segundo a filósofa, o enraizamento consiste na conexão profunda do indivíduo com a comunidade, sendo uma vinculação não apenas geográfica, mas também cultural e espiritual, que confere sentido de integração a um grupo. Weil destaca que a Modernidade e os processos de industrialização intensificaram o desenraizamento, afastando os indivíduos de suas tradições e relações autênticas, gerando alienação, sofrimento psíquico e fragilidade das estruturas sociais.

Para Weil (2022, p. 61), "o ser humano tem raiz na sua participação real, ativa e natural na existência de uma coletividade". Dessa maneira, o enraizamento deve ser promovido de forma ética e não excludente, fortalecendo laços de solidariedade e respeito mútuo. Sua filosofia convida à reflexão sobre como construir sociedades que equilibrem tradição e abertura ao novo, garantindo que os indivíduos tenham condições para se enraizar sem que isso implique exclusão ou opressão. A visão da autora continua pertinente, especialmente diante dos desafios do mundo midiatizado, onde o desenraizamento persiste como uma questão central da experiência humana. No contexto contemporâneo das redes sociais digitais, a ideia de criar raízes em uma ambiência material-imaterial, por mais complexa que pareça, tornou-se parte da vivência do nosso tempo. Nesse sentido, os neotribalismos, como movimentos de comunhão, podem ser uma aposta para o desenvolvimento de projetos "enraizados", capazes de gerar movências mais generosas e vitalistas. A experiência contemporânea das redes sociais digitais introduz um novo tipo de corpo e de pertencimento, baseado em interações mediadas por telas, algoritmos e fluxos constantes de dados, conforme situamos.

Na sociedade da informação, o corpo assume uma nova centralidade, tornando-se um fenômeno que implica expressividade, palavra e linguagem. Não é mais apenas uma realidade física, mas, sobretudo, um espaço de ficção e performance. À medida que a imagem se reproduz, ela também produz o sujeito. A imagem contemporânea, digital, coloca-se ao lado da tecnociência como forma de estabelecer sua sujeição, envolvendo o indivíduo em um mundo paralelo. O "corpo-tela" não é apenas um veículo de aparência, mas um lugar de experiências que celebram o prazer da possibilidade (ainda que ilusória) de se criar outro corpo e, consequentemente, outra subjetividade.

O "corpo-tela", nesse sentido, modifica as análises sobre os modos de percepção. A corporeidade virtual se associa ao jogo dos possíveis, que continuamente amplia a própria labilidade das imagens. A "imaterialidade-material" do digital é, antes de tudo, concebida como potencialidade de imagens, ressignificando a "fisicidade" da carne. As diversas formas de prolongar os vestígios do corpo físico transformam-se em práticas simbólicas repetitivas, sustentando uma relação virtual com o corpo e redefinindo as experiências de interação.

Essas transformações impõem a necessidade de refletir sobre como o enraizamento pode ocorrer em um espaço onde os laços são fluidos, efêmeros e, cada vez mais, mediados por performances. Compreender o corpo como ponto central para além da existência encarnada, deslocar a noção de materialidade para um novo campo simbólico e imagético, onde a identidade se constrói por meio de avatares, *selfies* e performances visuais. O que antes era uma experiência direta e concreta da corporeidade passa a ser filtrado por dispositivos tecnológicos, criando essa noção de "corpo-tela": uma presença que oscila entre o físico e o virtual, entre o real e o simulacro.

O movimento de digitalização do corpo evidencia como a nossa concepção de "realidade" é, na verdade, um deslocamento contínuo, um jogo que nos posiciona dentro de uma estética culturalmente produzida e alinhada aos interesses do capitalismo. O "corpo-tela" exacerba a trilogia lacaniana (imaginário-simbólico-real), não ao se somar a ela como uma nova alternativa, mas ao difundir seus elementos. A digitalização do corpo se configura, portanto, como uma ênfase estética: um corpo que pode aparecer ou desaparecer, que nem morre nem vive, mas que se desdobra em múltiplas possibilidades de identificação.

Nessa dinâmica, o sujeito contemporâneo não apenas se vê, mas se projeta incessantemente para ser visto, em um processo de autoexposição que redefine sua relação com o mundo. O enraizamento, nesse contexto, já não se dá pela participação orgânica em uma coletividade estável, mas pela adesão a comunidades e tribos digitais, nas quais pertencimento e identidade são constantemente negociados e reinventados.

Dessa forma, a era digital apresenta uma ambiguidade fundamental: ao mesmo tempo em que intensifica o desenraizamento, oferece novas possibilidades de conexão e interação. Cabe, portanto, refletir sobre como podemos ressignificar o enraizamento sem renunciar à profundidade dos vínculos humanos. Afinal, se o corpo e a subjetividade sempre se transformam diante das tecnologias, o desafio contemporâneo talvez seja encontrar novas formas de presença que não sejam meramente espectrais, mas que reafirmem a necessidade de um envolvimento genuíno, mesmo em um mundo mediado por telas. Dissolvido em um universo de dados, parece-nos que esse corpo carrega a ambiguidade de ser o corpo possível para existir dentro da sociedade das imagens.

## Referências


BAUDRILLARD, Jean. Rio de Janeiro: Ed. Francisco Alves, 1991.

BIRDWHISTELL, Ray. *Kinesics and Context: Essays on Body Motion Communication*. University of Pennsylvania Press, 1970.

BIRMAN, Joel. Sou visto, logo existo: a visibilidade em questão. *In*: *Tiranias da visibilidade*: o visível e o invisível nas sociedades contemporâneas. São Paulo, FAP-UNIFESP, 2013.

DIDI-HUBERMAN, Georges. *Que emoção! Que emoção?* São Paulo: Editora 34, 2016.

LACAN, Jacques. *O Seminário, livro 7: A ética da psicanálise*. Rio de Janeiro: Zahar, [1985] 2003.

LA ROCCA, Fabio. Por uma narratologia estética da metrópole sensível: imagens e imaginários na percepção das atmosferas e ambiências urbanas. *In*: TAVARES, Denise; GUTFREIND, Cristiane; RIBEIRO, Renata R. *Emoções e razões midiáticas*: narrativas e imagens nas redes sociais e no audiovisual. São Paulo: Genio Editorial, 2023.

LE BRETON, David. *Antropologia das emoções*. Petrópolis, RJ: Vozes, 2019.

LIVINGSTONE, Sonia. The challenge of changing audiences: Or, what is the audience researcher to do in the age of the internet? *European Journal of Communication, 19*(1), 75-86, 2004.

LIPOVETSKY, Gilles; SERROY, Jean. *A estetização do mundo*: viver na era do capitalismo artista. São Paulo: Companhia das Letras, 2015.

LIPOVETSKY, Gilles; SERROY, Jean. *A tela global: mídias culturais e cinema na era hipermoderna*. Porto Alegre: Sulina, 2009.

MAFFESOLI, Michel. *Homo Eroticus*: comunhões emocionais. Rio de Janeiro: Forense, 2014.

MERLEAU-PONTY, Maurice. *Fenomenologia da percepção*. São Paulo: Martins Fontes, 2018.

REZENDE RIBEIRO, Renata. Narrativas da dor no cotidiano midiatizado: fragmentos audiovisuais sobre tentativas de suicídio de jovens no YouTube. *In*: TAVARES, Denise *et al.* (org.). *Emoções e razões midiáticas*: narrativas e imagens nas redes sociais e no audiovisual. São Paulo: Genio Editorial, 2023.

SENNETT, Richard. *Carne e pedra*: o corpo e a cidade na civilização ocidental. Rio de Janeiro: Record, 1997.

SODRÉ, Muniz. *A ciência do comum*: notas para o método comunicacional. Petrópolis, RJ: Editora Vozes, 2014.

WEIL, Simone. *O enraizamento*. Belo Horizonte: Editora Âyiné, 2022.

## Sobre os autores

**Andriolli de B. da Costa** (andriolli.costa@uerj.br)
Doutor em Comunicação e Informação pela Universidade Federal do Rio Grande do Sul UFRGS. Atualmente é professor da Faculdade de Comunicação Social da Universidade do Estado do Rio de Janeiro e pesquisador associado do Grupo de Pesquisa Comunicação, Arte e Cidade (CAC-PPGCOM/UERJ).

**Bárbara Thomaz L. do Nascimento** (bthomaz@esdi.uerj.br)
Realizou seu doutorado em Arquitetura pela Universidade Federal do Rio de Janeiro. Docente do departamento de Arquitetura e Urbanismo da Universidade do Estado do Rio de Janeiro e pesquisadora associada do Laboratório Arquitetura, Subjetividade e Cultura (LASC-PROARQ/UFRJ).

**Cíntia Sanmartin Fernandes** (cintiasan90@gmail.com)
Realizou o seu doutorado em Sociologia Política pela Universidade Federal de Santa Catarina. Atualmente é professora da Faculdade de Comunicação Social e do Programa de Pós-Graduação em Comunicação da Universidade do Estado do Rio de Janeiro, onde coordena o Grupo de Pesquisa Comunicação, Arte e Cidade (CAC-PPGCOM/UERJ).

**Claudia Attimonelli** (claudiaattimonelli@gmail.com)
Sócio-semióloga, tem doutorado em Teoria da Linguagem e é docente da Universidade Aldo Moro de Bari (Itália). Atualmente, é professora de Mídia, Cultura Visual e Som e do quadro fixo de professores de Estudos Visuais e Multimídia no Mestrado em Jornalismo da Universidade de Bari. Além disso, é coordenadora do Arquivo de Género Carla Lonzi Uniba e atua também como pesquisadora associada da Université Paul-Valéry (Montpellier).

**Danielle H. de Lacerda da Gama** (dani.dagama@hotmail.com)
Realizou o seu mestrado em Ciências Sociais pela Universidade Federal do Recôncavo da Bahia. Atualmente é doutoranda do Programa de Pós-Graduação em Comunicação da Universidade do Estado do Rio de Janeiro e pesquisadora associada do Grupo de Pesquisa Comunicação, Arte e Cidade (CAC-PPGCOM/UERJ).

**Erick Felinto** (erickfelinto@gmail.com)
Fez doutorado em Comunicação no PPGCOM da Universidade Federal do Rio de Janeiro. Atualmente é professor titular do Programa de Pós-Graduação em Comunicação da Universidade do Estado do Rio de Janeiro (PPG-COM-UERJ) e líder do Laboratório de Estudos de Imagem e do Imaginário (LABIM-PPGCOM/UERJ).

**Fabio La Rocca** (fabio.la-rocca@univ-montp3.fr)
Sociólogo, atualmente é professor na Universidade Paul-Valéry (Montpellier), onde é membro do Laboratório de Estudos Interdisciplinares sobre Realidade e Imaginários Sociais (LEIRIS/UPVM3). Atua também como pesquisador associado dos grupos de pesquisa Kinepoliticon (PPGCOM/PUC-RS) e Comunicação, Arte e Cidade (PPGCOM/UERJ). Tem larga experiência de pesquisa na área de Sociologia, com ênfase nas temáticas de Cidades e Ambiências Urbanas, Sociologia Visual, Sociologia do Imaginário, Cultura, Comunicação e Mídia.

**Fernanda Duarte** (fernandaalcantaraduarte@gmail.com)
Graduada em Relações Públicas pela Faculdade de Comunicação Social da UERJ, foi voluntária de Iniciação Científica do Projeto Visus Decoloniais (FAPERJ) e pesquisadora associada do grupo de pesquisa Comunicação, Arte e Redes Sociotécnicas (TRAMA-PPGCOM/UERJ).

**Fernando Gonçalves** (fernando.goncalves@uerj.br)
Realizou seu doutorado em Comunicação pela UFRJ com pós-doutorado em Sociologia do Cotidiano pela Universidade Paris V. Atualmente é líder do grupo de pesquisa Comunicação, Arte e Redes Sociotécnicas (TRAMA-PPGCOM/UERJ). Professor da Faculdade de Comunicação Social e do Programa de Pós-Graduação em Comunicação da UERJ, suas pesquisas abordam as intersecções entre comunicação, arte e cultura visual, com particular interesse pelos processos de subjetivação política nas práticas artísticas com fotografia.

**Julieta Leite** (julietaleite@gmail.com)
Professora do Curso de Arquitetura e Urbanismo e do Programa de Pós-Graduação em Desenvolvimento Urbano da Universidade Federal de Pernambuco. Arquiteta e urbanista, doutora em Sociologia pela Université Paris Descartes/Sorbonne, é cofundadora do Laboratório Interdisciplinar de Arquitetura da UFPE. Atua ainda como membro do Núcleo de Estudos da Subjetividade na Arquitetura (NusArq) e é pesquisadora associada ao Groupe d'Études et de Recherches Philosophie, Architecture, Urbain (Gerphau) da École Nationale Supérieure d'Architecture de Paris-La-Villette (ENSA-PLV).

**Maria Eduarda Rocha** (eduardarocha.uerj@gmail.com)
Graduanda do curso de Relações Públicas da Faculdade de Comunicação Social da UERJ, foi voluntária de Iniciação Científica do Projeto Visus Decoloniais (FAPERJ) e pesquisadora associada do grupo de pesquisa Comunicação, Arte e Redes Sociotécnicas (TRAMA-PPGCOM/UERJ).

**Marília Farias** (mariliacavalcanti.f@gmail.com)
Realizou seu mestrado em Desenvolvimento Urbano (UFPE) e atualmente é doutoranda do Programa de Pós-Graduação em Urbanismo da UFPE. Arquiteta e urbanista, atua como fotógrafa de arquitetura e cidade e é integrante do Laboratório Interdisciplinar de Arquitetura da UFPE.

**Micael Herschmann** (micael.herschmann@eco.ufrj.br)
Possui mestrado e doutorado em Comunicação pelo Programa de Pós-Graduação em Comunicação da Universidade Federal do Rio de Janeiro. Atualmente é Professor Titular da Escola de Comunicação e do Programa de Pós-Graduação em Comunicação da UFRJ, onde também coordena o Núcleo de Estudos e Projetos em Comunicação (NEPCOM-PPGCOM/UFRJ). Nos últimos anos foi professor visitante em várias universidades e vem publicando diversos artigos e livros sobre as interfaces entre comunicação, música e cidade.

**Rafael Ferreira de Souza** (rafael.souza@fau.ufrj.br)
Doutorando em Arquitetura pelo Programa de Pós-Graduação em Arquitetura da Universidade Federal do Rio de Janeiro, atua como pesquisador associado do Laboratório de Arquitetura, Subjetividade e Cultura (LASC-PROARQ/UFRJ).

**Renata Rezende Ribeiro** (renatarezende@id.uff.br)
Realizou seu doutorado em Comunicação pelo PPGCOM da Universidade Federal Fluminense. Atualmente é professora do Programa de Pós-Graduação em Mídia e Cotidiano e do Departamento de Comunicação Social da Universidade Federal Fluminense e líder do Laboratório de Experimentos Audiovisuais (LEA-PPGMC/UFF).

**Renato Guimarães Furtado** (renatogfurtado.34@gmail.com)
Doutorando do Programa de Pós-Graduação em Comunicação da UERJ e pesquisador associado do grupo de pesquisa Cultura Aural e Tecnologias de Si (CATS-PPGCOM /UERJ).

**Victa de Carvalho** (victacarvalho@gmail.com)
Realizou seu doutorado em Comunicação pela Universidade Federal do Rio de Janeiro. Atualmente é líder do grupo de pesquisa Fotografia, Imagem e Pensamento (FIP-PPGCOM/UFRJ) e professora não só da Escola de Comunicação da UFRJ, mas também do quadro permanente do Programa de Pós-Graduação em Comunicação da UFRJ.

**Vincenzo Susca** (vincenzo.susca@univ-montp3.fr)
Professor de Sociologia do Imaginário e Midiologia da Universidade Paul-Valéry (Montpellier), Atualmente é membro do Laboratoire d'études Interdisciplinaires sur le Réel et les Imaginaires Sociaux (LEIRIS/UPVM3) e diretor da coleção L'imaginaire et le contempoporain da editora Liber (de Montreal). Nos últimos anos, foi professor visitante em várias universidades e vem publicando diversos artigos e livros sobre imaginário, mídia e política.

**Vinícius Andrade Pereira** (vinianp@gmail.com)
Realizou o seu doutorado em Comunicação pela Universidade Federal do Rio de Janeiro e fez ainda dois estágios pós-doutorais: na Columbia University e University of Southampton (ambos nos EUA). Atualmente é líder do grupo de pesquisa Cultura Aural e Tecnologias de Si (CATS--PPGCOM /UERJ) e Professor da Faculdade de Comunicação Social e do Programa de Pós-Graduação em Comunicação da Universidade do Estado do Rio de Janeiro.

**Yasmin Belo** (yasmartins.cavalcanti@gmail.com)
Graduanda do curso de Jornalismo da Faculdade de Comunicação Social da Uerj, foi bolsista CNPq de Iniciação Científica do Projeto Visus Decoloniais (FAPERJ) e pesquisadora associada do grupo de pesquisa Comunicação, Arte e Redes Sociotécnicas (TRAMA-PPGCOM/UERJ).

Este livro foi confeccionado
especialmente para a Editora Meridional Ltda.,
em Cormorant Garamond, 11,5/15,5
e impresso na Meta Brasil.